W0108295

Margarete Mitscherlich-Nielsen

DIE RADIKALITÄT
DES ALTERS

Einsichten einer Psychoanalytikerin

Mit einem Vorwort
von Alice Schwarzer

S. Fischer

4. Auflage September 2010
© S. Fischer Verlag GmbH, Frankfurt am Main 2010
Alle Rechte vorbehalten
Satz: pagina GmbH, Tübingen
Druck und Bindung: CPI – Clausen & Bosse, Leck
Printed in Germany
ISBN 978-3-10-049116-9

Inhalt

Vorwort von Alice Schwarzer:
Auf den Spuren des eigenen Lebens 7

I. Herkommen

Mein Leben und meine Zeit 15

II. Wofür und wogegen sich lohnte zu kämpfen

Erinnern, Wiederholen, Durcharbeiten:
Medizin und Antisemitismus 43
Erinnern, Vergessen und Verdrängen 62
Androgynie, Gynandrie oder was sonst? 78
Liebe, Sex und Psychotherapie 101
Das Ende der Friedfertigkeit? Nachdenken über
männliche und weibliche Werte 119
Angst vor Emanzipation 140
Der Frieden beginnt in der Familie 164

III. Alter und Tod

Lebenswerk und Lebenssinn 183
Kindertotenlieder von Gustav Mahler 211
Die Radikalität des Alters:
Starrsinn oder Furchtlosigkeit? 227

Margarete Mitscherlich und Alice Schwarzer:
Ein Gespräch 241

Anmerkungen 261

Nachweise 269

Auf den Spuren des eigenen Lebens
Ein Vorwort von Alice Schwarzer

Mai 2010. Ich sitze mit Margarete Mitscherlich in ihrer Wohnung im Frankfurter Westend, mit Blick in blühende Kastanien und flammende Rotbuchen. Wir reden seit Stunden: über sie, über mich, über das Leben. Ich kenne Margarete seit nun 35 Jahren und muss sagen: Der 92-Jährigen ist nicht die geringste Einschränkung anzumerken. Sie ist temperamentvoll, hellsichtig und chaotisch wie immer. Nur wenn sie aufsteht und ihre Wohnung durchquert, zahlt sie einen Tribut ans Alter: Die lebenslang schier Bewegungssüchtige ist seit ein paar Jahren wegen einer Rückgratverletzung eingeschränkt im Gehen und muss seit einigen Monaten einen Rollator benutzen. Das kränkt die so ewig junge Margarete. Doch sie scheint sich damit abgefunden zu haben.

Eben haben wir über eine Neuentdeckung gesprochen: die Briefe ihres Vaters an ihre Mutter vor der Ehe, als er noch um ihr Jawort warb. Die blassgelben Umschläge mit den gefalteten DIN-A5-Bogen sehen aus, als seien sie gestern abgeschickt worden. Und auch Schriftbild und Diktion des Witwers mit drei Kindern an das »Fräulein Leopold« wirken so überhaupt nicht gestrig. Monatelang hat der Landarzt hartnäckig um die Lehrerin geworben. Was nicht nur daran lag, dass die einem längst verstorbenen Verlobten nachtrauerte. Es hatte vor allem den Grund, dass er ein nationalbewusster Däne war – und sie eine deutschnational Gesinnte. Und frauenbewegt noch dazu.

»Deine Briefe waren stets so nett und friedlich und du so lieb und süß«, schreibt Nis Peter der angebeteten Grete vor einem von ihr geplanten Treffen mit Frauenrechtlerinnen. Aber: »Was willst du in aller Welt dort? Doch wohl nicht so was Sektiererisches einleiten wie die verrückten Frauen in England?« Seine Mahnung scheint nicht ganz erfolglos gewesen zu sein. Immerhin beklagte sich eine der vielen ledigen »Tanten« von Margarete, alle Lehrerinnen wie die Mutter und Aktivistinnen der Ersten Frauenbewegung, noch im Alter von 91 bei der Tochter: »Deine Mutter war nicht kämpferisch genug!« Was die Tochter sich wiederum so zu Herzen genommen zu haben scheint, dass sie mit Aufbruch der Neuen Frauenbewegung recht kämpferisch wurde.

Doch kehren wir zurück zum Hauptkonflikt der Eltern, dem Nationalstolz. Grete Leopold hatte an Nis Peter Nielsen geschrieben, sie fürchte, ihr »Schmerz« könne zugleich seine »Freude« werden – wenn zum Beispiel der nördliche Teil von Schleswig-Holstein, in dem die Nielsens lebten, dänisch würde (was dann auch im Jahr 1920 geschah). Darauf antwortete er in seinem so selbstironischen wie einfühlsamen Ton, er sei da ganz unbesorgt. Man würde sich innerhalb der Familie doch gewiss so sehr respektieren, dass man Rücksicht auf die Gefühle des jeweils anderen nehme. Und sollte sie, die Frau, die drei Kinder aus erster Ehe in ihrem Sinne erziehen wollen und gar überzeugen – ja, dann seien diese deutschnationalen Kinder auch für ihn akzeptabel.

Fast hundert Jahre später wendet Margarete Mitscherlich die Briefe ihres verliebten Vaters nachdenklich hin und her und spricht, eher zu sich selbst: »Vielleicht habe ich meinen Vater ja lebenslang unterschätzt.«

In der Tat: Auf den Spuren der Prägungen dieser Psychoanalytikerin, die über Jahrzehnte an der Seite von Alexander

Mitscherlich mit so kühnen Schritten weit über die Grenzen ihrer Disziplin hinausgeschritten ist, war bisher immer eher von der Mutter die Rede gewesen, dieser starken Frau, die es bis zur Schuldirektorin gebracht, die Familie bestimmt und ihre einzige Tochter, einen Wildfang, in den ersten Schuljahren zu Hause unterrichtet hatte. Margarete hat offensichtlich keinen Mutterkonflikt. Und auch wenn sie lange nachdenkt, fallen ihr zur Mutter nur Akte der Fürsorge und Förderung ihr gegenüber ein.

Und sie scheint auch wenig Anlass zu einem Vaterkonflikt gehabt zu haben. Bei näherem Hinsehen entpuppt Nis Peter Nielsen sich als der Einfühlsamere und Tolerantere in der Familie. Vor allem von ihm, dem Vater, scheint dieses deutsch-dänische Mädchen die Fähigkeit zu Toleranz und Haltung zugleich gelernt zu haben – diese Eigenschaften, mit denen sie fünfzig Jahre später, zusammen mit Alexander, der deutschen Seele mit dem gemeinsamen Schlüsselwerk *Die Unfähigkeit zu trauern* einen Spiegel vorhalten wird.

»Aber wirklich politisiert wurde ich erst durch Hitler«, sagt Margarete Mitscherlich heute. Von der Mutter auf eine deutsche Schule geschickt und dort von einer geliebten Lehrerin für Literatur und Philosophie begeistert, muss die Dänin dennoch zum nationalsozialistischen »Arbeitsdienst« und studiert sodann in München Medizin. Sie gehört zu einer Gruppe von StudentInnen, die die Nazis hassen – doch gleichzeitig nicht ihr Leben riskieren wollen. »Habe ich genug gegen die Nazis getan in dieser Zeit?«, wird sie sich später immer wieder fragen – und dann sehr viel tun mit ihrer Aufarbeitung dieses dunklen Kapitels in der Nachkriegszeit.

Als die damals 30-jährige Ärztin 1948 in der Schweiz dem verheirateten Alexander Mitscherlich begegnet und beschließt, die nicht geplante Schwangerschaft dennoch auszutragen, da ist das für diese Zeit ein unerhörter Entschluss. Auch wenn es erleichternd ist, dass ihre dänische Familie weit davon entfernt ist, eine ledige Mutter zu verstoßen. Im Gegenteil: Die Mutter nimmt das Kind für zwei, drei Jahre auf, als Margarete mit ihrer Fortbildung beschäftigt ist.

Margarete und Alexander heiraten erst sechs Jahre nach der Geburt ihres Sohnes Matthias und sind in den ersten Jahren alles andere als privilegiert. Der Mediziner aus der berühmten Akademikerfamilie hatte sich bei seinem Berufsstand durch seine Veröffentlichung über die »Medizin ohne Menschlichkeit« in der Nazizeit gründlich unbeliebt gemacht. Und die Medizinerin aus Dänemark macht sich nun auf den Weg nach London, um von den dort im Exil lebenden Psychoanalytikern zu lernen.

Zurück in Deutschland, wird Margarete Mitscherlich in den fünfziger und sechziger Jahren in dem Land, aus dem die Nazis die Psychoanalyse verjagt hatten, rasch zur Schlüsselfigur bei der Ausbildung. Sie prägt mehrere Generationen von AnalytikerInnen in Deutschland. Zwanzig Jahre später legt die chronisch Unangepasste sich mit der inzwischen etablierten Psychoanalyse an: Sie fürchtet eine zu starke Verschulung und Bürokratisierung dieser nur frei so kreativen Methode zur Selbsterkenntnis.

Anfang der siebziger Jahre geht Margarete zusammen mit Alexander für ein Jahr nach Amerika und begegnet dort den starken Frauen vom »Women's Lib«, den Feministinnen. Wieder in Deutschland, veröffentlicht sie ihr erstes Buch ohne Alexander: *Müssen wir hassen?* (1972), das rasch zum Geheimtipp nicht nur unter Feministinnen wird.

Wir begegnen uns zum ersten Mal im Herbst 1975. Da hatte sich das TV-Kulturmagazin TTT etwas ganz besonders Listiges ausgedacht: eine Konfrontation zwischen der renommierten Psychoanalytikerin und der skandalösen Feministin, die gerade den *Kleinen Unterschied* veröffentlicht hatte. Darin hatte ich mir nicht nur erlaubt, die Seelenvorgänge von Frauen zu analysieren, sondern auch ganz en passant unter anderem Sigmund Freud, Alexander Mitscherlich und Michael Balint (Margaretes Lehranalytiker in London) vors Schienbein zu treten. Also war für die anderen die Überraschung groß: Margarete und ich sympathisierten spontan. Seither sind wir Freundinnen und politische Weggefährtinnen.

Bereits in der ersten *Emma*-Ausgabe im Januar 1977 schrieb Margarete Mitscherlich unter dem provozierenden Titel: »Ich bin Feministin«. Der Skandal war komplett. Eine anerkannte Psychoanalytikerin, die sich selber als »Feministin« bezeichnet – was denn noch?!

Das plagte nicht nur ihren Ehemann, doch der war's eigentlich schon gewohnt. Das schockierte vor allem ihre Branche und das Intellektuellenmilieu, zu dessen führenden Köpfen die Mitscherlichs seit den sechziger Jahren zählten. Und Margarete? Die amüsierte es.

Denn das ist von klein an ihr Liebstes: sich mit Schwung zwischen alle Stühle setzen! Auch mit den Feministinnen legte sich die von denselben so Geschätzte ziemlich rasch an. »Wir Frauen sollten uns davor hüten, uns Illusionen über uns selber hinzugeben«, schrieb die Analytikerin in der Hochzeit der Frauen-gemeinsam-sind-stark-Euphorie. Denn: »Es geht für uns zwar auch, aber nicht nur um die Befreiung von gesellschaftlichen Zwängen. Von nicht geringer – vielleicht noch größerer – Bedeutung ist die Auseinandersetzung mit den psychischen Zwängen, das heißt mit der bei den meisten Frauen noch immer ungebrochenen Verinnerlichung ihrer gesellschaftlichen Degradierung.«

Was ja nicht nur die Selbstverachtung, sondern auch die Verachtung anderer Frauen zur Folge hat. Emanzipation ist eben nicht nur Fun, sie kann auch weh tun.

Bliebe noch zu sagen, dass ich in all den Jahrzehnten noch nie erlebt habe, dass Margarete Mitscherlich ihre professionelle Kompetenz missbraucht hätte, um Macht auszuüben. Nie, niemals hat sie mich oder einen anderen Menschen in meiner Gegenwart psychoanalytisch »interpretiert«. Übrigens: Die beruflich so Ausgeglichene kann privat durchaus auch schon mal heftig und parteiisch sein – merkt das aber immer relativ schnell selber. Vor allem jetzt im Alter, wo Margarete Mitscherlich mehr Zeit für sich selber hat – und sich erneut neugierig auf die Spuren ihres eigenen Lebens begibt.

Ein Leben, das das Fühlen und Denken mehrerer Nachkriegsgenerationen in Deutschland geprägt und uns die Augen geöffnet hat.

I. HERKOMMEN

Mein Leben und meine Zeit

Das früher Erlebte mag uns so lebhaft vor Augen stehen, dass wir überzeugt sind, es unmittelbar zu erinnern, wir glauben, nichts habe seither unsere Sicht auf das Gewesene gefälscht oder verdunkelt. Dennoch sind alle Erinnerungen von Nachträglichkeit geprägt, womit ich sagen möchte, dass alles, was wir zwischen früher und jetzt erlebt haben, auch unsere Erinnerungen verändert und beeinflusst. Wir interpretieren sie aufgrund des Wissens, der Erfahrung, der Sichtweise so, wie wir sie in der Gegenwart wahrnehmen, auch wenn dies nur unbewusst geschehen mag. Freud hat den Begriff der Nachträglichkeit häufig und auf vielschichtige Weise benutzt.[1]

Wenn ich davon überzeugt bin, mich heute noch als das kleine Mädchen, das ich einmal war, sehen, verstehen und fühlen zu können, dann irre ich mich natürlich. Wenn ich mich die Straße entlanghüpfen sehe, die zu meiner langjährigen ersten »besten« Freundin führte, dann sind mir trotz gegenteiliger Überzeugung die Gefühle und Gedanken, die ich damals hatte, weitgehend unbekannt, denn ich bin inzwischen ja eine ganz andere geworden. Dieses Straßenhüpfen muss so ungefähr um 1922 gewesen sein, als ich fünf Jahre alt war. Trotz aller Skepsis werde ich also nicht ohne eine gewisse Naivität von den Erlebnissen dieser Zeit berichten können, auch wenn ich objektive historische Daten berücksichtige und mich einer wahrheitsgetreuen Berichterstattung verpflichtet fühle.

1917 wurde ich in Graasten (oder Gravenstein) geboren, das damals noch zu Deutschland gehörte. Dieser kleine Ort, an einer Bucht der Ostsee gelegen, vor dem Ersten Weltkrieg ein Kurort, war bekannt durch sein Schloss, in dem die dänische Königsfamilie – nach der Wiedervereinigung – einen Teil des Sommers verbrachte. Nach dem verlorenen Krieg fand 1920 eine Abstimmung statt, in der Nordschleswig oder Südjütland wieder zu Dänemark kam. Diese »Genforening« (Wiedervereinigung) wurde natürlich von den Dänen freudig begrüßt. Ich meine mich noch zu erinnern, dass in meiner Familie die Stimmung gespalten war, denn meine Mutter, Grete Leopold, in der Nähe von Lübeck geboren, fühlte sich als Deutsche, mein Vater, Nis Peter Nielsen, dagegen stammte aus einer seit Jahrhunderten nationaldänisch gesinnten Familie. Mein Vater war Arzt, meine Mutter Lehrerin. In dem großen Haus, in dem wir lebten, war unter dem Dach ein Raum, von uns als Saal bezeichnet, in dem ein – in meiner Erinnerung – riesiger *Danebrog* lag. Bei jedem Nationalfeiertag wurde diese dänische Fahne zum Fenster hinausgehängt, sie war so groß, dass sie fast das Parterre des Hauses erreichte. Da der einzige Feind Dänemarks in den letzten Jahrhunderten Deutschland gewesen war, die einzige Landesgrenze Dänemarks diejenige mit Deutschland ist, hatten diese Feiern meistens etwas mit Siegen oder zumindest mit Kriegen zu tun, die zwischen den beiden Staaten ausgetragen worden waren. Meine Mutter litt dann regelmäßig unter Migräne und musste den Tag im verdunkelten Zimmer zubringen. Episoden wie diese, in denen mein Vater mit seinen Landsleuten feierte, meine Mutter sich unglücklich zurückzog, haben sich mir von früh an eingeprägt.

Als Psychoanalytikerin bin ich gewohnt, mir meine Assoziationen zu deuten, nicht nur zu versuchen, Dichtung und Wahrheit auseinanderzuhalten; ich möchte verstehen, warum Dichtung und Wahrheit auf diese ganz bestimmte Weise von mir zusammengefügt werden, möchte mir die Skepsis meinen naiven Rückerinnerungen gegenüber erhalten, ohne die Lebendigkeit frei assoziativen Umgangs mit ihnen zu verlieren. Mit dieser Vorwarnung erlaube ich mir, auf meine Kindheit zurückzukommen und meinen Lebensweg relativ schlicht wiederzugeben, so wie ich glaube, ihn heute objektivieren zu können.

Ich war das jüngste von fünf Kindern, drei aus der ersten Ehe meines Vaters mit einer Dänin, alle um die zehn bis fünfzehn Jahre älter als ich, und zwei aus der zweiten Ehe mit meiner Mutter, ein anderthalb Jahre älterer Bruder und ich.

Bis auf einen Großvater väterlicherseits, der starb, als ich etwa sechs Jahre alt war, waren meine Großeltern bei meiner Geburt schon gestorben. Der Vater meines Vaters wurde sehr alt, gründete nach seiner Pensionierung als Lehrer in Flensburg die »Südschleswigsche Bank«. Mit ihrer Hilfe wollte er die dänische Minderheit in Südschleswig unterstützen, die zu seinem Bedauern nach der Wahl von 1920 nicht nach Dänemark zurückkehren konnte. Von dem Geld, das dort meinem Vater gehörte, aber später von der Regierung Brüning in Deutschland eingefroren wurde, konnte meine Schulzeit in Flensburg und später mein Studium bezahlt werden.

Die Großeltern mütterlicherseits waren früh gestorben, der Vater meiner Mutter, ein aus Österreich stammender Pelzhändler, starb, als meine Mutter vier oder fünf Jahre alt war. Ihre Mutter wurde ebenfalls nicht sehr alt, so dass meine Mutter mit etwa 18 Jahren Vollwaise war. Eine ältere Schwester nahm sich ihrer an und half ihr, die Ausbildung zu beenden; später gelang es ihr, noch eine Zeitlang in Hamburg zu studieren.

Mein Vater und seine Familie, wie die Dänen überhaupt, waren alles andere als deutschfreundlich. Nach dem zweiten deutsch-dänischen Krieg 1864 verlor Dänemark ein Drittel seines ihm bis dahin gehörenden Territoriums. Schleswig-Holstein und Lauenburg gingen verloren. Die Dänen in dem an Deutschland gefallenen Landesteil wurden nicht viel anders behandelt als die Franzosen in Elsass-Lothringen. Es gab nur deutsche Schulen, dänische Sprache und Kultur wurden weitgehend unterdrückt. In der Familie meines Vaters war Bismarck der meistgehasste Mann, während er von meiner Mutter verehrt wurde.

Eine Deutsche zu heiraten, wie es mein Vater wagte, wurde natürlich von seiner Familie nicht gerade gern gesehen. Die Ehe kam zustande, nachdem meine Mutter einen ersten Verlobten kurz vor der Eheschließung verloren hatte und eigentlich gar nicht mehr heiraten wollte. Mein Vater war zu der Zeit ein Witwer mit drei Kindern, die in die deutsche Schule gingen und von meiner Mutter unterrichtet wurden – sie war dort Direktorin – und die sie verehrten. Durch seine Kinder lernte mein Vater meine Mutter kennen, ebenfalls verehren und auch lieben. Allerdings waren die unterschiedlichen nationalen Bindungen auch Ursache vieler Konflikte.

Meine Eltern überließen es uns Kindern, sich zu entscheiden, zu welcher nationalen Gruppe sie gehören wollten. Ich identifizierte mich mit meiner Mutter, von der ich sehr geliebt wurde. Mein Bruder fühlte sich, wie mein Vater, als Däne. Die langjährige Überzeugung, dass die Deutschen die besseren Menschen seien, konnten mir erst die Ereignisse und Erlebnisse während der Nazi-Zeit schmerzlich und endgültig austreiben. Bis dahin war ich leicht zu Tränen gerührt, wenn die deutsche Nationalhymne erklang. Mit meinem Bruder kam es zu handgreiflichen Auseinandersetzungen, wenn wir uns darum stritten, was besser sei, dänisch oder deutsch zu sein. Erst die Nazis brachten zustande, dass wir politisch übereinstimmten. Allerdings mit dem Unterschied, dass mein Bruder Leo ein nationalgesinnter Däne blieb, mir hingegen jeder Nationalismus fremd ist.

Es war nicht ganz leicht, aus einer Familie zu stammen, durch die ein Riss ging, was nationale Gefühle und damit auch viele Wertvorstellungen betraf. Mein Vater, trotz seiner national-dänischen Einstellung, respektierte meine Mutter sehr, wie später auch meinen Entschluss, mich wie sie der deutschen Minderheit zugehörig zu fühlen; er versuchte in keiner Weise, mich umzustimmen. Für meinen Vater war es allerdings schon vor 1933 klar, dass mit Hitler und seinen Anhängern uns allen eine große Gefahr drohte. Für ihn war Hitler, wie er oft wiederholte, »nichts als ein Verbrecher«. Ich möchte hier keine Zensuren über deutsche und dänische Mentalität ausstellen, aber eines fiel mir auf, als ich 1932 nach Flensburg übersiedelte, um das dortige Oberlyzeum zu besuchen: Humor und ein lustvolles, selbstironisches Sich-in-Frage-Stellen, die Fähigkeit, über sich lachen zu können, war in Deutschland weniger zu Hause als in dem Land, aus dem ich kam. Auf eine Bereitschaft zum Mitfühlen – auch in den kleinsten Dingen des Alltags, z.B. wenn ich hinfiel, mich ungeschickt verhielt oder Pech in der Schule hatte – konnte ich mich in Dänemark eher verlassen als in Deutschland. Hier reagierte man auf diese alltäglichen Missgeschicke eines Kindes oder Jugendlichen viel eher mit Tadel und Strenge.

Jedenfalls war es mir oft mühsam, mich von zwei gegensätzlich denkenden Elternteilen bestimmt zu sehen und dennoch das Gefühl einer inneren Sicherheit aufzubauen. In meiner Jugend war es nicht selten so: Kaum hatte ich mich mit einem Teil der Familie, dessen Freunden und Freundinnen identifiziert, kam ich mit dem anderen Teil in Berührung, der völlig andere Meinungen und Positionen vertrat. Ich meine, dass sich auch auf diese Situation – nämlich von früh an mit zwei oft gegensätzlichen Weisen zu denken, zu fühlen und zu bewerten konfrontiert zu sein – meine Berufswahl zurückführen lässt. Denn von einer Psychoanalytikerin wird ja eben das verlangt, was mir die Grenzlandsituation abforderte: sich einerseits mit ihren Patienten und Patientinnen zu identifizieren, sich in sie einzufühlen, und sich andererseits von ihnen zu distanzieren, das heißt, sie zu verstehen und ihnen gleichzeitig die unbewussten Motive ihres Verhaltens nahezubringen, um sie zu befähigen, sich selber und ihre mitmenschlichen Beziehungen anders und neu wahrzunehmen.

Zurück zu den Erlebnissen meiner Kindheit. Da ich mich im Gegensatz zu meinem Bruder, der die dänische Schule besuchte, für die deutsche Schule entschied, erlaubte sich meine Mutter als deren frühere Leiterin, mich zunächst selber privat zu unterrichten. Erst mit etwa neun Jahren habe ich mich der Ordnung, Strenge und Pünktlichkeit einer Schule unterziehen müssen.

Ich lernte von früh an beide Sprachen, Deutsch und Dänisch, und lieh mir, da ich viel und gern las, aus beiden in Graasten vorhandenen Bibliotheken, der deutschen und der dänischen, Bücher aus, um meinen Lesehunger zu befriedigen. Da fast alle bekanntere Literatur ins Dänische übersetzt wurde und wird, hatte ich auch während des Krieges Zugang zu den in Deutschland verbotenen oder nie erschienenen Büchern. Meine Mutter, lange erfolgreich berufstätig, war für ihre Zeit eine emanzipierte Frau. Sie gehörte der Frauenbewegung um Gertrud Bäumer an, die von heute aus gesehen natürlich sehr konservativ und bürgerlich war. Ihre Freundinnen und Kolleginnen dachten und arbeiteten ähnlich wie sie.

Von früh an war mir klar, dass ich unbedingt studieren müsste, da ich ja werden wollte wie sie. Sie war die prägende Persönlichkeit im Elternhaus. Lese ich mein Gesuch um Zulassung zur Reifeprüfung von 1936, das ich vor einigen Jahren zugeschickt bekam, wird überaus deutlich, wie sehr ich mich mit ihr identifizierte. Meine Schrift darin ist der ihren zum Verwechseln ähnlich, meine Interessen und meine Berufsvorstellungen sind mit ihren mehr oder weniger identisch. Erst nach dem Tod meines Vaters gab ich es auf, Lehrerin werden zu wollen, und begann wie er Medizin zu studieren. Meine spätere Wahl, Psychoanalytikerin zu werden, vereint also viele Prägungen von Kindheit und Jugend. Mein Interesse und Einsatz für die Frauenbewegung nicht weniger. Er hatte mit der starken Mutteridentifizierung und damit natürlich auch ihrem Engagement für Rolle und Status der Frau zu tun, aber sicherlich spielte später auch der unbewusste Wunsch, sie zu überflügeln, ihre konservativ-bürgerlichen Grenzen zu durchbrechen, eine große Rolle.

In Flensburg besuchte ich seit 1932 das Oberlyzeum. Die Eingewöhnung war schwer. Die Mentalität war strenger und kälter, als ich es gewöhnt war. Ich weinte viel. Wenn meine Mutter mir nicht klargemacht hätte, dass das Abitur in Flensburg die Voraussetzung für ein Studium sei, hätte ich wahrscheinlich nicht durchgehalten.

Nach 1933 wurde zunehmend Druck auf uns Schülerinnen ausgeübt, in den Bund Deutscher Mädel (BDM) einzutreten. Dagegen wehrten sich manche von uns, die die marschierenden, sich wichtigtuenden BDM-Mädchen mit ihrer hierarchischen Organisation und ihren neuen nationalistischen Werten als unangenehm, spießig und lächerlich erlebten.

In meiner Flensburger Schulzeit hatte ich gleichwohl das Glück, einige wenige Lehrerinnen und Lehrer zu haben, die uns die Werke der Weltliteratur und Philosophie nahebrachten, und zwar nicht nur die aus den vorhergehenden, sondern auch aus den ersten Jahrzehnten unseres Jahrhunderts. Außerdem lebte ich damals in einer Familie, die noch humane, deutsche Weltläufigkeit verkörperte und in deren Bibliothek es Freud, Brecht und alles zu lesen gab, was schon bald verboten war. Eigenschaften wie Weltoffenheit, Humor und Ironie waren seit 1933 zunehmend unerwünscht, wenn nicht gar gefährlich. Sie widersprachen entschieden dem, was ein »echter« Deutscher zu denken und zu fühlen hatte.

Die Verachtung für den BDM wie auch für die Nazi-Literatur, die meine Freundinnen und ich wohl allzu freimütig äußerten, sollte uns ebenso schlecht bekommen wie die große Verehrung für unsere Deutschlehrerin. Beides schaffte böses Blut und Eifersucht bei den dem Zeitgeist stärker angepassten Lehrern und Lehrerinnen, so dass es im letzten Schuljahr zu langdauernden Konferenzen im Lehrkörper der Schule kam, unsere geliebte Lehrerin keinen leichten Stand hatte, meine Freundinnen und ich als politisch unzuverlässig eingestuft wurden. Erst nach langen Auseinandersetzungen und Erklärungen meiner Loyalität mit dem Hitler-Reich und der deutschen Minderheit in Dänemark wurde mir erlaubt, das Abitur zu machen und zu studieren.

Nach all diesen unerfreulichen Ereignissen ging ich mit meiner engsten Freundin so weit weg von Flensburg wie nur möglich, nämlich nach München. Dort begann ich mit dem Studium von Deutsch, Geschichte und Englisch. Allerdings waren Deutsch und Geschichte derart von Naziideologie durchdrungen, dass ich mich bald entschloss, umzusatteln und Medizin zu studieren, was mein Vater immer gewünscht hatte, aber nicht mehr erlebte, da er einige Monate nach meinem Abitur starb.

Inzwischen hatten auch meine gleichgesinnten Bekannten und Freunde gelernt, nicht nur über die Nazis zu spotten und ihr fehlendes Niveau zu verachten – wir hatten gelernt, sie zu fürchten. Wir wussten mittlerweile um die Arbeitslager, die ersten Konzentrationslager, wir erlebten, wie die Öffentlichkeit die Morde an politischen Gegnern und die Verfolgung der Juden schweigend oder zustimmend hinnahm. Aber obwohl die Massen Hitler zujubelten, lernte ich immer wieder Menschen kennen, die dem Regime kritisch gegenüberstanden und die Nazis und ihre Verbrechen verabscheuten. Auch unter den Studenten waren wir uns meistens sehr schnell darüber im Klaren, wer dafür und wer dagegen war. Ich meine, dass die Studentinnen eher kritischer waren als die Studenten, aber da kann ich mich irren. Jedenfalls ist unwahr, was oft behauptet wurde und wird: dass es die Frauen waren, die Hitler an die Macht brachten. Frauen haben nicht den Ausschlag gegeben beim Wahlsieg der Partei Hitlers. Es waren um einige, wenn auch wenige Prozent mehr Männer als Frauen, die Hitler wählten, aber natürlich immer noch viel zu viele Frauen, die damit die extrem reaktionäre Auffassung der Nazis von der Rolle der Frau in der Gesellschaft unterstützten.[2]

Mit dem Beginn der Nazi-Zeit verschärften sich die Gegensätze zwischen Dänen und Deutschen. Seit der Besetzung Dänemarks am 9. April 1940 waren die Deutschen für die Dänen eindeutig Feinde. Von den Dänen wurde das Nazireich mehrheitlich von Anfang an, nach der Besetzung so gut wie vollständig, abgelehnt. Was die Nazis überraschte, denn sie hatten vom Norden mehr Sympathie für ihre Idealisierung der nordisch-arischen Herrenrasse erwartet.

Mit Kriegsanfang wurde in Deutschland alles noch viel schlimmer. Ich hatte mittlerweile in Jena mein Physikum bestanden und war nach Heidelberg gewechselt. Mit dem Überfall auf Dänemark, Norwegen und Holland verschärfte sich auch für mich die Situation zunehmend. Ich konnte dennoch während der gesamten Studienzeit einen Teil meiner Semesterferien in Dänemark verbringen. Dort hatte ich Kontakte mit einigen Mitgliedern der dänischen Widerstandsbewegung, die ich seit langem kannte. Mein Bruder hatte sich mit großer Entschiedenheit auf deren Seite geschlagen. Im Keller seines Hauses wurden Flugblätter des dänischen Widerstands gedruckt. Als juristischer Berater von Nils Bohr, den er sehr verehrte, trug er dazu bei, dass dieser über Schweden in die Vereinigten Staaten fliehen konnte. An der Organisation von Fischerbooten und Schiffen, die den dänischen Juden zur Flucht nach Schweden verhalfen, war er unmittelbar beteiligt. Das Datum für deren Transport nach Deutschland und in die KZs erfuhren er und seine Freunde rechtzeitig von einem Mitglied der deutschen Besatzungsmacht.

Die Beziehungen der Dänen zur deutschen Minderheit, zu der ich gehörte und die zum großen Teil aus überzeugten Nazis bestand, für die ich wohl zunehmend eine »Verräterin« war, wurden immer gespannter. Meine Mutter hatte es nicht leicht. Sie wurde mehrfach angezeigt, wie ich nach dem Krieg erfuhr, und ihr wurde damit gedroht, dass man mir in Deutschland Schwierigkeiten machen würde. Aber da der »Führer« der naziorganisierten deutschen Minderheit ein früherer Schüler von ihr war und sie offenbar nach wie vor verehrte, wanderten die Anzeigen und Drohungen in dessen Papierkorb, wie ich viel später durch seinen Sohn erfuhr.

Je mehr uns über die KZs und die Gräueltaten insbesondere im Osten bekannt wurde, umso intensiver waren unser Hass und unsere Angst. Kurz nach Beendigung meines Studiums in Heidelberg gab es eine Episode, die mich sehr persönlich Angst lehrte. Einige Freunde und ich wurden bei der Gestapo angezeigt, uns wurde »Wehrkraftzersetzung und Abhören von Feindsendern« vorgeworfen. Dass wir Radio London seit 1939 hörten, war für uns eine Selbstverständlichkeit. In diesem Zusammenhang erfuhren wir jedoch auch unerwartet Loyalität, z.B. von unserer Wirtin. Als die Gestapo von ihr forderte, unsere Abwesenheit zu melden, damit unsere Zimmer untersucht und abgehört werden konnten, ohne dass wir es bemerkten, warnte sie uns, obwohl dies für sie sehr gefährlich war. Über viele Wochen wurden wir observiert. Die Verhöre bei der Gestapo waren zwar von Todesfurcht begleitet, aber auch von der Angst, Freunde verraten zu können. Wir wurden jedoch offenbar mangels Beweisen wieder freigelassen. Kurz danach ging ich mit meinem damaligen langjährigen Freund nach Dänemark zurück, der sich bald mit Mitgliedern der dänischen Widerstandsbewegung befreundete und nach dem Krieg eine Aufenthaltsgenehmigung bekam. Wie das aber leider oft so ist, wenn es keinen gemeinsamen Feind mehr gibt und die Zeiten sich ändern, zerbrach diese Beziehung nur wenige Jahre nach dem Krieg.

Die Kriegszeit war entsetzlich, aber nach dem Kriege musste man sich auch erst einmal zurechtfinden, wie Friede überhaupt gelebt werden kann. Ich hatte mich schon während des Krieges für die Anthroposophie zu interessieren begonnen und ging dann 1947 in die Schweiz, um anthroposophische Medizin zu erlernen. Trotz mancher interessanter neuer Gesichtspunkte und Heilmethoden, die mir dort angeboten wurden, ging es weniger um die Erweiterung medizinischer Kenntnisse als um die Akzeptanz einer Weltanschauung. Das war für mich eine ziemliche Enttäuschung.

Als ich in dieser Zeit Alexander Mitscherlich näher kennenlernte – flüchtig kannte ich ihn schon aus meiner Zeit in Heidelberg –, schlug er mir vor, die Anthroposophie aus der Sicht der Psychoanalyse zu begreifen und darüber einen Aufsatz für die von ihm neubegründete Zeitschrift *Psyche* zu schreiben. Ich fühlte mich entschieden überfordert, da ich zwar hier und da einen Blick in Freuds Werke geworfen, aber die Psychologie doch bisher eher über die Literatur oder gelegentlich auch über Jungs Archetypenlehre zu verstehen versucht hatte. Aus dem Essay »Psychoanalyse der Anthroposophie« wurde also nichts. Immerhin interessierte ich mich von da an zunehmend für die Psychoanalyse und immer weniger für die Anthroposophie.

Von Alexander Mitscherlich erfuhr ich über seine Pläne, in Heidelberg eine Abteilung für Psychosomatische Medizin zu gründen. Es war die Zeit nach den Nürnberger Ärzteprozessen, an denen er zusammen mit Fred Mielke als Beobachter teilgenommen hatte und die später im *Diktat der Menschenverachtung* (1947) bzw. *Medizin ohne Menschlichkeit* (1960) dokumentiert wurden.

1946 hatte Alexander Mitscherlich die *Psyche* zusammen mit Hans Kunz und Felix Schottländer gegründet. Die ursprünglich mit der Zeitschrift verbundenen Hoffnungen, eine Fusion der unterschiedlichen theoretischen Schulen auf dem Felde der Psychotherapie zustande zu bringen, erwiesen sich als kurzlebig. Was von den Ideen bei ihrer Gründung die Jahre überdauerte, war das Interesse an der Anwendung der Psychoanalyse in Politik und Gesellschaft, in Medizin, Kunst und Literatur. Die Geschichte der *Psyche* war von Anfang an eine konfliktreiche und ist es bis heute geblieben. In den vielen Jahren, in denen ich an ihrer wechselreichen Geschichte teilnahm, zerbrachen nicht wenige Freundschaften an den unterschiedlichen Vorstellungen von dem, was in ihr Vorrang haben, wie und von wem sie geführt werden sollte. Selbst in dieser doch recht kleinen, von der größeren Öffentlichkeit nur selten wahrgenommenen Fachzeitschrift waren und sind Machtkämpfe nichts Ungewöhnliches, so wenig wie in der Deutschen Psychoanalytischen Vereinigung und in fast allen psychoanalytischen Vereinigungen rund um den Erdball.

Die Frage, ob wir Psychoanalytiker besonders streitsüchtig sind oder ob es sich nur um einen ganz gewöhnlichen Vorgang handelt, der allen Intellektuellen eigen ist, möchte ich dabei so offenlassen wie die weitere, ob alle Streitereien zwischen Intellektuellen und Psychoanalytikern kulturfördernd sind, auch wenn Trennungen sich im menschlichen Leben als fruchtbar erweisen können.

Trennungen gab es in meinem Leben nicht selten. Nachdem ich mich von Dänemark und dann von der Anthroposophie getrennt hatte, ging ich als Assistenzärztin nach Zürich – mit einer Freundin, die ich in der Schweiz kennengelernt hatte. In dieser Zeit vertiefte sich auch meine Beziehung zu Alexander Mitscherlich. Als ich in Zürich 1948 schwanger wurde, beschloss ich nach Deutschland zurückzukehren. Durch die Unterstützung von Carlo Schmid bekam ich eine Aufenthaltsgenehmigung, was damals nicht so ganz einfach war. Mit meiner Freundin habe ich mich am Bodensee niedergelassen, dort meinen Sohn im Januar 1949 in die Welt gesetzt und meine Doktorarbeit fertiggestellt. 1950 zogen wir zu dritt nach Stuttgart, wo ich in der Psychiatrie arbeitete und meine erste Analyse begann.

Damals war das dortige Institut für Psychotherapie, darin noch der Tradition des Berliner Göring-Instituts verhaftet, ganz selbstverstandlich auf eine Fusion der verschiedenen psychotherapeutischen Schulen eingestellt. Man war auf Harmonie gestimmt: Alle psychotherapeutischen Richtungen sollten voneinander lernen. Ein Polypragmatismus herrschte, der eher zu theoretischen Unschärfen und Verflachungen führte als zur Weiterführung einer psychoanalytischen Erforschung des Menschen und seiner Gesellschaft.

Als 1949/50 mit Hilfe von Mitteln der Rockefeller-Foundation die seit langem geplante Abteilung für Psychosomatische Medizin in Heidelberg schrittweise aufgebaut werden konnte, kehrte Alexander Mitscherlich von Zürich nach Heidelberg zurück. Auch ich verlegte meinen Wohnsitz von Stuttgart nach Heidelberg bzw. Mannheim, um an einer psychotherapeutischen Abteilung für Kinder und Jugendliche zu arbeiten, die eine Dependance der Heidelberger Abteilung war.

Damals erlebte ich, welche Folgen die Veröffentlichung der Dokumente des Nürnberger Ärzteprozesses für deren Herausgeber hatte. Die Dokumentation wurde von dem bekannten Physiologen Professor Friedrich Hermann Rein als eine »Nachtlektüre für Perverse« bezeichnet. Ihre Veröffentlichung und ihr Inhalt wurden Alexander Mitscherlich persönlich angelastet.

Zahlreiche Zeitgenossen beschimpften ihn als einen »Nestbeschmutzer« und Vaterlandsverräter und versicherten mir wiederholt, dass seine Chance, als Dozent an der Universität Fuß zu fassen, gleich null seien. In der Göttinger Universitätszeitung beteiligte sich auch Sauerbruch an der Beschimpfung des unbotmäßigen Dozenten aus Heidelberg. Die Macht, die diese zum Teil politisch und moralisch durch ihre Stellung zum Nationalsozialismus schwer diskreditierten Universitätsprofessoren auch nach dem verlorenen Krieg noch besaßen, war erstaunlich, wie auch die Bedeutung, die ihnen sogar Alexander Mitscherlich noch zumaß – sicherlich nicht zu Unrecht, was seine eigene Karriere betraf. Die hierarchischen Verhältnisse an der Universität änderten sich in den fünfziger und bis Ende der sechziger Jahre kaum. Für mich war das verblüffend. Im Ausland hatten deutsche Professoren, nachdem allzu viele von ihnen 1933 und später zu begeisterten Nazis und/oder zu Denunzianten geworden waren, ihr hohes Ansehen längst verloren.

Nicht nur war ich ein Leben lang zwischen zwei Kulturen aufgewachsen, in der die Geschichte und manche Dinge des Lebens unterschiedlich wahrgenommen und bewertet wurden, mir war natürlich während der Hitler-Zeit, insbesondere während der Kriegsjahre und in der unmittelbaren Nachkriegsperiode, sehr deutlich geworden, in welchem Ausmaß in der Welt deutsche Verhältnisse, deutsche Denkweisen und Umgangsformen, die zur Nazi-Barbarei geführt hatten, in Frage gestellt und kritisiert wurden. In Heidelberg nun sozusagen eine »heile Welt« vorzufinden, in der man so tat, als wenn nichts geschehen sei, in der »Werte« aus der Vorkriegszeit und gesellschaftliche Verhältnisse, wie sie natürlich nicht nur in der kleinen Universitätsstadt seit langem gang und gäbe waren, unkritisch weitergeführt und übernommen wurden – das war schon verblüffend.

Nach einer geistig und politisch bewegten Übergangszeit, die es auch in Deutschland einige Jahre nach dem Kriege gegeben hatte, in der manche Deutsche sich über die Folgen ihrer furchtbaren Ideale und Handlungen Rechenschaft zu geben versuchten, war es überraschend, dass in den fünfziger Jahren das selbstkritische, um Veränderung bemühte

Denken von vielen Deutschen schnell wieder ad acta gelegt wurde.

»Nur keine Konflikte«, das war im Großen und Ganzen auch das Motto der verschiedenen psychotherapeutischen Schulen. Wie in Stuttgart und anderen deutschen Instituten für Psychotherapie spiegelten diese Geisteshaltung auch in gewisser Weise die ersten Jahrgänge der Zeitschrift *Psyche* wider.

In dieser Zeit waren es die Kollegen und Freunde aus dem Ausland, die uns die Freud'sche Psychoanalyse neu vermittelten, uns mit deren Weiterentwicklung bekanntmachten und uns dadurch eine neue Sicht der Dinge ermöglichten. Alexander Mitscherlich war 1951 für einige Zeit nach Amerika gegangen und hatte dort alte Freundschaften neu belebt und neue Freundschaften begonnen. Seit 1949 kamen zahlreiche psychoanalytische Kollegen und Kolleginnen aus den verschiedenen europäischen Ländern und aus den USA nach Heidelberg. Die Psychoanalyse wurde für uns zu einer wesentlichen Denkalternative gegenüber der konservativen Rückkehr zum »Gedankengut« der Vorkriegszeit, ja, des Zweiten Reiches, wie sie das deutsche und nicht nur das Heidelberger Geistesleben beherrschte.

Anfang der fünfziger Jahre hatte ich nach zwei kürzeren Analysen das Bedürfnis, mit Hilfe eines Analytikers, der mit der internationalen Entwicklung der Psychoanalyse unmittelbar verbunden war, weiter an mir zu arbeiten. Durch Vermittlung von Alexander Mitscherlich erklärte sich Michael Balint dazu bereit, meine Analyse zu übernehmen. Balint war durch seine eigenständigen und originellen psychoanalytischen Beiträge bekannt geworden. Seine Arbeiten zur »primären Liebe«, zur Objektbeziehungstheorie, zur Anwendung der Psychoanalyse in der allgemeinen ärztlichen

Praxis, seine Kritik an der hierarchisch strukturierten Ausbildungssituation wurden auch in Deutschland zunehmend rezipiert.

Dieser erste Aufenthalt in London eröffnete mir neue Dimensionen der Wahrnehmung meiner selbst, aber auch der Wahrnehmung einer anderen psychoanalytischen Kultur, als ich sie bisher erlebt hatte. Die deutsche Psychoanalyse erschien mir demgegenüber als ziemlich vorgestrig – was ja auch der Wirklichkeit entsprach. In London blieben mir die Konflikte zwischen den psychoanalytischen Schulen, wie sie damals bestanden, nicht verborgen. Mit den Einzelheiten dieser Konflikte machten mich während der Nazi-Zeit aus Berlin und Frankfurt emigrierte psychoanalytische Kollegen und Kolleginnen bekannt, Einzelheiten, die ich natürlich begierig aufsog, auch wenn die Auseinandersetzungen, in deren Mittelpunkt Melanie Klein und Anna Freud standen[3], alles andere als erfreulich waren. Aus der deutschen psychoanalytischen Ausbildungsszene stammend (sofern es denn eine gab), wenn auch mit dänischem Pass, war ich manchen Londoner Einschränkungen, was Teilnahme an Seminaren und anderen Ausbildungsveranstaltungen betraf, weniger unterworfen als die am Ort lebenden Kandidaten. Die Ausbildung war in verschiedene Gruppen aufgeteilt, die Freudianer wollten mit den Kleinianern nur wenig zu tun haben. Neben der A(Klein)- und der B(Anna Freud)-Gruppe gab es noch die Middle-Group. Zu dieser Gruppe gehörten Michael Balint und Ronald W. Winnicott und viele andere bekannte Analytiker/innen.

Trotz aller Probleme und Berührungsängste zwischen den einzelnen Gruppen trafen sich am Mittwochabend alle Analytiker Londons, um den Vortrag eines ihrer Mitglieder anzuhören und zu diskutieren. Das war für mich äußerst aufschlussreich. Mein Analytiker Balint sprach über seine Arbeit mit Ärzten, die später in seinem Buch *Der Arzt, sein Patient und die Krankheit*[4] auch in Deutschland bekannt wurde.

Was haben diese Einzelheiten aus der Geschichte der Londoner Psychoanalyse mit der Entwicklung der Psychoanalyse im Nachkriegsdeutschland zu tun? Ich glaube, einiges. Zumindest die Heidelberger Psychoanalytiker und Psychoanalytikerinnen identifizierten sich in dieser Zeit zunehmend mit der Entwicklung der Psychoanalyse, wie sie ihnen durch englische, amerikanische und holländische Psychoanalytiker vermittelt wurden, von denen viele während der Nazizeit aus Deutschland, Österreich und Ungarn vertrieben worden waren.

Ende der fünfziger Jahre verbrachten Alexander Mitscherlich und ich noch gemeinsam ein Jahr in London, um unsere Analysen ein Stück weit fortzuführen und zu vertiefen. Wir hatten 1955 geheiratet. Dieser Aufenthalt intensivierte die Kontakte und Freundschaften mit den Londoner Kollegen und Kolleginnen.

Es ist ein Paradox der psychoanalytischen Forschung – so Mario Erdheim –, »daß ihr Gegenstand, das Unbewußte, sich immer neu bildet; es gleicht einem Kontinent, der in ständiger Veränderung begriffen ist.«[5] Erkenntnisse, die das allgemeine Bewusstsein einer Gesellschaft erreichen, dringen auch in das Unbewusste einer Gesellschaft ein und verändern sie. Veränderte Vorstellungen von dem, was als »männlich« und »weiblich« angesehen wird, haben das Bewusste, aber auch das Unbewusste unserer Gesellschaft erreicht und diese bereits mehr modifiziert, als manche von uns wahrhaben wollen.

In den konservativen fünfziger Jahren, in denen sich in Deutschland die hierarchischen und gesellschaftlichen Verhältnisse – in einer alten Universitätsstadt wie Heidelberg besonders gut zu beobachten – im Vergleich zu den dreißiger Jahren, in denen auch das zweite Reich Auferstehung feierte, kaum änderten, war die Psychoanalyse eine der wenigen wiederentdeckten Wissenschaften, die überkommene »Werte« kritisch durchleuchtete und sich für die Vergangenheit, auch und gerade für die jüngste deutsche Vergangenheit, interessierte.

Für mich bedeutete die Psychoanalyse ungeheuer viel – nämlich neben einer Befreiung von alteingesessenen gesellschaftlichen Vorurteilen auch eine Erweiterung des Wissens um das eigene Selbst und damit auch der Neurosen meiner Patienten und Patientinnen. Mit ihrer Hilfe versuchten Alexander Mitscherlich und ich die Katastrophe des ›Dritten Reiches‹, in deren Schatten wir alle lebten und leben, in ihrer Entstehung und ihren Folgen besser zu verstehen. Dieses Interesse teilten wir mit vielen Analytiker/innen, insbesondere mit denjenigen, die in den dreißiger Jahren nach England, Frankreich oder Amerika emigriert waren. Langsam begriffen wir nicht nur, wie es zum Hitlerismus hatte kommen können, sondern auch, wie weit entfernt wir von einer verstehenden Bearbeitung der Vergangenheit in der Gegenwart noch waren. Dass Vergangenheit abgeschlossen sein muss, um Gegenwart herzustellen, wurde uns immer klarer. Ohne Trauerarbeit war und ist das nicht zu leisten.

Hilfe wurde uns von vielen Seiten zuteil. Die Freundschaft mit Fritz Redlich, Henry und Yela Löwenfeld und vielen anderen Emigranten vertiefte sich. Fritz Redlichs Buch *Der Sozialcharakter psychischer Störungen*[6] wurde zu einem Standardwerk für diejenigen in Frankfurt und Heidelberg, die die Abhängigkeit psychischer Erkrankungen von gesellschaftlichen Verhältnissen untersuchten.

Auch Erik H. Erikson gehörte zu den frühen Besuchern in Heidelberg und Frankfurt am Main. Bei der Feier zum 100. Geburtstag Freuds, 1956, die von Horkheimer und Adorno auf der einen, von Mitscherlich auf der anderen Seite gemeinsam geplant wurde, hielt er am 6. Mai die Festrede. Ihr folgten über ein ganzes Semester zahlreiche Vorträge von bekannten Analytikern und Analytikerinnen in Frankfurt und Heidelberg. Diese Vorträge führten zu einer Art Durchbruch für die Psychoanalyse in der BRD. Das allgemeine Interesse an psychoanalytischer Theorie, Behandlung und Ausbildung nahm langsam, aber unübersehbar zu.

Erikson sprach damals über »Das Problem der Identität«, ein Problem, das uns bekanntlich noch heute umtreibt und Anlass zu vielen Auseinandersetzungen war und ist. Ob sich diese Diskussionen nun um die »nationale Identität« drehen oder um die geschlechtsspezifische, die berufliche oder welche sonst noch begehrte, aufgedrängte oder abgelehnte »Identität«: das Problem der »Identität«, die Auseinandersetzungen über diesen Begriff und seine Inhalte haben ihre Aktualität bis heute nicht verloren.

Mit der Freud-Feier am 6. Mai 1956 in Frankfurt wuchs auch das Interesse dieser Stadt und des Landes Hessen an der Gründung eines Instituts für Psychoanalyse. An dieser Feier nahmen der Bundespräsident Theodor Heuss, der Hessische Ministerpräsident August Zinn, Kultusminister Schütte und die Ministerialrätin Frau von Bila, die sich so mutig für die Sache der Psychoanalyse einsetzte, und viele andere Mitglieder des kulturellen und politischen Lebens Deutschlands teil. August Zinn empfahl damals den Politikern, sich für ein psychoanalytisches Institut schon aus eigenem Interesse einzusetzen, und hatte damit offenbar Erfolg. Seither gab es einen lebhaften Kontakt mit ihm und seinen

Mitarbeitern einerseits, mit Horkheimer und Adorno und später auch Habermas andererseits, bis es schließlich 1960 zur Gründung des Sigmund-Freud-Instituts (SFI) in Frankfurt kam. Dieses Institut stand nicht nur bei Frankfurter Bürgern in hohem Ansehen, das Interesse an der Psychoanalyse wuchs im gesamten Bundesgebiet. Zahlreiche psychoanalytische Publikationen erschienen bei Suhrkamp, S. Fischer, Klett, Piper und anderen Verlagen.

Ich arbeitete von Beginn der Gründung des SFI an einigen Wochentagen dort, behandelte aber einen großen Teil meiner Patienten weiterhin in Heidelberg. Der Umzug nach Frankfurt erfolgte erst 1967.

Feindschaften unter Kollegen/innen und Auseinandersetzungen gibt es unter Intellektuellen und Psychoanalytikern überall, also auch in Heidelberg. Dennoch fiel mir der endgültige Abschied von Heidelberg sehr schwer. Irgendwie hatte es dort einen Zusammenhalt gegeben, der nicht nur mit Hilfe von Feindbildern zustande kam. Natürlich hatten wir als Psychoanalytiker/innen eine Reihe von Feinden, die wir auch als solche empfanden, aber unser Hauptinteresse lag doch in der Erweiterung unseres Wissens über die Psychoanalyse und damit über uns selbst und über die Gesellschaft, in der wir lebten. Wir waren eine kleine Gruppe, empfingen aber ungezählte Anregungen durch Besucher aus aller Welt, durch Kongresse und Arbeitsgemeinschaften, die wir veranstalteten oder an denen wir teilnahmen. Wir hatten viel zu lernen, und das geschieht am lebendigsten durch Identifikation mit Menschen, die man achtet und die Wissenserweiterung und Denkerneuerung anbieten. Nur Neid kann diese Art des Lernens stören, und den gab es in Heidelberg kaum, zumindest habe ich es so erlebt.

Das änderte sich in Frankfurt. Wir saßen in einem Institut

eng zusammen, die allwöchentlichen Gäste wurden seltener, während die Rivalität untereinander zunahm. Ich nehme an, dass das der übliche Lauf der Dinge ist. Wenn man »erwachsen« wird, hört das lustvolle Lernen durch neue Identifikationsfiguren weitgehend auf, man selber wird oft *nolens volens* zu einer solchen Figur oder strebt gar danach, was wiederum Rivalen und Neid schafft.

Mit dem Streben, Vorbild oder gar »Führer« zu sein, verbindet sich nicht selten eine gewisse narzisstische Rigidität. Lebendig bleiben nur solche Menschen, die die Lust an neuen Erkenntnissen auch über sich selber höher bewerten als die Anerkennung von außen. Dabei ist klar, dass mit zunehmendem Alter auf das Lernen durch Vorbilder mehr und mehr verzichtet werden muss, wie auch, dass Neid die Lust am Lernen hemmt, Rivalität sie aber eher fördert.

Wie dem auch sei: Ich zumindest erlebte das Frankfurter Institut als relativ starr und habe lange der kreativen, lebendigen Atmosphäre Heidelbergs nachgetrauert. Dazu trug natürlich auch die später einsetzende schwere Erkrankung meines Mannes bei.

Im Laufe der sechziger Jahre wurde offensichtlich, dass die Auseinandersetzung mit der Psychoanalyse die öffentliche Meinung in der Bundesrepublik und das Denken der jüngeren Generation erheblich beeinflusste. Die Psychoanalyse spielte für die 68er Studentenrevolte eine nicht unwichtige Rolle. Erstmals befragte die studentische Jugend ihre Väter nach deren Vergangenheit und Beteiligung am Nationalsozialismus. Bei den Frauen förderte die antiautoritäre Bewegung das Bewusstsein der eigenen Unterdrückung. Ihre Mütter fragten sie nicht, weil sie erkannten, dass unsere »Demokratie«, unsere »Volksherrschaft«, weitgehend eine Demokratie von Männern ist. Daran hat sich bis heute nicht allzu viel geändert. Mit der Frauenbewegung habe ich mich seit ihrer Neubelebung Anfang der siebziger Jahre zunehmend identifiziert und versucht, mit Hilfe der Psychoanalyse die Situation der Frauen besser zu verstehen und damit auch verhärtete geschlechtsspezifische Rollenvorstellungen und »Werte« kritisch zu durchleuchten. Mir wurde immer klarer, in welchem Ausmaß die Nazi-Zeit von Männlichkeitswahn, Herrenrassentum und entsprechenden »Idealen« besessen war. Rassismus und Sexismus erschienen mir immer mehr als zwei Seiten derselben Medaille.

Zusammenfassend kann man sagen, dass in den fünfziger und sechziger Jahren die Neuaneignung psychoanalytischer Erkenntnisse stattfand, die uns in den zwölf Jahren der nationalsozialistischen Barbarei verlorengegangen waren. Der Aufbau eines psychoanalytischen Grundwissens nahm uns, vor allem in den fünfziger Jahren, völlig in Anspruch und erfüllte uns mit Begeisterung. Mit vielen seinerzeit emigrierten Analytikern und Analytikerinnen teilten wir das Interesse, unsere jüngste Vergangenheit mit Hilfe dieses Wissens besser zu verstehen, damit sie sich niemals wiederhole. Alexander Mitscherlich und ich schrieben nach zahlreichen Diskussionen im In- und Ausland das Buch *Die Unfähigkeit zu trauern*.

Natürlich standen in den fünfziger und sechziger Jahren nicht nur die gesellschaftspolitischen, sondern auch die klinischen Erfahrungen im Mittelpunkt unseres Interesses. Auch wenn die Widerstände an den Universitäten nur mühsam oder gar nicht zu überwinden waren, war es doch unübersehbar, dass die Psychoanalyse ihren Einfluss auf andere Wissenschaften vermehrte. Die Verbindung von Methode und Theorie, vor allem aber die Einbeziehung des Beobachters in den Untersuchungsprozess erwies sich als ein neues

Paradigma des Wahrnehmens, als eine wissenschaftliche Revolution, die z.B. im Bereich der Physik für Forscher wie Niels Bohr größte Bedeutung gewann.

Dass der Einfluss der Psychoanalyse auf unsere Gesellschaft mittlerweile wieder zurückgegangen ist, kann niemandem entgangen sein. Das mag mit der Starrheit einer hierarchischen Ausbildungssituation zusammenhängen, an einer Tendenz zur Selbstidealisierung psychoanalytischer Institutionen oder an dem Fehlen kreativer und unabhängig denkender Köpfe, die man sich nun einmal nicht »backen« kann. Vielleicht war der Schock der Nazi-Barbarei so groß, dass er uns bis heute zur Trauer unfähig machte, dass wir fürchten, eine depressive Phase nicht lebend durchstehen zu können. Das aber wäre die Bedingung dafür, um wieder offen für die eigenen und fremden Gefühle und seelischen Erlebnisse zu sein, was auch heißt, kreativ werden zu können.

Nach vielen Jahren einer schweren Krankheit starb Alexander Mitscherlich am 26.6.1982. Meine Mutter war 1979 mit fast hundert Jahren in Dänemark gestorben. Mein Sohn, der Jura studiert hat, heiratete etwa ein Jahr vor dem Tod seines Vaters. Ich bin mittlerweile mehrfache Großmutter.

Meine Interessen und meine Arbeit sind in den letzten Jahrzehnten weitgehend die Gleichen geblieben. Ich befasse mich weiterhin als Psychoanalytikerin mit den individuellen und gesellschaftlichen Problemen der Frau; von ihrem Selbstverständnis, ihrem Umgang mit Macht, und nicht selten mit falschen Schuldgefühlen, hängt es ab, ob die Gleichberechtigung der Frau Realität wird oder nur auf dem Papier stehen bleibt.

Die Auseinandersetzung mit der Vergangenheit in der Gegenwart blieb für mich von zentraler Bedeutung. Die Diagnose einer Unfähigkeit zu trauern scheint mir nach wie vor aktuell zu sein. Die Sehnsucht nach einer Wiederholung der barbarischen zwölf Jahre, nach deren Menschenverachtung und Rassismus wird wieder offen geäußert, Gewalt gegenüber Asylbewerbern und Fremdenhass gehören zum Alltag. Die Nazi-Skins und ihre rechten Anhänger im Osten und Westen Deutschlands sind vorwiegend junge Männer; Frauen nehmen daran teil, aber prozentual gesehen nur wenige. Auch Republikaner und rechtsradikale Parteien werden vorwiegend von Männern gewählt.

Allerdings ist nicht zu übersehen, dass zumindest über eine lange Zeit viele Vorurteile und Ressentiments der rechtsradikalen Jugendlichen von einer schweigenden Vielheit der Deutschen geteilt wurden. Hätte es eine Phase der kollektiven Trauer im Sinne der Erinnerung an die Leiden der Opfer unserer Vorurteile und Projektionen gegeben, wären wir auch zu Mitleid mit dem heutigen Elend der meisten Asylbewerber fähig, und eine menschenfreundliche Lösung für die Probleme mit den uns Fremden im Lande wäre gefunden worden. Einsicht in die Verschiebung unserer westdeutschen Aggressionen und unserer Selbstachtung erst auf die Ostdeutschen, dann gemeinsam mit ihnen auf die Asylbewerber, hätte uns vor Gewaltausbrüchen und Fremdenhass verschonen können.

Gleichwohl möchte ich behaupten, dass sich viele Deutsche gegen eine Mentalität wehren, die blind und denkunfähig macht, die weder Freund noch Feind, Gegenwart oder Vergangenheit realitätsgerecht wahrzunehmen vermag. Vergessen und Verdrängen befreit uns jedenfalls nicht, auch keine Selbstgerechtigkeit im Umgang mit der Vergangenheitsbewältigung unserer Landsleute in den neuen Bundesländern. Nur wenn wir Konflikte in ihrer ganzen Kompliziertheit wahrzunehmen bereit sind, die immer einen historischen Zusammenhang haben, werden wir unser antiquiertes Denken aufgeben und zu so etwas wie einem neuen Anfang fähig sein. Das Bedürfnis nach befreiender Trauer und der damit einhergehenden Erinnerungsarbeit ist bei vielen Deutschen wahrzunehmen. Die Nachdenklichen im Lande wissen sowieso, dass Feindbilder allein dem Zweck dienen, von eigenen Aggressionen abzulenken und eigene Probleme zu kaschieren.

II. WOFÜR UND WOGEGEN
SICH LOHNTE ZU KÄMPFEN

Erinnern, Wiederholen, Durcharbeiten: Medizin und Antisemitismus

Medizin und Antisemitismus: Das Thema zwingt uns zum erneuten Nachdenken darüber, ob und warum Ärzte dem Nationalsozialismus und seinem Rassenwahn in besonders hoher Anzahl verfielen, wie der relativ hohe Prozentsatz an Ärzten, die Mitglieder der Partei und ihrer Organisationen waren, vermuten lässt. Mit der Dokumentation der Menschenversuche *Wissenschaft ohne Menschlichkeit* von A. Mitscherlich und F. Mielke, um die es in dem Nürnberger Ärzteprozess ging, und deren Geschichte und Verbreitung hat sich Thomas Gerst im *Deutschen Ärzteblatt* vom 6.6.1994 ausführlich auseinandergesetzt.[1] Für Hans Neuffer bedeutete die Wiederaufnahme in den Weltärztebund 1950 mit Hilfe eben dieser Dokumentation, dass »nun ein endgültiger Schlussstrich unter die Vergangenheit der letzten Jahre gezogen worden war«.[2] Das schien über lange Zeit der Fall zu sein. Zu einer weiteren Auseinandersetzung mit dem Thema Medizin im Nationalsozialismus kam es erst 1961 mit Aufsätzen von Georg Bittner[3] im *Deutschen Ärzteblatt*, dann Schweigen bis 1980, als durch den Berliner Gesundheitstag und in den achtziger Jahren auf den Tagungen der Evangelischen Akademie in Bad Boll das Thema wiederaufgenommen wurde.

1986 löste der Artikel von Dr. med. Hartmut Hanauske-Abel zum Thema Medizin und Nationalsozialismus (»Medizin als Politik«) erneute heftige kontroverse Diskussionen aus. Er wurde zuerst in der englischen medizinischen

Fachzeitschrift *The Lancet* veröffentlicht, dann in der *Zeit*, nachdem keine deutsche medizinische Fachzeitschrift zur Veröffentlichung bereit war. Der Titel der im Juni 1994 publizierten Arbeit von Thomas Gerst, auf den ich hier näher eingehe, lautet: »Der Auftrag der Ärztekammern an Alexander Mitscherlich zur Beobachtung und Dokumentation des Prozeßverlaufs.«[4] Thomas Gerst betont, dass es ihm darum gehe, die Geschichte und Verbreitung der Publikation *Wissenschaft ohne Menschlichkeit*, die zu zahlreichen kontroversen Erörterungen in und außerhalb der Ärzteschaft führte, so sorgfältig und genau wie möglich zu erforschen und zu klären, was umstritten war; das ist ihm auch weitgehend gelungen. In der redaktionellen Zusammenfassung seiner Arbeit heißt es: »Ziel der nachfolgenden Darstellung soll es sein, die mit der Entstehung und Verbreitung der Dokumentationen verknüpften Ereignisse der Jahre 1946 bis 1950 nachzuzeichnen, um eine auf Tatsachen gegründete Beurteilung des Vorganges zu ermöglichen.« Dass ›Tatsachen‹ aber auch kontrovers gesehen und unterschiedlich interpretiert und wiedergegeben werden können, geht aus dem Forschungsbericht von Jürgen Peter *Der Nürnberger Ärzteprozeß im Spiegel seiner Aufarbeitung anhand der drei Dokumentensammlungen von Alexander Mitscherlich und Fred Mielke* hervor.[5] Die Veröffentlichung der Dokumentation 1949 im Auftrag der Westdeutschen Ärztekammern hat nicht nur bei deutschen Ärzten Empörung ausgelöst; sie hatte auch für die Beauftragten, die sich mit den Verbrechen ihres Standes konfrontiert sahen, die sie nicht wahrhaben wollten, insbesondere A. Mitscherlich, persönliche Diffamierung und gerichtliche Prozesse zur Folge.

In den achtziger Jahren waren es Mitglieder der jüngeren Ärztegeneration, mit denen es zu neuen heftigen Auseinandersetzungen über das Verhalten der Ärzteschaft in den Jahren nach 1945 kam. Ich erwähnte bereits die Kontroversen um Hartmann Hanauske-Abel zwischen 1986–88.[6] Demzufolge steht wohl auch auf dem Titelblatt des *Deutschen Ärzteblattes* vom 6.6.1994: »Nicht Anklage, sondern Klärung«.

Nicht weniger lange als bei der Ärzteschaft hat es gebraucht, bis es in Deutschland möglich wurde, den Anteil der Wehrmacht, von Polizeibataillonen, der Industrie und etlichen anderen Organisationen und Institutionen am nationalsozialistischen Genozid an den Juden systematisch zu erforschen und öffentlich zu diskutieren. Die Abwehr gegen die Offenlegung dessen, was an Entsetzlichem wirklich geschehen ist, war verständlicherweise groß. Erst fünfzig Jahre nach dem Ende des Zweiten Weltkriegs kam eine Dokumentation der Verbrechen der Wehrmacht im Osten in der von Hannes Heer[7] konzipierten Ausstellung des Hamburger Institutes für Sozialforschung »Vernichtungskrieg, Verbrechen der Wehrmacht 1941–1944« zustande, begleitet von heftigen Auseinandersetzungen. Denn bis dahin galt bei vielen Deutschen die Wehrmacht weitgehend als »sauber« und »anständig« gebliebene Institution, obwohl jedem denkenden Menschen klar sein musste, dass Hitler seinen verbrecherischen Krieg ohne sie gar nicht hätte führen können.

Dass die Berichte und Diskussionen, die Veröffentlichungen und Ausstellungen belastender Dokumente über die Verbrechen der Hitlerzeit zunehmen, je weiter wir uns von ihr entfernen, hängt wohl hauptsächlich damit zusammen, dass die Generation der daran Beteiligten zum größten Teil nicht mehr lebt. Die Deutschen heute, und offenbar nicht nur die jüngere Generation, scheinen in wachsender Zahl an einer genauen Information über die Hitlerzeit interessiert zu sein, zumindest nahmen die Besucher der Wehrmachtsausstellung in jeder größeren Stadt zu, die Warteschlangen wurden immer länger. Ähnlich war der Andrang zu den Diskussionen mit Goldhagen über sein Buch *Hitlers willige Vollstrecker*.[8]

In diesem Buch sprachen die Dokumente, insbesondere die Feldpostbriefe, für sich. Es war nicht zu übersehen, dass es vielfach »ganz gewöhnliche Deutsche« gewesen waren, die ohne Zwang am Völkermord teilnahmen, den sie offensichtlich für richtig hielten; es waren Angehörige der Wehrmacht oder von Polizeibataillonen, die keineswegs als besonders fanatische Nazis galten.

Wie aber lässt sich erklären, was uns heute unfassbar erscheint, dass »normale Deutsche« hilflose Menschen misshandelten und töteten, auch ohne dazu gezwungen zu sein, oder dass Ärzte, die der Fürsorge für Kranke und Hilflose durch Eid verpflichtet sind, Menschen als Versuchsobjekte missbrauchten und umbrachten? Was für eine falsche Moral oder verinnerlichte Ideologie brachte sie dazu? Goldhagen macht einen seit Ende des 18. Jahrhunderts in Deutschland besonders verbreiteten »eliminatorischen Antisemitismus« dafür verantwortlich, den er sicherlich auch den an Menschen durchgeführten qualvollen, meist tödlich verlaufenden Versuchen der Ärzte zugrunde legt. Wie aber konnte sich ein so spezifisch deutscher Vernichtungswillen den Juden gegenüber entwickeln, wo es doch keineswegs nur in Deutschland Antisemitismus gibt und gab? Warum führte der Antisemitismus gerade in Deutschland dazu, dass im Laufe eines Vernichtungskriegs »ganz gewöhnliche Deutsche« – offenbar von einer falschen Moral getrieben – Unmenschlichkeiten begingen, die weder andere noch sie sich selbst in »normalen« Zeiten zugetraut hätten? Und die sie später bei sich und anderen nicht mehr wahrgenommen haben wollten.

Wir befassen uns heute mit den historischen und aktuellen Aspekten des Antisemitismus in der Ärzteschaft und müssen uns deshalb fragen, ob überhaupt und wenn ja, wie dieser sich vom Antisemitismus des »gewöhnlichen Deutschen« unterschied. Auch bei den Ärzten dauerte es zwei bis drei Generationen, bis sie in größerer Zahl bereit waren, sich offen der Vergangenheit zu stellen und tiefergehend mit dem Ausmaß der Verbrechen des eigenen Standes während der Nazi-Herrschaft zu konfrontieren. Seit dem Ärzteprozess in Nürnberg 1947 hat sich das Wissen um die Menschenversuche in den Konzentrationslagern der SS, der Wehrmacht, unterstützt von mächtigen Institutionen wie der Deutschen Forschungsgemeinschaft und der Pharmaindustrie, erheblich erweitert, wie im Buch von Ernst Klee[9] nachzulesen ist, der allerdings nicht zur »Zunft« der Ärzte gehört.

Mittlerweile wissen wir, dass außer Juden auch Kriegsgefangene, Psychiatriepatienten und sonstige Mitglieder der als lebensunwert angesehenen Menschengruppen als Versuchsobjekte von Ärzten missbraucht wurden.[10] Dafür gab es bereits im Nürnberger Prozess genügend Dokumente und noch lebende Zeugen.

Hier sei kurz auf die zeitliche Folge und die Titel der verschiedenen Veröffentlichungen von Alexander Mitscherlich und Fred Mielke eingegangen. Deren erste Dokumentation über den Nürnberger Ärzteprozess und seine Quellen erschien im März 1947 als vorläufige Berichterstattung mit dem Titel *Das Diktat der Menschenverachtung*.[11] Sie war noch vor Ende des Prozesses zusammengefasst worden. Später und ausführlicher erschien die Dokumentation mit dem Titel *Wissenschaft ohne Menschlichkeit*.[12] Auch über das ungeklärte Schicksal dieser Dokumentation ist nachzulesen bei Jürgen Peter[13] und bei Thomas Gerst[14]. Die an die westdeutschen Ärztekammern verteilten Exemplare der Erstauflage scheinen weitgehend verschwunden zu sein, offenbar war das Interesse der Ärzte daran gering. 1960, in der ersten Neuauflage bei Fischer, lautet der Titel »*Medizin ohne Menschlichkeit – Dokumente des Nürnberger Ärzteprozesses*«.[15]

Im selben Verlag erschien im Herbst 1997 die schon erwähnte Studie von Ernst Klee: *Auschwitz, die NS-Medizin und ihre Opfer*, eine erste systematische, wesentlich erweiterte Dokumentation der Menschenversuche in allen Konzentrationslagern, mit Juden, aber auch mit zahlreichen Kriegsgefangenen, wie alles, was nach der Nazi-Ideologie als »Verbrecher« oder als lebensunwertes Leben bezeichnet wurde. Ich zitiere auszugsweise aus dem Vorwort von Ernst Klee: »Medizin in der Nazizeit: die menschlichen Versuchsobjekte werden als rassisch, sozial oder ökonomisch minderwertig abqualifiziert, ihr ›Verbrauch‹ für die Forschung als nützlich für die Gesundheit kommender Generationen gerechtfertigt. Medizin während der Nazizeit bedeutet: Selektion der als unbrauchbar Definierten. Ärztliche Visite im KZ heißt: Selektion in die Gaskammer. An der Rampe in Auschwitz stehen Mediziner. Die Opfer der Medizinverbrechen: KZ-Häftlinge, Kriegsgefangene, vor allem Juden und nochmals Juden. Planer, Täter, Komplizen und Mitwisser: die Elite der Medizin. Das erklärt, warum es keinen Bedarf an Aufklärung gab. Bis heute. Die Medizin während der Nazizeit unterscheidet sich von der Medizin vorher und nachher nur in einem: Forscher dürfen alles, was sie wollen.«

In diesem Auszug aus dem kurzen Vorwort erklärt Klee im Telegrammstil die Situation der Medizin im Nazi-Reich; die Motivation der Nazi-Ärzte für ihre Menschenversuche sei die Sucht nach Macht und Karriere. »Forscher dürfen alles, was sie wollen.« Am Wunsch nach unbegrenzter Macht der Forschung habe sich nichts geändert. Deshalb bestehe bis heute kein Bedarf nach Aufklärung. Bei Klee ist es Machtrausch und Karrieresucht der Elite der Ärzte, der arischen Herrenmenschen oder derer, die dazu gehören möchten; bei Goldhagen der eliminatorische Antisemitismus, der alle mitmenschlichen Hemmungen durchbrach – zwei monokausale Erklärungsmuster, die als letzte Antwort auf die Frage, was den Zivilisationsbruch einer Kulturnation ermöglichte, kaum befriedigen können.

Denn auch Klee geht wenig darauf ein, welche Pervertierung der psychischen Entwicklung, welche Verinnerlichung falscher Ideale zahlreiche Ärzte dazu trieb, als ihnen die Chance gegeben wurde, so überaus grausame Versuche mit Menschen durchzuführen, offenbar ungerührt von deren Leiden. Die ärztliche Rechtfertigung des »Verbrauchs« von als minderwertig abqualifizierten Menschen für die Forschung war, so Klee, deren Nützlichkeit für die Gesundheit kommender Generationen, eine Rechtfertigung, die mehr oder weniger bis heute vertreten werde, auch wenn sie öffentlich nicht mehr geäußert wird.

In der Dokumentation von Mitscherlich/Mielke 1947 und 1949 sind keineswegs alle der während der Nazi-Zeit verübten Menschenversuche und die Anzahl der daran beteiligten Ärzte und Organisationen bekannt gewesen – manche Zeitgenossen sprechen von der Spitze des Eisberges –, geschweige denn, dass man damals wissen konnte, dass Ärzte, die an diesen Verbrechen direkt oder indirekt teilgenommen hatten, nicht daran gehindert wurden, auch nach dem Kriege ihre Karriere bruchlos fortzusetzen oder nach einer kurzen Unterbrechung ihre ärztliche Tätigkeit unbehelligt wiederaufzunehmen. An Selbstaufklärung war die Ärzteschaft in ihrer Mehrheit in der Tat kaum interessiert, im Gegenteil: Wer sich Klarheit über das Ausmaß der Medizinverbrechen und den daran teilnehmenden Ärzten und Organisationen verschaffen wollte, stieß auf wenig Sympathie, wurde als »Nestbeschmutzer« beschimpft und hatte keine Chancen, von der »Elite« seiner Zunft akzeptiert zu werden, geschweige denn Karriere zu machen. Das mag sich inzwischen geändert haben. Auch für uns Psychoanalytiker hat es lange gedauert und war es nicht gerade angenehm, uns mit der eigenen Vergangenheit auseinanderzusetzen oder der offenbar allgemein verbreiteten Neigung nachzugeben, mit der Suche nach Schuldigen sich selbst von Schuld freizusprechen und als die besseren Menschen zu erleben.

Nach einem total verlorenen Krieg sich Scham und Schuld, dem Versagen oder der Pervertierung des eigenen Gewissens zu stellen und seiner Identifikation mit einem barbarischen System innezuwerden, ohne in Apathie und Melancholie zu verfallen, konnte keinem Menschen leichtfallen, auch keinem »ganz gewöhnlichen« Deutschen, schon gar nicht der deutschen Ärzteschaft, die sich immer als Elite erlebte. Die typische Abwehr einer schwer erträglichen Realität: Hitler und einige wenige Nazi-Ärzte waren schuld an den Verbrechen der Medizin im Dritten Reich, die Mehrzahl der Ärzte haben von nichts gewusst und sind ihrem Hippokratischen Eid treu geblieben, findet sich auch im Vorwort der Arbeitsgemeinschaft der Westdeutschen Ärztekammern in der Ausgabe *Wissenschaft ohne Menschlichkeit* von 1949. Dort heißt es: »Nach Beendigung des Nürnberger Prozesses und der meisten gleichartigen Einzelprozesse kann die deutsche Ärzteschaft feststellen, daß nur ein verschwindend geringer Teil der Standesangehörigen die Gebote der Menschlichkeit und der ärztlichen Sitte verletzt hat. Diese wenigen

Personen waren entweder SS-Ärzte und hohe Staatsbeamte oder Sanitätsoffiziere, die dem Diktat der politischen Führung mehr gehorchten als dem ärztlichen Gewissen und dem Ethos des Berufes und der Wissenschaft. Von etwa 90 000 in Deutschland tätigen Ärzten haben etwa 350 Medizinverbrechen begangen. Die Mehrzahl der Experimente wurde nur möglich durch die Sonderstellung, die die SS mit den Konzentrationslagern und ihren Machtbefugnissen einnahmen. Die Masse der deutschen Ärzte hat unter der Diktatur des Nationalsozialismus ihre Pflicht getreu den Forderungen des Hippokratischen Eides erfüllt, von den Vorgängen nichts gewußt, mit ihnen nicht in Zusammenhang gestanden.«

Auch bei solchen Ärzten, die sich bereiterklären, sich mit ihrer Vergangenheit offen auseinanderzusetzen, wird wie in fast allen anderen Bereichen – ob Wehrmacht, Industrie, bei den Juristen – geleugnet, von den Verbrechen der jeweiligen eigenen Zunft oder Organisation gewusst zu haben. In der Regel werden die Verbrechen auf einige Schuldige der Nazi-Elite und ihrer Organisationen eingeschränkt und die Zahl der daran Beteiligten verkleinert. Sich damit zu konfrontieren, dass die Verbrechen – nicht nur die der Nazi-Ärzte – ohne eine allgemeine Atmosphäre des Nicht-Hinsehens, Nicht-wissen-Wollens nicht möglich gewesen wären, weiß im Grunde jeder meiner Generation. In der Tat kann sich niemand der Überlebenden von dem Wissen über das, was geschah, und damit auch von Schuld freisprechen. In jeder Zeitung, im Radio, in jeder Rede von NS-Vertretern, in Hitlers *Mein Kampf* – überall war zu lesen und zu hören, was man mit Juden und sonstigen Untermenschen zu tun gedachte, wenn die Zeitumstände und Macht es ermöglichten. Die Paranoia und die barbarische Ideologie des Nationalsozialismus konnten niemandem verborgen bleiben. Aber lieber als sich mit der Schuld, dem Wahn der Vergangenheit zu konfrontieren, bleiben wir, wenn es uns möglich gemacht wird, einer Lebenslüge verhaftet. Sie aufzugeben erfordert offenbar viel Mut im Umgang mit sich und anderen. Sie aufrechtzuerhalten hindert uns daran, so etwas wie einen aufrichtigen Umgang mit uns selbst und anderen zu finden und uns von der Vergangenheit zu lösen.

Das auf Verleugnung aufgebaute Selbstbild ist leicht zu erschüttern und deswegen unfähig, Kritik zu ertragen bzw. vernünftig und nachdenklich auf Kritik zu reagieren. In der offiziellen Reaktion auf die kritischen Äußerungen von Günter Grass (beim Friedenspreis des Deutschen Buchhandels 1997) wiederholte sich diese Unfähigkeit, mit Kritik auf angemessene Weise umzugehen. »Man«, die Öffentlichkeit, die Politiker waren beleidigt und gingen zum Gegenangriff über. Von Anerkennung dessen, dass es tatsächlich große Probleme im Umgang mit Fremden und Asylsuchenden gibt, und der Notwendigkeit, über neue Lösungen nachzudenken, keine Spur. Dieser Sprung in die unmittelbare Gegenwart deswegen, um zu zeigen, dass sich seit 1947 zwar viel geändert hat, was die äußere Realität betrifft, aber dass der psychische Immobilismus vielfach der Gleiche geblieben ist: Auf Kritik oder gar Konfrontation mit Schuld oder Unmenschlichkeit wird mit Verleugnung und Gegenangriff oder Rationalisierung reagiert, immer defensiv, nie mit Zuhören, Nachdenken und Erinnern.

Ich komme zurück auf das Jahr 1947 mit seinen Irrtümern und keineswegs immer hellsichtigen und überzeugenden Schuldzuweisungen oder auch unzutreffenden Gleichsetzungen. Sie finden wir auch bei Mitscherlich in seinem Vorwort der Broschüre *Das Diktat der Menschenverachtung*: »Der Arzt konnte aber erst in der Kreuzung zweier Entwicklungen zum konzessionierten Mörder und zum öffentlich bestellten Folterknecht werden: dort, wo sich die Aggressivität seiner Wahrheitssuche mit der Ideologie der Diktatur traf. Es ist fast dasselbe, ob man den Menschen als ›Fall‹ sieht oder als Nummer, die man ihm auf den Arm tätowiert – doppelte Antlitzlosigkeit einer unbarmherzigen Epoche.« Diese Ansicht von Mitscherlich und anderen ärztlichen und nichtärztlichen Zeitgenossen und Vertretern der anthropologischen Medizin, in der er die technifizierte, naturwissenschaftlich, organmedizinisch ausgerichtete Medizin, die die Menschen als Objekt behandelte, mit der nationalsozialistischen Medizin identifiziert, ist in späteren Jahren zu Recht kritisiert worden. Damit sei die Auseinandersetzung mit der nationalsozialistischen Medizin und ihren Verbrechern eher »verharmlost«, in eine falsche, sicherlich nicht beabsichtigte Richtung abgelenkt und die »schnellen Rechner in der – nicht in allen Positionen – neuen Standesführung« dazu veranlasst worden, eine vorteilhafte Bilanz aufzumachen: Von etwa 90 000 deutschen Ärzten hätten nur 350 Medizinverbrechen begangen, wie der Historiker Walter Wuttke-Groneberg im *Spiegel*[16] feststellt.

Ähnliche überzeugende Schlüsse zieht Thomas Gerst: »Dem Beschluß, eine Ärztekommission zur Beobachtung des Nürnberger Prozesses zu entsenden, lag von Anfang an das Motiv zugrunde, eine kollektive Schuldzuweisung an die deutsche Ärzteschaft abzuwenden […]. Welchen Glücksgriff man mit Mitscherlich getan hatte, wurde der Standesvertretung erst bewußt, als sie sich Ende des Jahres 1947 mit den Forderungen des Weltärztebundes konfrontiert sah. ›Das Diktat der Menschenverachtung‹ und in der Folge ›Wissenschaft ohne Menschlichkeit‹ wurden gegenüber dem Ausland mit Erfolg ganz im Sinne der der Berufung der ärztlichen Beobachterkommission in Nürnberg zugrundeliegenden Intention instrumentalisiert. Dies war umso eher möglich, als sich Mitscherlich und Mielke in ihren Dokumentationen fast ausschließlich auf jenen Personenkreis beschränkten, der unmittelbar für die Durchführung der Menschenversuche und der Euthanasieaktionen verantwortlich war. Die schuldhafte Verstrickung einer darüber hinausgehenden Zahl von Ärzten mit dem nationalsozialistischen Unrechtssystem enthüllt sich quasi nur verschlüsselt im Nachwort zu ›Wissenschaft ohne Menschlichkeit‹ und tritt dabei fast ganz zurück hinter das Anliegen Mitscherlichs, in einer technifizierten Medizin und einem anonymen Bürokratismus, die das ›Urverhältnis‹ des Arztes zum Kranken zerstören, die Grundlagen für den nach 1933 von der Medizin eingeschlagenen Weg aufzuzeigen.«[17] Die Mehrheit der deutschen Ärzte war nicht durch eine naturwissenschaftlich-technische Ausrichtung – darin möchte ich Wuttke-Groneberg recht geben –, sondern durch den Irrationalismus mit dem Faschismus zusammengekommen, der auch den Antisemiten auszeichnet, der unfähig ist, die Realität wahrzunehmen.

Die unzutreffende Identifizierung von technifizierter, naturwissenschaftlich organorientierter mit der nationalsozialistischen Medizin findet man 1960 in Mitscherlichs Vorwort von *Medizin ohne Menschlichkeit* nicht mehr. Auch ihm ist bewusst, dass eine möglichst genaue Erforschung von Krankheiten und deren Ursachen, seien sie somatischer oder psychosomatischer Art, mit der ihnen entsprechenden Forschungsmethode für den Arzt eine unabdingbare und keine »aggressive« Wahrheitssuche ist, solange sie die Würde des Menschen nicht antastet und seine Selbstbestimmung respektiert.

Im elften Jahr nach der Erstauflage erschien die Dokumentensammlung also in neuer Auflage mit dem Titel *Medizin ohne Menschlichkeit*. Dort stellt Alexander Mitscherlich fest, dass die Korruption des Rechts, des Denkens und der Affekte im Nazireich das äußerste Maß erreicht hatte und dass die Menschenversuche mit Billigung der obersten Beamten der Exekutive durchgeführt wurden, die diese Versuche sanktionierte und das Menschenmaterial für sie bereitstellte. Nicht mehr die technifizierte objektivierend »antlitzlose« Medizin wird zur Schuldigen gemacht, sondern eine unbarmherzige, irrationale, vom Rassenwahn und Wunschdenken pervertierte, autoritäre Gesellschaft mit ihrem Führerkult und ihrer Gehorsamkeitskultur hat nach Ansicht Mitscherlichs die Grundlage dafür gebildet, dass die Verbrechen der Nazi-Ärzte möglich wurden. Der Vorgang der »rationalisierenden« Verdeckung der beunruhigenden »Wirklichkeit« durch Ärzte, deren typische Art, sich zu verteidigen, war auch Alexander Mitscherlich seit seinen Erfahrungen als Beobachter im Nürnberger Ärzteprozess und seinen darauffolgenden Auseinandersetzungen mit den ärztlichen Standesorganisationen, mit der ärztlichen Elite und zahlreichen Zeitgenossen mittlerweile mehr als geläufig.

Im neuen Vorwort schreibt er, offenbar um weiteren Missverständnissen und Instrumentalisierungen vorzubeugen: »Dreihundertfünfzig waren unmittelbare Verbrecher – aber es war ein Apparat da, der sie in die Lage oder ihnen die Chance brachte, sich zu verwandeln.« Dass die Zahl der an den Menschenversuchen beteiligten Ärzte und ihrer Auftraggeber und Helfer weit größer war, als seinerzeit angenommen, wissen wir inzwischen durch die damals noch nicht zugänglichen Quellen. Dass nicht nur die »Herrschaft Hitlers bei ihm beginnend, in der Spitze und in der Endstrecke, bei den (auch akademisch gebildeten) Folterknechten verbrecherisch war«, wusste auch Alexander Mitscherlich. Beängstigend unklar war ihm die Funktion der Mehrheit der Deutschen, die schließlich Hitler gewählt und ohne deren »›Bereitwilligkeit‹, Duldung, Gefühllosigkeit verbrecherische Planung und verbrecherische Exekutive nie hätten zusammenspielen können«. Er beendet sein Vorwort 1960 mit der Frage: »Warum geschah das bei uns in so beispielloser Konsequenz?«[18]

Damit sind wir wieder bei der zentralen Frage angekommen, mit der wir uns bis heute beschäftigen und deren Beantwortung Goldhagen für die ganz gewöhnlichen Deutschen und Klee für die NS-Ärzte bzw. die medizinische Forschung überhaupt glauben gefunden zu haben und die uns aber als Erklärung für den Zivilisationsbruch als zu vereinfachend erscheint. Gibt es einen spezifischen deutschen Vernichtungs-Antisemitismus der deutschen Ärzte, wie es die Dokumentation ihrer Verbrechen nahelegen könnte? Auf diese sicherlich nie überzeugend oder gar vollständig zu beantwortende Frage möchte ich im Folgenden mit Hilfe psychoanalytischer Deutungsversuche noch einmal eingehen.

Dass menschliche Verhaltensweisen tradiert werden, von Kindheit an weitgehend abhängig von der Beziehung zu den Erwachsenen sind, von deren bewussten oder unbewussten Vorstellungen von richtig und falsch, von deren Fähigkeit, sich einzufühlen, deren Aufrichtigkeit oder Unaufrichtigkeit im Umgang mit sich und anderen, ist den meisten aufgeklärten Zeitgenossen bekannt. Ob und wie aber das Kind den Erwachsenen wahrnimmt und wie es auf dessen Verhalten bewusst oder unbewusst reagiert, wie dies seinen »Charakter«, seine psychische Struktur, seine Phantasien beeinflusst, ist viel schwieriger zu erkennen. Dass die autoritäre, auf Einfühlung wenig Gewicht legende Erziehung in Deutschland weit verbreitet war, dass der autoritäre Charakter und die Entwicklung zum Antisemiten eng miteinander verbunden sind, haben schon Adorno und seine Mitarbeiter in den *Studien zum autoritären Charakter*[19] dargestellt. Als Folge der autoritären, beziehungsgestörten Erziehung entwickelt sich das Über-Ich des Antisemiten nicht aus der Verinnerlichung der mitmenschlichen Objekte und Beziehungen, sondern besteht mehr oder weniger aus Dressaten, so Grunberger 1962.[20] Für ein solches Über-Ich oder Gewissen, das nur äußere Verbote und Pflichten kennt, zählt vor allem die Macht, die ein Einzelner oder auch ein Volk oder eine Gruppe besitzt. Unterschiedliche moralische Inhalte und Werte spielen für einen Menschen dieser Art eine weit geringere Rolle. Dass der Antisemitismus eine soziale Krankheit ist, die in den größeren Zusammenhang der irrationalen Verfestigung von Vorurteilen gehört, darin sind sich Psychoanalytiker und Sozialwissenschaftler einig.

Im religiösen Antisemitismus entdeckte Freud die Verschiebung gegen den Vater gerichteter mörderischer Wünsche auf den Juden, ferner den Ausdruck von Geschwisterrivalität, von Neid und Eifersucht, Ressentiments, die sicherlich auch den Antisemitismus der Ärzte bestimmt oder verschärft haben. Die gleichen psychischen Abwehrmechanismen finden wir beim rassistischen Antisemiten, der zudem noch ein Abwehrsystem gegen Inzestwünsche und Selbstwertstörungen darstellt. Indem man die Juden als verabscheuens- und vernichtenswert deklarierte, konnte man alles Böse auf sie projizieren und seinen Neidgefühlen ihnen gegenüber freien Lauf lassen.

»Ist ihm [dem Antisemiten] die Projektion auf den Juden gelungen, so hat er sein manichäisches Paradies verwirklicht; all das Böse befindet sich von nun an auf der einen Seite (da, wo der Jude sich befindet), und all das Gute auf der anderen Seite, wo er sich befindet.«[21] Das traf ohne Zweifel für das Hochgefühl der Nazis unter Hitler zu. Kann das aber auch die Enthemmung der Tötungslust oder die Vernichtung des mitmenschlichen ärztlichen Gewissens und die Abwehr jeglichen Mitleids erklären?

Wenn man die Berichte über die abscheulichen Menschenversuche der Ärzte in den Konzentrationslagern, oder wo immer Möglichkeiten dazu geboten wurden, liest, so ist einem das Verhalten der Ärzte noch unfassbarer, da die Ärzte, die die meist tödlich verlaufenden Menschenversuche durchführten, ihre Opfer – Männer, Frauen und Kinder – oft über lange Zeit kannten, ohne dass dies sie an der Fortsetzung ihrer Grausamkeit gehindert hätte. Sie waren besessen von ihrem erbarmungslosen Forschungswahn, so Klee, mit dem sie offenbar ihr narzisstisches Ich-Ideal zu befriedigen versuchten, das sie weit mehr beherrschte als die Fähigkeit, den »Anderen« als Objekt mitmenschlichen Mitleids zu sehen und sich in ihn einzufühlen.

Aber traf das auch für den »ganz gewöhnlichen deutschen Arzt« zu, der 1933 Hitler wählte und sich für ihn und seine Ideologie begeisterte, der auch später nicht an den Menschenversuchen oder an der Euthanasie beteiligt war oder keine Gelegenheit dazu hatte? Wählte er Hitler als typisches Produkt einer autoritären Erziehung aus Angst oder Bewunderung vor der Macht, der er auf jeden Fall nachgeben würde, als jemand, der seine »entsetzliche narzißtische Wunde« nach dem verlorenen Ersten Weltkrieg zu heilen versprach? Oder aus Neid auf den erfolgreicheren Kollegen?

Um das besser zu verstehen, versuche ich, mich an meine persönlichen Erlebnisse als Kind in einem Arzthaushalt zu erinnern. Mein Vater war praktischer Arzt in einem kleinen Ort mit einer relativ großen ländlichen Umgebung, die ärztlich zu versorgen war. Ich habe ihn immer als überfordert erlebt, da er Tag und Nacht verpflichtet war, in dringenden Fällen seine Patienten zu versorgen, und, ohne ein Krankenhaus in der Nähe, oft über Leben und Tod zu entscheiden hatte. Dafür die Verantwortung zu tragen hat ihn früh altern lassen, aber sicherlich keinen »Halbgott in Weiß« aus ihm gemacht. Das wird bei Tausenden von »ganz gewöhnlichen« deutschen Ärzten ähnlich gewesen sein. Denken als Probehandeln, wie Freud das so schön beschrieben hat, das jedem Menschen so ausgiebig wie möglich zu empfehlen ist, war in kritischen Situationen dem Arzt oft nur kurzfristig möglich. Bei ihnen, den »ganz gewöhnlichen Ärzten«, ging und geht es um Erfahrung und unmittelbar zur Verfügung stehendes Wissen, wenn man in kritischen Momenten die richtige Diagnose zu stellen hat, um lebenserhaltend entscheiden und handeln zu können. Die Entscheidung über Leben und Tod, mit der ein Arzt damals und sicherlich auch heute in schwierigen Momenten immer konfrontiert sein wird, kann bei manchen Ärzten zu einer gewissen Bedenkenlosigkeit führen, aber kaum zu jenem jedes mitmenschliche Gefühl außer Acht lassenden Machtrausch, der die ehrgeizigen und karrieresüchtigen NS-Ärzte bei ihren Menschenversuchen beherrschte – oder doch, wenn sie die Gelegenheit dazu bekämen? Wir wissen es nicht. Vielleicht war es auch der Wunsch oder der Traum, von der täglichen, sicherlich sehr bedrückenden Verantwortung befreit zu werden, ein Halbgott in Weiß oder Braun zu werden, der manche Ärzte zum Führerwahn verleitete.

In der autoritätsgläubigen deutschen Gesellschaft mit ihrem Gehorsamkeitsideal war Erniedrigung an der Tagesordnung und Auflehnung dagegen undenkbar. Je stärker der Zwang zum Gehorsam, umso heftiger ist die untergründige Aggression, die aber aus Strafangst und mit Hilfe der Idealisierung der Autorität abgewehrt wird. In einer solchen Situation den Juden als Sündenbock zu wählen war naheliegend. Antisemitismus als gesellschaftliche Vorurteilskrankheit gab es seit vielen Jahrhunderten. Der hauptsächlich für politische Zwecke benutzte Antisemitismus begann in Deutschland etwa seit 1880 virulent zu werden. »Die Juden sind unser Unglück« (H. v. Treitschke[22]), was auch heißt, dass sie das Unglück der Blutsgemeinschaft der »heiligen deutschen Nation« oder gar menschliches »Ungeziefer« sind, das die Reinheit der germanischen Herrenrasse beschmutzt und zerstört und das vernichtet werden muss. Derartiges Gedankengut gab es schon vor Hitler, wurde aber erst von ihm und seiner Gefolgschaft in aller Deutlichkeit ausgesprochen. Im Laufe eines Vernichtungskriegs wurde ausgeführt, was in der NS-Presse, in den Reden der NS-Elite seit langem geschrieben und gefordert wurde: der Völkermord an den Juden. Die Menschenversuche dienten der Gesundheit kommender Generationen, d.h. der Zukunft der germanischen Herrenrasse und deren »Reinheit« mit Hilfe der Ausrottung der die arische Rasse verseuchenden Juden. Damit rechtfertigten auch Nazi-Ärzte ihre qualvollen und meist tödlichen Menschenversuche.

Das Selbstwertgefühl der Deutschen als »verspätete Nation« (Plessner) war seit dem 19. Jahrhundert besonders labil. Das Gefühl unerträglicher Demütigung erreichte nach dem verlorenen Ersten Weltkrieg seinen Höhepunkt. Umso stärker das Bedürfnis, einen Schuldigen zu finden. Es ist bekannt – so Grunberger –, dass Hitler es mit großem Geschick verstand, das deutsche Volk auf seine Seite zu bringen, indem er den Juden die Verantwortung für die militärische Niederlage von 1918 zuschrieb, und so die »schreckliche narzißtische Wunde des auf die Macht seiner Armee so stolzen deutschen Volkes zu heilen«.[23] Hitler war der »Erlöser«, es gab nur Gute und Böse. Wer das Vaterland nicht über alles liebte und an seinen endgültigen Sieg glaubte, war ein Verräter der schlimmsten Sorte und musste vernichtet werden. Die Realität menschlicher Beziehungen, die in der Ambivalenz der Gefühle oft unvermeidlich ist, wurde verleugnet. Wenn die psychische Realität nicht erkannt werden darf, kann auch die äußere Realität nicht kritisch wahrgenommen werden – und wenn es unter Hitler denn doch geschah, wurde es oft genug mit dem Tod bestraft. Der Jude als Fremder wurde endgültig zum Hauptfeind der germanischen Rasse gemacht; den Mut zu haben, ihn zu vernichten, war ›höchste Tugend‹ und ›deutsche Pflicht‹. Der Antisemit zeichnete sich seit jeher durch seine Unfähigkeit aus, die Realität wahrzunehmen. Wenn es denn zutrifft, dass der Weg in die Zukunft über die Konfrontation mit der unbewältigten Vergangenheit führt, müssen wir den Mut aufbringen, uns nicht nur mit der äußeren Realität, sondern vor allem mit unserer Gefühlswelt so aufrichtig wie möglich auseinanderzusetzen, um den psychischen Immobilismus, die starre Neigung zur Vorurteilsbildung und den damit verbundenen Wiederholungszwang im Denken und Verstehen zu durchbrechen.

Erinnern, Vergessen und Verdrängen

Keine Zukunft ohne Erinnerung, darin – denke ich – sind wir uns hierzulande in großer Mehrzahl einig. Die Geschichte kann uns nur dann etwas lehren, wenn wir begreifen, warum wir in die Irre gegangen sind. In dem Buch *Die Unfähigkeit zu trauern* wollten die Autoren sich und ihren Mitmenschen die Notwendigkeit zu trauern nahebringen, was sie gleichsetzten mit einem Kampf um die Erinnerung dessen, was in den zwölf Jahren Nazi-Reich geschehen war, was wir Deutsche ausgelöst und verloren hatten und warum dies geschehen war. Das setzt voraus, dass wir uns das eigene individuelle und kollektive Verhalten, unsere Gefühle zu Zeiten Hitlers und für Hitler bewusst machen und zu trauern fähig werden. Dazu braucht es Zeit. Von der Generation, die Krieg und ›Drittes Reich‹ unmittelbar erlebt hatte, gab es in den 50er Jahren noch zahlreiche Zeitgenossen, die uns von sich und ihren Erfahrungen hätten berichten können. Auf die Widerstände, auf die wir in solchen Gesprächen stießen, komme ich zurück. In der Vergangenheit zu wühlen führt zu nichts: das war eine übliche Reaktion, als es begann, den Deutschen wieder besser zu gehen. Der Begriff der ›Sühnedeutschen‹ entstand und wurde lächerlich gemacht.

Nach ihrem Besuch in Deutschland 1950 sprach schon Hannah Arendt von der Weigerung der Deutschen zu trauern, sie gäben sich der Lebenslüge hin, Opfer ihrer Gehorsamkeitskultur geworden zu sein und von den Verbrechen der Nazis nichts gewusst zu haben.

In der BRD lebten wir lange im Schatten der Verdrängung und Verleugnung von Ereignissen, die nicht ungeschehen zu machen sind. Die Trauer um den Verlust des wie einen Gott verehrten Führers, dem die Mehrheit der Deutschen bis zu seinem Tod blind gefolgt war, fand nicht statt. Unserer Annahme nach, um eine den Lebenswillen lähmende Melancholie abzuwehren. Das hatte eine allgemeine Unfähigkeit zu trauern wie deren manische Abwehr im Wiederaufbau zur Folge. Zurückblickend ist es den meisten heute lebenden Deutschen unverständlich, warum Hitler auf uns einen so unglaublichen Einfluss auszuüben vermochte, unser Gewissen pervertieren konnte und unseren Realitätssinn partiell auszublenden fähig war.

Im Laufe der letzten 60 Jahre und seit der Veröffentlichung der *Unfähigkeit zu trauern* ist viel geschehen. Mittlerweile haben die zwar langsam einsetzende, dann aber intensive Beschäftigung mit dem Holocaust und die seit langem anhaltende Verarbeitung der eigenen Geschichte den Blick der Deutschen auf sich und den der anderen Völker auf Deutschland nachhaltig verändert. Dass die BRD sich so eindeutig der historischen Verantwortung stellte, hat zur Entstehung eines anderen Deutschlands beigetragen.

Wie war das möglich? Die am Völkermord Schuldigen oder sich als mitschuldig fühlenden Mitläufer, die Hitler kritiklos gefolgt waren, leben zum größten Teil nicht mehr. Allen Umfragen zufolge hat die heutige Generation einen grundsätzlichen Lernprozess durchgemacht und ist in ihrer Mehrheit bereit, die Verantwortung dafür zu übernehmen, dass sich nicht wiederholt, was vor 1945 geschehen ist.

Die Art, wie sich die nach dem Krieg Geborenen an die

Nazi-Zeit erinnern oder erinnert werden, was sie darüber lesen, hören oder sehen, ist naturgemäß eine andere als das bei meiner und in mancher Hinsicht auch der darauffolgenden Generation der Fall war. Die »Gnade der späten Geburt« gewährte eine größere Distanz zu Schuld und Scham, man war nicht mehr unmittelbar an den Verbrechen der Nazis beteiligt gewesen, die Liebe zum Führer war längst vergessen oder Gegenstand völligen Unverständnisses geworden.

Zur Zeit ist viel von den »Kriegskindern« die Rede – man könnte sie eine Zwischengeneration nennen –, die während des Krieges oder in den 30er Jahren geboren und also noch zu jung waren, um für sich oder das Zeitgeschehen verantwortlich gemacht zu werden. Ich möchte versuchen herauszuarbeiten, wie die verschiedenen Generationen sich seither erinnernd mit dem Dritten Reich auseinandersetzten.

Auch wenn ich kaum 16 Jahre alt war, als Hitler an die Macht kam, so war dies doch ein Alter, in dem man die Wirklichkeit um einen herum in Grenzen wahrzunehmen vermag. Das war für die darauffolgende Generation, zu denen die »Kriegskinder« gehörten, kaum oder gar nicht mehr der Fall. Diese Kriegskinder sind inzwischen alt geworden, sie beschweren sich darüber, dass die 68er Generation – zwar gleichen Alters, aber anderen Geistes – und die Ankläger im In- und Ausland ihnen verboten hätten, um die schlimmen Verluste menschlicher wie ideeller Natur zu trauern, die ihnen in ihrer Kindheit und frühen Jugend zugefügt wurden. Da sie kein Verständnis für ihr Leiden gefunden hätten, hätten sie nur vergessen und verdrängen können. Die Folge seien latente seelische Störungen, die jetzt im Alter meist in den Symptomen einer Depression manifest würden. Tatsächlich jedoch hat niemand ihnen noch anderen ihrer Landsleute verboten, um ihre Toten und die Opfer des

Krieges oder ihren Verlust der Heimat zu trauern. Sie selber konnten es nicht angesichts der Leichenberge, mit denen sie kurz nach Kriegsende konfrontiert wurden oder doch davon hörten. Diese machten es den damaligen Deutschen – jung wie alt – schwer, andere für das eigene Leid anzuklagen, Mitleid für die Leiden derjenigen zu finden, die den Krieg gewollt hatten und damit selber die Ursache für alle späteren schrecklichen Folgen waren. Ihre Gefühle zu Zeiten des geliebten Führers waren ihnen durch die Abwehr von Trauerarbeit nicht mehr zugänglich.

Angesichts der Shoah, eines Verbrechens, das jede Vorstellung von dem übertraf, was Menschen Menschen anzutun in der Lage sind, gab es bei vielen Deutschen nur den einen Wunsch: zu vergessen oder zu verdrängen und ohne Erinnern eine neues Leben aufzubauen – wenn denn überhaupt unmittelbar nach dem Kriege über die Bewältigung des Alltags hinweg gedacht wurde.

Zu trauern war auch nicht Sache der Nazis gewesen. Während des Krieges war den Deutschen das öffentliche Trauern um Gefallene und Bombenopfer nur dann erlaubt, wenn dafür der Feind als Unmensch angeklagt werden konnte. Die Trauer mit ihrer introvertierten Zentrierung auf Erinnerungsarbeit und Selbsterforschung entsprach gewiss nicht der Mentalität der Herrenmenschen. Man hatte sich vielmehr der Ehre zu rühmen, wenn Männer, Väter, Brüder, Söhne für Führer und Vaterland gefallen waren.

Es ist klar: Keinem der »Kriegskinder«, die damals als Kinder oder Jugendliche in besonderer Weise dem unbegreiflichen Kriegs- und Nachkriegsgeschehen hilflos ausgesetzt waren, kann und sollte verwehrt sein, sich mit ihren traumatischen Erinnerungen auseinanderzusetzen und Verständnis für das Unverständliche zu finden, schon um der

Möglichkeit einer späten seelischen Gesundung und Wahrheitsfindung willen. Die 68er Generation setzte sich aktiv mit ihren Vätern auseinander und klagte diese als Mörder und potentielle Sohnesmörder an, während die heutigen »Kriegskinder« sich eher passiv verhielten und ihre Väter schonten, sich ihrer Ambivalenz kaum bewusst waren.

Jedoch hat sich vieles verändert, der Zeitgeist ist ein anderer geworden. Für Autoren wie z.B. Uwe Timm (1940)[1] oder Wibke Bruhns (1938)[2] – beide Angehörige der »Kriegskinder-Generation« – hat erst die Distanz zur Kriegs- und Familiengeschichte es erlaubt, diese unbeschönigt zu reflektieren und sich den schmerzlichen Begegnungen einer Verstrickung der eigenen Familie in der Zeit des ›Dritten Reiches‹ zu stellen. Sie zeigen uns, welche Bedeutung es für die seelische Reifung eines Menschen hat, wenn er oder sie sich seine Geschichte durch radikale Wahrheitssuche anzueignen versucht und lernt, über seine bzw. ihre Gefühle nachzudenken, Gefühle und Erfahrungen in einen Zusammenhang zu bringen und nachträglich Worte dafür zu finden, was man seinerzeit nicht verstanden hat. Das ist ein geistig-seelischer Vorgang, den auch die Psychoanalyse als heilend erkannt hat.

Wenn sehr schmerzt, woran ein Mensch sich untergründig zu erinnern glaubt, aber was er sich dennoch nicht bewusstmachen kann, weil er es zu einer Zeit erlebte, in der die Welt noch im Dunklen lag, kann nur der Wunsch nach Vergessen oder nach Bewältigen aufkommen.

Viele der Kriegskinder erlitten Traumata in einem Alter, in dem es so etwas wie Erinnerungsfähigkeit noch gar nicht gibt. Wir wissen heute, dass Erfahrungen in den ersten Lebensjahren nicht im üblichen Sinn erinnert werden können, sondern in einem besonderen Teil des Gehirns, dem des impliziten (prozeduralen) Gedächtnisses gespeichert sind. Verdrängung im Freud'schen Sinne ist erst möglich, wenn das Gehirn die Reife für die Sprachentwicklung erworben und ein biographisches Gedächtnis entwickelt hat.

Die Kriegskinder hatten – sofern sie noch in den letzten Kriegsjahren geboren worden waren – keine erinnerungsfähigen Erfahrungen. Was sie erlebten, konnten sie sich daher nicht erinnernd nahebringen. Für die Psychoanalytikerin Melanie Klein ist es das Schicksal unbewusster Phantasien, dass sie das Erleben oder Verhalten eines Menschen lebenslang prägen, gerade weil die damit verbundenen Erlebnisse nicht bewusst erinnert werden können. Helfen kann solcherart Traumatisierten jedoch, sich mit ihren Gefühlen und Phantasien auseinanderzusetzen, sie zu prüfen und zu vergleichen, sie besser einordnen zu können und Distanz zu ihnen zu gewinnen. Nun waren die »Kriegskinder« nicht alle Klein- oder Kleinstkinder – manche waren auch bei Kriegsende schon 14, 15 oder 16 Jahre alt –, die andere Möglichkeiten des sich Erinnerns besaßen und für die das Vergessen oder Verdrängen einen unbewussten Widerstand gegen das Erinnern darstellte.

Wenn Nietzsche (in *Jenseits von Gut und Böse*) den Vorgang der Verdrängung so formulierte: »›Das habe ich getan‹, sagt mein Gedächtnis, ›Das kann ich nicht getan haben‹ – sagt mein Stolz und bleibt unerbittlich. Endlich – gibt das Gedächtnis nach«, dann ist dafür ein Alter notwendig, in dem der Mensch ein Über-Ich oder Gewissen entwickelt hat, das ihn der beschriebenen Spaltung seiner Erinnerung befähigt, was wiederum im Gehirn ein Sprachzentrum voraussetzt.

Freuds Ausspruch: Das Ich ist nicht Herr im eigenen Haus, haben viele Menschen falsch gedeutet, wenn sie damit den Erwachsenen von seiner Verantwortung für sich und sein Verhalten entlasten wollten. Freud hat tatsächlich den Sinn des Menschen für seine Verantwortung und seine Freiheit der Entscheidung geschärft, indem er ihm ermöglichte, Unbewusstes bewusst zu machen, Verdrängungen aufzuheben, sich über seine physische, psychische wie gesellschaftliche Abhängigkeit aufzuklären. Er hat ihm damit ein Stück Freiheit seines Handelns zurückgegeben. Indem der Einzelne sich die Motive bewusst machte, die seinem Verhalten und der Art und Weise seiner mitmenschlichen Beziehungen zugrunde lagen, also die Ursachen für sein »Schicksal« näher erforschte, gab es für den Menschen der Moderne zum ersten Mal die Aussicht auf so etwas wie die Selbstbeteiligung an der Möglichkeit eines persönlichen Glücks. Der Fortschritt in der Geistigkeit besteht bei Freud darin – so Micha Brumlik: »Trieb und Aggression nach Möglichkeit aus Einsicht und nicht mehr aus unbegriffenem Schuldbewusstsein heraus zu zügeln«.[3]

Ich komme auf die den jeweiligen Generationen naheliegende Art des Erinnerns zurück. Die Generationen, die den Krieg als mehr oder weniger Erwachsene miterlebten, neigten in ihrer Mehrheit nach 1945 dazu, nicht mehr an das Vergangene denken zu wollen, sei es als Abwehr einer unbeherrschbaren Melancholie oder als Folge von Angst, Schuld und innerer Verhärtung. Aber nicht nur die Täter, auch die Opfer wollten sich an die Vergangenheit möglichst nicht erinnern. Das unsägliche Grauen der Shoah sich erneut vor Augen zu führen überstieg die ihnen noch zur Verfügung stehenden Kräfte.

Und wie steht es um die Generationen, die nach dem Krieg geboren wurden? Deren sind es inzwischen zwei oder gar drei.

Aleida Assmann[4] unterscheidet die Generation der »Väterliteratur« von der des »Familienromans«. Die Väterliteratur steht im Zeichen des Bruchs, der Abrechnung zwischen den Generationen, der Familienroman dagegen im Zeichen von Kontinuität und Integration. Die mit den Vätern abrechnen, seien die 68er, also die Söhne; die Generation des Familienromans, die Enkel. Die Schwestern der 68er, die die neue Frauenbewegung ins Leben riefen und bis heute aktiv bleiben, werden nicht erwähnt.

In der *Unfähigkeit zu trauern* wird die These vertreten, dass Menschen sich selten objektiv erinnern und dazu neigen, die Geschichte zu ihren Gunsten zu färben. Das wird durch die Arbeit der Gruppe um den Sozialpsychologen Harald Welzer bestätigt. Die These trifft besonders auf das Familiengedächtnis zu, das sich seinen Phantasien und Kombinationen vor allem dann frei hingeben kann, wenn die Erlebnisgeneration gestorben ist.

An einem Beispiel stellt Welzer[5] dar, was aus Bruchstücken von Opas Kriegserinnerungen gemacht wird, um ihn und das Familienselbst idealisieren zu können. Nach Alkoholgenuss – so heißt es – sprach dieser Opa wiederholt über ›die Sache mit dem Kind‹. Offenbar hatte er an Massenerschießungen teilgenommen oder diese beobachtet – auf jeden Fall ließ ihm ›die Sache mit dem Kind‹ keine Ruhe. Die Familie machte Folgendes daraus: »Ein Kind wurde gequält oder sogar erschossen, Opa ertrug es nicht und erschoss den Quäler, seinen Vorgesetzten, einen deutschen Offizier, was vertuscht wurde –, aber Opa hatte dadurch anderen Kindern das Leben retten können.« Geschichten dieser Art eignen sich besonders zum Familienroman, weil sie völlig nebulös sind und deutungsoffen bleiben. Opa ist fortan in der Familie ein Held, der sein Leben aufs Spiel setzte, um unschuldige Kinder zu retten.

Die Generation, die den Krieg als mehr oder weniger Erwachsene erlebt hatte, neigte grundsätzlich zur Entwirklichung dessen, was wirklich geschah. Das war schon wenige Jahre, wenn nicht unmittelbar nach dem Zusammenbruch des ›Dritten Reiches‹ der Fall. Gleiche Erfahrungen machten wir in den fünfziger Jahren mit Gesprächspartnern oder Patienten der Heidelberger Psychosomatischen Klinik, wenn es um die Durcharbeitung eines Stücks unserer Geschichte ging, deren Schuld unerträglich war und ist. Diese Art der Spaltung von Erinnerung ist mehr oder weniger unbewusst, das Verhalten entsprechend von Verleugnungen und Gefühlsabwehr bestimmt. Als Kollektiv verstanden wir Deutschen uns bald nach diesem so kurz hinter uns liegenden Abschnitt der Geschichte nicht mehr oder wollten uns nicht verstehen aus den bereits erwähnten Gründen und angesichts der Sieger, die unsere »völkischen« Werte als Ursprung unserer Verbrechen ansehen. In *Die Unfähigkeit zu trauern* berichteten wir wie folgt darüber. Ich zitiere: »Genau betrachtet sind es also drei Reaktionsformen, mit denen die Einsicht in die überwältigende Schuldlast ferngehalten wird. Zunächst ist es eine auffallende Gefühlsstarre, mit der auf die Leichenberge in den Konzentrationslagern, das Verschwinden der deutschen Heere in Gefangenschaft, die Nachrichten über den millionenfachen Mord an Juden, Polen, Russen, über den Mord an den politischen Gegnern aus den eigenen Reihen geantwortet wurde. Die Starre zeigt die emotionelle Abwendung an; die Vergangenheit wird im Sinne eines Rückzugs alles lust- oder unlustvollen Beteiligtseins an ihr entwirklicht, sie versinkt traumartig. Diese quasi-stoische Haltung, dieser schlagartig einsetzende Mechanismus der Derealisierung des soeben noch wirklich gewesenen ›Dritten Reiches‹, ermöglicht es dann auch im zweiten Schritt, sich ohne Anzeichen gekränkten Stolzes leicht mit den Siegern zu identifizieren. Solcher Identitätswechsel hilft mit, die Gefühle des Betroffenseins abzuwenden, und bereitet auch die dritte Phase, das manische Ungeschehenmachen, die gewaltigen kollektiven Anstrengungen des Wiederaufbaus, vor.«[6]

In den fünfziger und sechziger Jahren gab es zahlreiche Bücher, Vorträge und Prozesse, die sich mit der Zeit des ›Dritten Reiches‹ und seinen Folgen auseinandersetzten. Die aktive Erinnerungsarbeit beginnt in den sechziger und siebziger Jahren in Frankfurt mit dem Auschwitz-Prozess und wird mit der Studentenbewegung fortgesetzt. Es dauerte jedoch bis in die achtziger Jahre, ehe die Phase des Nicht-darüber-wissen-Wollens beim Einzelnen wie auch in Familie und Schule sich langsam auflöste und zumindest im Bereich der öffentlichen Diskussion einer kontinuierlichen Auseinandersetzung wich, die bis heute anhält bzw. im Laufe der Jahre zugenommen hat.

Am Beispiel des Familienromans der Enkel sehen wir einerseits, dass offizielle Gedächtniskultur und individueller Umgang mit Erinnerungen weit auseinanderklaffen, andererseits, dass die Enkel aus dem Geschichtsunterricht gelernt haben: Nämlich Opa ist der »gute Deutsche« und kein Nazi. Aber noch in den neunziger Jahren, also 50 Jahre nach dem Zweiten Weltkrieg, erlebten wir die vehement ablehnende Reaktion auf die Dokumentation der Verbrechen der Wehrmacht im Osten.

Dass »ganz gewöhnliche Deutsche« an Morden ohne Zwang beteiligt waren, hat nach Erscheinen von D. J. Goldhagens Buch *Hitlers willige Vollstrecker* 1996 zwar zu weiteren heftigen Kontroversen geführt, leugnen aber ließ es sich nicht mehr. Die Phase des Vergessens oder Verdrängens der Zeit des ›Dritten Reiches‹ war für das Kollektiv der Deutschen mehr oder weniger beendet, die Erkenntnis des Zivilisationsbruchs ins allgemeine deutsche Bewusstsein gedrungen. Wenn die Enkel Opa idealisierten, machten sie ihn nicht zu einem Nazi, sondern zu einem Mann des Widerstandes. Sie hatten also offenbar ihren Geschichtsunterricht durchaus der Realität entsprechend verarbeitet. Die Legende, die sie aus Opas Erinnerungen fabrizierten, brauchten sie, um die eigenen positiven Gefühle für ihren Opa aufrechtzuerhalten, letztlich um der positiven Familienidentität willen.

Öffentlichkeit und Familie sind zweierlei, auch wenn die Werte, nach denen die Geschichte gemessen wird, mittlerweile die Gleichen sind. Die verschiedenen Generationen stimmen allen Umfragen zufolge mehrheitlich darin überein, dass es notwendig ist, sich der Wahrheit seiner Geschichte zu stellen. Das bedeutet allerdings nicht, auf die Bildung von Familienlegenden zu verzichten.

Wie Habermas sagte, war die Generation nach 1945 als erste deutsche Generation in der Lage wahrzunehmen, in welchem Ausmaß Traditionen versagen können. Sich von den Traditionen des 19. Jahrhunderts zu lösen, die bis zu den ersten Jahrzehnten des 20. wirksam blieben, die Katastrophen des Nationalismus, der verspäteten Nation und den mörderischen Rassenwahn des ›Dritten Reiches‹ als solche zu erkennen, von falschen Idealen und Projektionen auf selbsternannte Feinde sich befreien zu können, anders zu leben, anders zu denken, wie es in den letzten 50 Jahren möglich wurde, hat auch bei uns Deutschen langsam, aber stetig zu neuer Selbstachtung geführt. Wir beginnen uns als Teil Europas zu fühlen, ein gemeinsames historisches Bewusstsein zu entwickeln, und sind bereit, uns für die demokratischen Werte einer säkularen Gesellschaft einzusetzen. Der »deutsche Sonderweg« wurde als falsch erkannt, die Deutschen haben – denke ich – aus ihrer Geschichte gelernt.

Wir sind in der Moderne oder gar Postmoderne angekommen. Trauern wir noch um das Jus sanguines, das auf Blutsgemeinschaft beruhende Stammesrecht, dem wir als einzige Nation Europas so lange gefrönt haben? Das ist sicherlich nicht mehr oder kaum noch der Fall, Nationalismus und Rassismus sind out – nur noch so etwas wie dem Verfassungspatriotismus können wir zustimmen. Jedoch wissen wir, dass Trauern um Verlorenes und Vergangenes, der Abschied von Traditionen, die hochgeschätzt waren, die Einsicht in Irrtümer, in Schuld und Scham ein langsamer und äußerst schmerzlicher Prozess ist.

Wir sind ein Einwanderungsland geworden, ob wir es nun wollen oder nicht. Ich sage da nichts Neues, aber gerade vor dem Hintergrund unserer Geschichte müssen wir lernen, die neuen Mitbürger aus dem Ausland zu integrieren. Das fällt uns nicht leicht, sowenig wie den zugewanderten Migranten, die aus traditionellen religiösen Gründen hier in einer Art Ghetto leben und ihrerseits lernen müssen, sich der Gegenwart des Westens und seinen Traditionen zu stellen. Wir möchten einen Kulturkampf verhindern. Aber wird es uns gelingen? Pessimisten sehen den Kampf um Selbstbehauptung bereits verloren – angesichts deutscher Kinderarmut und des Kinderreichtums der Migranten, deren Ausbildung weiterhin ungenügend sein wird, wenn wir uns nicht gründlicher um deren Schulbildung und Integration bemühen. Der Imam der dänischen Muslime in Kopenhagen beklagte sich wiederholt darüber, dass er und seine Glaubensgenossen wie »Kindergartenkinder« behandelt würden. Wir müssen also ihnen eine Integrationshilfe anbieten, die nicht als Herablassung erlebt wird. Dass ein solches Bemühen von beiden Seiten gewollt und erstrebt wird, ist allerdings Voraussetzung.

Was können wir als Psychoanalytiker, deren Theorie auf

der kindlichen Entwicklung in der Familie beruht, zur Verständigung beitragen? Der Ödipuskomplex, die unterschiedliche Verinnerlichung des väterlichen Gesetzes bei Sohn und Tochter, die frühe präödipale Beziehung zur Mutter sind zentrale Bestandteile der Psychoanalyse, für die Freud universale Geltung beanspruchte. Aber gibt es sie noch, die bürgerliche Gesellschaft des 19. Jahrhunderts, in der Freud geboren wurde, große Teile seines Lebens verbrachte, die grundlegenden Erfahrungen mit seinen Patienten machte, aus denen er seine Theorie entwickelte? Freud allerdings hielt daran fest, dass seine Erkenntnisse universale Gültigkeit besitzen, denn jedes Kind habe Vater und Mutter, in welcher Kultur es auch aufwachsen möge. Und jedes Kind wird in völliger Abhängigkeit von Mutter und Vater geboren und entwickelt sich dementsprechend in typischer Weise in der vorgegebenen Dreiecksituation.

Abgesehen davon, dass es heute immer mehr alleinerziehende Mütter gibt, so werden die Verinnerlichungen, mit deren Hilfe ein Kind langsam Selbständigkeit erlangt, immer von der gesellschaftlichen Stellung der Eltern, der diesen entsprechenden Werte und dem Zeitgeist geprägt sein.

Im Islam gilt die Scharia, die dem Mann Polygamie erlaubt, die Frau allerdings wird gesteinigt, wenn sie die Ehe bricht. Die doppelte Moral für Mann und Frau, die in der bürgerlichen Gesellschaft des 19. bis in die ersten Jahrzehnte des 20. Jahrhunderts zu Hause war, gab es im Islam nicht. Dort war die Stellung der Frau klar definiert, sie war ein Mensch zweiter Klasse, hatte sich der Untreue des Mannes, die keine Untreue war, sondern Gesetz, und der absoluten Abhängigkeit von ihm zu fügen, solange der Mann sie und ihre Kinder entsprechend versorgte. Dennoch hat Freud recht, auch hier gibt es eine Dreierbeziehung und eine Verinnerlichung des väterlichen Gesetzes, deren Folge dann ist, dass die traditionellen Geschlechterbeziehungen seit Mohammed die Gleichen blieben. In Teilen des Mittelalters scheint das auf die Kreativität des Islam keinen größeren Einfluss gehabt zu haben. Es gab das »Goldene Zeitalter«, einen weltoffenen Islam. Islamische Gelehrte haben als Erste die Schriften von Aristoteles ins Arabische übersetzt, Gelehrte der verschiedenen monotheistischen Religionen wussten voneinander und versuchten die Vernunft der Philosophie mit den jeweiligen monotheistischen Religionen in Einklang zu bringen. Sie wussten auch, dass Politik und Vernunft zusammengehören, Religion als weltliche Macht zur Korruption führt. In Spanien z.B. entstand gemeinsam mit Christen und Juden eine bemerkenswerte Kultur. Mit der Neuzeit allerdings gab es diese weltoffene Haltung im Islam nicht mehr, und auf geistes- wie naturwissenschaftlichem Gebiet, politisch wie gesellschaftlich haben dort seither keine kreativen Neuerungen stattgefunden.

Die Aufklärung, mit der im Westen ein neues Zeitalter begann, hat bekanntlich im Islam niemals Fuß fassen können. Den Selbstzweifel, der für den Westen so selbstverständlich ist, kennt der Islam nicht. Dort herrscht bis heute oder heute wieder der krasse Monotheismus, Allah ist unanzweifelbar, der Koran hat das letzte Wort, Säkularität, Trennung zwischen Religion und Staat, gibt es bisher nur in der Türkei, soweit mir bekannt ist. Von Gleichberechtigung der Frauen kann keine Rede sein, sowenig wie die Frau als Individuum anerkannt wird. Auch im Westen mussten wir lange darauf warten, bis die Frau sich so etwas wie Gleichberechtigung eroberte. Erst im 17. und 18. Jahrhundert gewann das Individuum mit seinen Gefühlen – auch außerhalb der oberen Schichten – an Bedeutung, wurde die Liebesheirat möglich und die Kindheit mit ihrer speziellen Erlebniswelt erstmals wahrgenommen.

So wurden z.B. in Goethes *Werther*, der seinerzeit ein erster und Goethes einziger »Bestseller« war, typische ödipale Konflikte dargestellt – natürlich ohne dass sie benannt, noch die unbewussten Motive, die Werthers Verhalten bestimmten, als solche erkannt wurden. Diese hat Freud erst zur Sprache gebracht und daraus seine Theorie gebildet …

Mit der zunehmenden Anerkennung der Rechte des Einzelnen aller gesellschaftlichen Schichten im 19. und 20. Jahrhundert pochte auch die Frau mit wachsender Intensität auf ihren Anteil am persönlichen Glück und gesellschaftliche Gleichberechtigung. Sie muss bekanntlich bis heute darum kämpfen, obwohl es ihr seit langem rechtlich verbrieft ist. Bereits in der amerikanischen Verfassung von 1787 wurde jedem Menschen das Streben nach persönlichem Glück (pursuit of happiness) zugestanden.

West und Ost haben sich seit Jahrhunderten unterschiedlich entwickelt und müssen nun angesichts einer neuen Form der Völkerwanderung mühsam lernen, aufeinander zuzugehen. Psychoanalytiker und nicht nur sie wissen, dass Konflikte weit weniger zur Gewalt oder regressiver Abwehr führen, wenn darüber gesprochen werden kann und die Motive für die Entstehung der Konflikte erkannt werden. Dazu brauchen wir außer einer gemeinsamen Sprache vor allem die Bereitschaft, auf das Denken des jeweilig anderen einzugehen. Nehmen wir einen Begriff wie »Gotteslästerung«, von dem wir meinen, er sei in der Mottenkiste eines fernen Mittelalters längst versunken, und an dessen Wertvorstellungen sich plötzlich Karikaturen aus dem hohen Norden mit einer seit langem bestehenden demokratisch-liberalen Tradition und Regierung messen lassen müssen. Die Urheber der Karikaturen sind aus der Sicht der Scharia todeswürdig. Nun verlangen aber die Muslime, dass auch von westlichen Gerichten ein Schuldspruch erfolgen soll und verstehen offenbar nicht, dass dies für uns ein Zurückgehen um Jahrhunderte bedeuten würde. Ganz abgesehen davon, dass wir damit unsere gegenwärtig geltende Rechtsprechung aufgeben würden.

Wie kann dieser Riss zwischen dem Denken zweier Welten geheilt werden? Wir werden viel Nachdenken, Geduld und Einfallsreichtum aufbringen müssen, um zu einer gegenseitigen Verständigung zu kommen, aber schließlich wissen gerade wir Deutschen, wie langwierig und schmerzhaft der Prozess des Abschiednehmens von alten Traditionen ist, die versagt haben.

Der Versuch, das eigene Unbewusste, die Motive seines eigenen Handelns und Verhaltens zu erforschen, eröffnet für den Einzelnen in West wie Ost die Möglichkeit auf persönliches Glück oder doch auf verstehenden Zugang zum eigenen Unglück. Wir wissen, welchen Gewinn uns die Aufklärung im Allgemeinen und die Aufklärung über unsere unbewussten seelischen Vorgänge im Besonderen gebracht hat. Wir möchten diese Erkenntnisse nie mehr missen und wären froh, dieses Glück eines Fortschritts in der Geistigkeit mit unseren muslimischen Mitbürgern teilen zu dürfen.

Ich möchte mit einem Wort Freuds schließen: »Nichts darf uns davon abhalten, die Wendung der Beobachtung auf unser eigenes Wesen und die Verwendung des Denkens zu seiner eigenen Kritik gutzuheißen.«[7]

Androgynie, Gynandrie oder was sonst?

Unter Androgynie versteht die Sexualwissenschaft eine Scheinzwittrigkeit beim genotypischen Mann, bei dem typisch weibliche Geschlechtsmerkmale auftreten. Dem entspricht bei der Frau Gynandrie, das heißt, sie ist genotypisch weiblich, weist aber männliche Geschlechtsmerkmale auf.

Im Mythos vom androgynen Menschen bei Platon (*Das Gastmahl*[1]) ist mit »androgyn« die Utopie eines dritten Geschlechts, eines »vollständigen« Menschen gemeint, der Männlichkeit und Weiblichkeit in sich vereint. Es ist sicherlich kein Zufall, dass für die »Vollständigkeit« eines Menschen das Wort androgyn gewählt wurde, damit also die menschliche Vollkommenheit letztlich doch männlichen Ursprungs sein lässt. Der Begriff Gynandrie taucht in diesem Zusammenhang zumindest nirgendwo auf. Man kann weiter darüber spekulieren, ob nicht hinter der Begriffswahl »androgyn« der Glaube verborgen ist, dass der Mann feminine Eigenschaften braucht, um »Vollständigkeit« zu erreichen, was für die Frau umgekehrt nicht wünschbar scheint, im Gegenteil, mit der Übernahme als männlich angesehener Eigenschaften und Verhaltensweisen wird sie abgewertet und als »phallische Frau« diffamiert.

Um diese allgemeine Abneigung gegen eine »Vermännlichung« der Frau nachvollziehen zu können, müssen wir wissen, was unter »männlich«, was unter »weiblich« verstanden wird. Das ist nicht einfach, denn bis auf einige Ste-

78

reotypien bleiben die damit verbundenen Vorstellungen im Allgemeinen wolkig oder sind zeitlich und kulturell gebunden. Für Freud stand außer Zweifel, dass jeder Mensch bisexuell veranlagt ist.

In meinem Buch *Die friedfertige Frau*[2] habe ich darzustellen versucht, dass bei beiden Geschlechtern von Geburt an gleiche aggressive Potentiale vorhanden oder doch jederzeit weckbar sind. Der Unterschied zwischen den Geschlechtern liegt in der Verarbeitung und der Äußerung aggressiver Impulse oder Triebregungen, was allerdings von grundsätzlicher Bedeutung ist. Als weiblich und männlich angesehene Verhaltensweisen werden uns von Kind an beigebracht. In ihnen spiegeln sich die bewussten und unbewussten Methoden einer gesellschaftlichen »Arbeitsteilung« der Geschlechter wider. Eine solche »Arbeitsteilung« lässt sich natürlich nicht von heute auf morgen bewerkstelligen. Sie ist in jahrhundertealte Traditionen eingebunden. Seit einiger Zeit scheinen wir jedoch einer grundsätzlichen Wandlung dieser »Arbeitsteilung« gegenüberzustehen. Mann und Frau wird zunehmend klar, dass eine neue Form des Zusammenlebens zwischen den Geschlechtern und damit auch zwischen den sozial Schwachen und Starken in dieser Welt angesichts des Hungers, der Gewalt, des Zerstörungs- und Selbstzerstörungspotentials dringend geschaffen werden muss.

Vielleicht ist es die übliche Überforderung des weiblichen Geschlechts, wenn ich vor allem Frauen auffordere, sich für eine solche notwendige Änderung einzusetzen: »Der in Jahrhunderten trotz aufgezwungener Unterwerfungslust und Resignation geschärfte Sinn der Frauen für Unterdrückung in jeder Form sollte von ihnen stärker eingesetzt werden, zu aller Nutzen. An der Frau liegt es, die primären sadomasochistischen Sozialisationsformen, die den Geschlechterbeziehungen zugrunde liegen, zu ändern. An der Frau liegt es auch, ihren männlichen Lebensgefährten daran zu hindern, ständig Sündenböcke zu produzieren, ob im Privat-, Berufs- oder politischen Leben. An der Frau liegt es, männlichem Imponier- und Selbstdarstellungsgehabe, dieser Wurzel vieler Gewaltakte und kriegerischer Auseinandersetzungen, die zur Aufrechterhaltung solcher Mentalität notwendige Bewunderung zu versagen, die eigenen Identifikationen mit männlichen Idealen und Wertvorstellungen zu überprüfen und in Frage zu stellen. An der Frau liegt es aber auch, die von den Männern gepachteten Positionen zu erringen, um ihre ›friedfertige‹, vernünftigere und objektbezogenere Einstellung zu vielen Fragen der Lebensgestaltung stärker zur Geltung zu bringen.«[3]

Unter männlichem und weiblichem, unter mütterlichem und väterlichem Prinzip sahen Anthropologen und Psychoanalytiker von gesellschaftlichen Einflüssen weitgehend unabhängige menschliche Konstanten, die angeboren und bei beiden Geschlechtern in einem unterschiedlichen Mischungsverhältnis vorzufinden sind. In dem Kontext einer unabänderlichen geschlechtsspezifischen Konfiguration wird auch das Konzept der Bisexualität bei Freud unbrauchbar, da ihm die gesellschaftlichen Dimensionen fehlen.

Für Freud blieb die Weiblichkeit ein »dark continent«, auch nachdem er den Einfluss der Mutter auf die psychosexuelle Entwicklung beider Geschlechter, aber insbesondere auf die der Frau, erkannt hatte. In seiner Selbstanalyse entdeckt er die kindlich-sexuellen Wünsche seiner Mutter gegenüber, aber nicht seine frühen Identifikationen mit ihr. Seine Frage: »Was will das Weib?« richtete er deswegen, so meine ich, im Grunde an sich selber: »Was will das Weib – in mir?« Sein Begehren der Mutter, seine Eifersucht dem Vater gegenüber führte zu der allgemein bekannten Interpretation der Ödipussage: Der Sohn möchte seinen Vater töten, um seine Mutter zu besitzen. Bei der Auslegung dieses Mythos konzentriert sich die Psychoanalyse auf die Geschichte und Entwicklung des Mannes: Die Frau als aktive Teilnehmerin an der Geschichte findet darin kaum Beachtung. Die Ödipussage lässt aber verschiedene Deutungen zu, je nachdem, ob sie mit den Augen eines Mannes oder mit denen einer Frau gesehen wird. Auch die Lösung des Sphinx-Rätsels wird unterschiedlich interpretiert. Die Konfrontation mit der Sphinx (und ihrer Frage) lief bei Ödipus auf eine Selbstbegegnung hinaus, Ödipus begegnete sich, dem Mann, in der Frage der Sphinx.

Auch die *Odyssee*, die Horkheimer und Adorno[4] als Erklärungsmuster für die bürgerliche Entwicklung anbieten, ist die Geschichte eines Mannes, dessen inneres und äußeres Schicksal mit männlichen Augen gesehen und entsprechend dargestellt wird. Warum in diesen Mythen Frauen niemals als sinnvoll Handelnde, sondern nur als Erleidende, Zerstörte oder auch als Zerstörende und/oder Göttinnen vorkommen, ist zum Inhalt feministischer Forschung geworden.[5] Auch Rolf Vogt hat sich in seinem Buch diesem Problem gestellt.[6]

Die Sphinx repräsentiert die Rebellion gegen die männlich-väterliche Ordnung. Auf ihrer Seite steht die Erdmutter Gaya, die gegen die patriarchalischen Götter des Olymp kämpft. Der Kampf zwischen dem männlichen und dem weiblichen Prinzip ist Mann und Frau seit Jahrtausenden bekannt. Die Feindseligkeit zwischen den Geschlechtern, die auf gegenseitigem Neid, gegenseitiger Angst und Unterdrückung der Frau durch den Mann beruht, ist uralt. »Die väterliche Ordnung holt ihn [Ödipus] ein. Er kann auf die

Signale Jokastes und der Sphinx, die sich jenseits dieser Ordnung bewegen, nicht mit einer entsprechenden Geste antworten, die die neue Geste des Sohnes wäre. Schon in ihrem Ansatz verwandelt sie sich in die Geste des Vaters, die seit Urzeiten die Gleiche ist: Gewalt und Herrschaft.«[7]

In der psychoanalytischen Auslegung des ödipalen Mythos geht es um den Rivalitätskonflikt des Sohnes mit dem Vater. Faktisch beginnt dieser Mythos aber nicht mit dem Sohn Ödipus, sondern mit dem Vater Laios. Nach der Vertreibung aus Theben von Pelops gastlich aufgenommen, entführt der undankbare Laios dessen Sohn, Chrysippos, der sich aus Scham das Leben nimmt. Pelops' Fluch: Laios werde wegen dieses Verbrechens dereinst durch die Hand des eigenen Sohnes fallen, führt zu dem Beschluss, Ödipus aussetzen zu lassen. Jokaste, die trotz ihres Wissens um diesen Fluch Laios zur Zeugung des Sohnes verführte, widersetzt sich dem nicht. Der Ödipussage liegt mithin ursprünglich die Schuld des bisexuellen Vaters und nicht die mörderische Eifersucht des Sohnes zugrunde. Also nicht der Sohn will seinen Vater töten, weil er unbewusst seine Mutter begehrt, sondern der Vater, der sich seiner Schuld nicht stellt, entscheidet sich, seinen Sohn, der ihm zum Verhängnis werden soll, beseitigen zu lassen. Was also stimmt? Muss der Vater Angst vor dem Sohn oder der Sohn Angst vor dem Vater haben? Und Jokaste, ist sie nur die passiv begehrte oder auch die aktiv begehrende Mutter, die den hilflosen Säugling aussetzen lässt oder den zum Mann gewordenen Sohn zum Inzest und damit auch zur Regression in den Mutterschoß verführt? Sind es diese tödlichen Gefahren, gegen die der Sohn sich wehrt, wenn er als Mann zum Unterdrücker wird, dessen Geste stets die Gleiche ist: Gewalt und Herrschaft?

Feministinnen sehen im Ödipusmythos das Symbol für

den Ursprung des Patriarchats. In ihm werden Frauen unterworfen und von der aktiven Gestaltung der Welt ausgeschlossen. Sie sind nur noch zur Fortpflanzung da. Als Repräsentanz des Matriarchats stürzt sich die Sphinx mit weiblichem Kopf und weiblichem Oberkörper, eine geflügelte Löwenjungfrau mit Schlangenschwanz, vom Felsen. Wenn der Sohn zum Mann wird, stirbt das Glück, das aktive Leben und die Lust der Frauen.

Freud sieht in seiner Auslegung des Ödipusmythos vor allem das Begehren des Sohnes und dessen Rivalität mit dem Vater. Natürlich gibt es in der Psychoanalyse auch den »negativen Ödipuskonflikt«, das heißt die homosexuellen Wünsche des Sohnes dem Vater gegenüber. Die väterliche Bisexualität, das aktive Begehren der Mutter werden im klassischen Ödipuskomplex aber mehr oder weniger ausgeblendet.

Nach Freud lag das Rätsel der Sphinx in dem ersten kindlichen Problem, das heißt in der Frage, woher die Kinder kämen. So konnte sich auch Ödipus nicht zufriedengeben mit seiner Lösung des Sphinx-Rätsels, er musste weiter nach seinem Ursprung forschen. An dem Rätsellöser Ödipus gehen die Sphinx und Jokaste zugrunde. Sie gehören zusammen, sind eins, repräsentieren das weibliche Prinzip, mit dem für den Mann Ödipus eine Auseinandersetzung auf gleicher Ebene nicht möglich ist. »Hätte Ödipus auf die Frage der Sphinx nicht mit ›der Mensch‹, sondern mit ›Ich‹ geantwortet, hätte sein Schicksal damit vielleicht eine andere Wendung nehmen können. [...] Die Sphinx wäre damit zum Du geworden und der Dialog mit ihr hätte beginnen können.«[8] Hätte ein Dialog zwischen Mann und Frau, zwischen Laios und Jokaste, zwischen Ödipus und der Sphinx stattfinden können, wäre das Patriarchat mit seiner projektionsgeladenen Atmosphäre, seiner eingeschränkten männlichen

Weltbetrachtung, seiner Unterdrückung und Gewalt nicht entstanden. Die Sphinx als männerfressendes Ungeheuer ist eine Ausgeburt männlicher Phantasien. In einem offenen Dialog zwischen Mann und Frau wären solche Phantasien in sich zusammengefallen. Die Angst vor der »wilden Sexualität« der Frau, verkörpert durch die Sphinx, wäre als Projektion der eigenen gewalttätigen Sexualität erkannt worden und hätte nicht zu einer Unterdrückung der Frau und ihrer Sexualität geführt. Zu diesen männlichen Projektionen gesellt sich die Angst der Männer vor der Regression in frühkindliche Abhängigkeit von der als allmächtig erlebten Mutter. Mit dieser Angst verbindet sich die gefährliche Sehnsucht nach dem Paradies der frühen Symbiose, nach der Rückkehr in den Mutterleib. Vielleicht wurde auch darum die von Männern ausgedachte Phantasie einer menschlichen Vollkommenheit als Androgynie bezeichnet, das heißt als ein im Ursprung männliches Wesen, das, indem es sich die Weiblichkeit aneignet, endgültig von Frauen unabhängig wird.

Das Problem, was »männlich« und was »weiblich« in der Technik und Theorie der Psychoanalyse ist, scheint mir so leicht nicht zu lösen. Ist die Psychoanalyse tatsächlich eine »männliche« Wissenschaft, wovon Feministinnen überzeugt sind, oder eine von Frauen entdeckte – Anna O., alias Bertha Pappenheim, war bekanntlich die Erfinderin der »talking cure«, wie auch Freuds erste Patienten Frauen waren. Ist die Psychoanalyse im Grunde eine von »weiblichen« Fähigkeiten (Empathie, passives Zuhören, Zugang zu Gefühlen und Phantasien) getragene Wissenschaft? Frauen waren es, die sich zuerst dem freien Einfall überließen und damit gleichsam Erfinderinnen der Methode der »freien Assoziation« wurden. Freud griff diese Fähigkeiten, den Bewegungen des Unbewussten folgen zu können, begierig auf und entdeckte mit deren Hilfe den Schlüssel zum Reich der Sprache des Begehrens. Frauen wiederum fanden durch Freud, mit Hilfe seiner Verbalisierung und Systematisierung solcher »weiblicher« Fähigkeiten, oft erst zu sich selber. Bewusster und umfassender wurde meines Erachtens dadurch ihr Widerstand gegen patriarchale Vorurteile und Unterdrückung.

Männer wie Abraham[9] und vor allem Ferenczi[10] haben dazu beigetragen, dass die klassische Triebtheorie Freuds sich zur Objektbeziehungstheorie erweiterte. Ferenczi spricht von der »Sprachverwirrung«, die entstehen kann, wenn die »Sprache der Leidenschaft« mit der »Sprache der Zärtlichkeit« verwechselt wird. Mit Ferenczi kam eine weiblich-mütterliche Dimension in Theorie und Technik der Psychoanalyse zum Zuge, die allerdings von Freud zunehmend abgelehnt wurde, obwohl er Ferenczis *Versuch einer Genitaltheorie*[11] noch als genial bezeichnet hatte. »Ich bin nicht gern die Mutter in der Übertragung, ich fühle mich so sehr als Mann«, so äußerte sich Freud seiner Analysandin Helene Doolittle gegenüber.[12]

Abraham und Ferenczi, später auch Balint, Winnicott, Bion und viele andere Psychoanalytiker und Psychoanalytikerinnen erweiterten also die klassische Triebtheorie und sahen in der frühen Phase des Narzissmus keine Objektlosigkeit mehr, in der Subjekt und Außenwelt eins sind, sondern entdeckten, dass die »primäre Liebe« von Anbeginn die menschliche Existenz begleitet, das heißt, dass das Wirken einer Objektbeziehung vom ersten Lebenstag an wahrzunehmen ist. Dementsprechend beeinflussen die Objektbeziehungen und die damit verbundenen traumatischen Erlebnisse das Seelenleben des Kindes grundlegend. Die Psychologie der frühen Störungen bildete auch den Anstoß für die Theorien Melanie Kleins.

Mit Ferenczis »weiblicher« Technik, die körperliche Berührung und Zärtlichkeit einschloss, konnte sich Freud, der Mann, nicht anfreunden. Bis heute werden Nachfolger Ferenczis, die versuchen, die aktive Therapie der mütterlich-schützenden Berührung in ihren Behandlungen wieder einzuführen, zu differenzieren und zu vervollständigen, von der offiziellen Psychoanalyse abgelehnt. Es ist klar, »die Sprache der Zärtlichkeit« und »die Sprache der Leidenschaft« kann leicht miteinander verwechselt werden, kann aber auch leicht ineinander übergehen und dadurch zu unüberschaubaren Schwierigkeiten in den Analysen führen.

Der Konflikt zwischen einer reinen Deutungsarbeit frühkindlicher Phantasien, wie sie Melanie Klein theoretisch darstellte und technisch praktizierte, und einer »realen« Wiederbelebung und Wiedergutmachung frühkindlicher Traumata, zwischen deutender Einfühlung einerseits und dem Angebot realer mütterlicher Funktionen, wie es Ferenczi und heute beispielsweise Tilmann Moser versuchen, besteht seit langem und trug zu manchen Spaltungen in der Psychoanalyse bei.

Freud in seiner Selbstanalyse entdeckte seine genital-sexuellen Wünsche für die Mutter, Ferenczi erreichte offenbar seine verinnerlichten »mütterlichen Funktionen«, die er an seine Patienten weiterzugeben versuchte, um ihre Leiden zu mildern. Diese beiden Erkenntniswege ließen sich nicht miteinander versöhnen, und es kam zu dem tragischen Bruch der Beziehung zwischen zwei genialen, ursprünglich zutiefst miteinander verbundenen Männern.

Solche Brüche und Spaltungen in der Psychoanalyse leiten sich offenbar von einer unterschiedlichen Verarbeitung von Weiblichkeit im männlichen/weiblichen Psychoanalytiker her. Psychoanalytiker/innen haben in den letzten Jahrzehnten, so scheint mir, mehr über den Umgang mit weiblich-

mütterlichen Anteilen in männlichen und weiblichen Analytikern nachgedacht als über beider »männliche« Anteile.

Die Frage bleibt, ob nicht die Psychoanalyse von Anbeginn androgyner (gynandriner) ist, als es den männlichen
Erfindern dieser Wissenschaft bewusst war, auch wenn sich
vom klassisch psychoanalytischen Ödipuskomplex bisher
keine Variante eines eigenständigen weiblichen Schicksals
ableiten ließ.

Auf der Suche nach einem weiblichen Gegen- oder Eben-
bild zum Männerbild des Ödipuskomplexes blieb die Frage
offen: Warum will die Tochter die Mutter als Rivalin nicht
umbringen, wie das umgekehrt beim Sohn mit seinem Vater der Fall ist? Die verschiedenen Versuche einer Antwort
lauteten etwa: (1) Die Mutter, als erste Liebe der Tochter,
mit der diese in der frühen Kindheit auch körperlich-trieb-
haft eng verbunden ist, bleibt Objekt einer (wenn auch am-
bivalenten und verdrängten) Sehnsucht. (2) Die Mutter hat
im Patriarchat keine öffentliche Macht, die ihr die Tochter
streitig machen könnte. (3) Mit der Wahrnehmung ihrer Pe-
nislosigkeit erlebt die Tochter die Mutter als zerstört und
wendet sich dem Besitzer von Phallus und Macht zu. Gleichzeitig bleibt der Mann ein Ersatz für die Sehnsucht nach der
Mutter der Frühzeit.

Ödipus als Symbol des Sohnes, der mit Hilfe aggressiver
Einverleibung der väterlichen Gesetze Herrschaft und damit
Unabhängigkeit vom Vater erwirbt, lässt sich auf die Ent-
wicklung der Frau nicht übertragen; deren Beziehung zur
Mutter ist mit der Beziehung des Sohnes zum Vater nicht zu
vergleichen. Der Sohn im Patriarchat bleibt lebenslänglich
die Hauptperson – auch für die Mutter/Frau. Wenn er zum
Mann wird, unterwirft sie sich ihm.

Nicht nur Freud, auch Horkheimer und mit ihm natürlich

unzählige Männer idealisieren die Mutter-Sohn-Beziehung. Frauen als Mütter, die in der »menschenfreundlichen« Familie und nicht in der »menschenunfreundlichen« Gesellschaft leben, vermitteln nach Horkheimer[13] dem Sohne eine utopische Vision von Menschlichkeit. Die mütterliche Zuwendung habe nichts zu tun mit dem pervertierten Tauschverhältnis der bürgerlich-kapitalistischen Gesellschaft, das jede mitmenschliche Unmittelbarkeit zerstöre. Die körperlich-sexuellen Wünsche zwischen Mutter und Sohn, die damit verbundenen Regressions- und Kastrationsängste des Sohnes und dessen Bemächtigungsdrang der »verschlingenden Mutter« gegenüber werden in der Idealisierung dieser Beziehung von Horkheimer außer Acht gelassen. Für Horkheimer und Adorno[14] war aber nicht Ödipus, sondern Odysseus ein nützlicher Mythos für die Darstellung der bürgerlich-selbstbehauptenden, selbstsüchtigen, dabei selbstentfremdenden Entwicklung.

Die Abenteuer des Odysseus interpretieren sie als eine »Fluchtbahn des Subjekts vor den mythischen Mächten«. Die sein Selbst profilierenden Irrwege, die Darstellung des Herr-Sklave-Verhältnisses lassen sich nur auf die männliche Situation und zur Illustration typisch männlicher Entwicklung benutzen. Horkheimer und Adorno gehen wenig auf die Unterjochung des weiblichen Begehrens, wie sie das Schicksal Penelopes, aber auch der Sirenen und Circe darstellt, noch überhaupt auf die Problematik der Frau ein. Auch in der *Odyssee* sind die Frauen entweder Opfer, Göttinnen und/oder gefährliche Betörerinnen, die sich nach ihrer Niederlage selbst zerstören müssen wie die Sirenen, wenn sie nicht von Odysseus unterworfen werden.

Penelope, der Typus der bürgerlichen Frau, stellt die weibliche Einschränkung und Unterwerfung dieser Frauen dar, ihre Anbindung an Besitz und gesellschaftliche Anerkennung; nur als Teil des Mannes ist ihr eine gesicherte Existenz garantiert. Diese Abhängigkeit muss sie mit absoluter Treue, sexueller Passivität und unendlichem Warten bezahlen, während Odysseus durch die Welt geistert, mit anderen Frauen lebt und Kinder mit ihnen zeugt. Ohne die Treue Penelopes gibt es letztlich auch für Odysseus keine Rückkehr noch ein Wiedererkanntwerden, wenn diese auch überschattet ist von der Identifikation Penelopes mit dem misstrauischen Besitzdenken einer patriarchalischen Welt. Erst nach dreimaliger Probe ist sie bereit, seine Identität anzuerkennen. Sicherlich lässt sich ihr Misstrauen auch als Ausdruck einer tiefgehenden Ambivalenz gegenüber der sie beherrschenden Männerwelt deuten.

Der Mythos, an dessen Schluss die Rückkehr des Mannes zu Besitz und Heimat nach bestandenen Abenteuern steht, in denen er sich als Mann und Herrscher profiliert, stellt also nur den Weg des Mannes dar. Dafür braucht der Mann unabdingbar eine Frau, die auf ihn wartet, Heim und Besitz verteidigt, selbst Besitz ist. Deren Selbstfindung wie Sexualität haben folglich nur in Verbindung mit ihm Existenzberechtigung. Damit wehrt er auch die eigene Angst vor seiner Abhängigkeit von der allmächtigen Mutter/Frau ab und verkehrt sie in ihr Gegenteil: in die Herrschaft über sie. Die Frau in ihm, seine Verinnerlichung »mütterlicher« Funktionen, werden unterdrückt.

Entsprechend gilt in der klassischen psychoanalytischen Theorie der Weiblichkeit die Vagina als unentdeckt bis zur Pubertät, bis zu einem Zeitpunkt also, in der die Frau, durch den sexuellen Kontakt mit dem Mann, existent werden darf. Ohne ihn ist die Frau ein wartendes Nichts, eine abgehobene Heilige oder eine Betörerin, die sich selber zerstört oder von

anderen zerstört wird, wenn sie nicht als Hure von ihm bezahlt und verachtet wird. Die Klitoris, deren aktive Sexualität von Anfang an feststeht, wird als lächerlicher, verstüm-
melter Penis verhöhnt, deren Lust als minderwertig verpönt.
Mit der Definition der Frau als Mangelwesen, die an einem
entsprechenden Penisneid leidet, ist die Abwehr des männlichen Gebärneides verbunden, vor allem aber die Angst vor
einer tiefen Abhängigkeit, die der Mann nur durch Bewusstmachung seiner mütterlichen Verinnerlichung überwinden
und für seine Entwicklung nutzbar machen kann.

Die bisherigen männlichen Vorstellungen von »Weiblichkeit« schließen jedoch die Beziehung zu einer Frau als voll-
ständigem, ernst zu nehmenden Menschen aus, mit dem es
einen Dialog auf gleicher Ebene geben kann. Eine Weiblichkeit, die man auch als Teil von sich erleben würde, wird
abgewehrt. Die Frau bleibt die Unterjochte, die Ungleich-
wertige; der Mann ist ihr Beherrscher, der sich damit allerdings auch eigene Möglichkeiten des Glücks und der Reife
verbaut. Auch die kommerziell begründete, moderne »Part-
nerschaft« habe, so Horkheimer und Adorno, ihre Chancen auf Glück und wirkliche Menschlichkeit, auf eine dauerhafte gegenseitige Beziehung verloren. Die Rebellion des
Eros gegen Autorität sei in weite Ferne gerückt. Eine mut-
terlose Gesellschaft sei eine Gesellschaft ohne Hoffnung und
Menschlichkeit. Auch emanzipierte und aufgeklärte Autoren wie Horkheimer und Adorno untersuchen nicht, was
der Vater an »Mütterlichkeit« in diese Gesellschaft einbrin-
gen könnte, um sie menschlicher zu gestalten. Eine tiefgrei-
fende Rollenänderung scheint ihnen in der bestehenden Gesellschaft kaum eine Chance zu haben; zumindest wird eine
solche Möglichkeit von ihnen nicht erwähnt.

Solange die psychoanalytischen männlichen und weiblichen Entwicklungstheorien auf den Besitz oder Nichtbesitz von genitalen Teilobjekten reduziert sind, die die Beherrschung der Frau durch den Mann körperlich begründet, solange wird in der Tat Eros – als eine glückhafte Erfassung des anderen als ganzem Menschen – durch eine Sexualität ersetzt, die sich auf Genitalität beschränkt.

Entsprechend reduziert sich in den bekannten Mythen die Darstellung des Menschengeschlechts auf die autonome Entwicklung des Mannes, die dann immer wieder zu einem Herr-Sklave-Verhältnis der Männerwelt entartet, zu einer Beherrschung und Zerstörung der Natur, als die auch die Frau erlebt wird.

Im Mythos von der Urhorde[15] werden die Söhne aus der Urgemeinschaft verstoßen, weil der Vater den Besitz der Frauen nicht mit ihnen teilen will. Die ausgestoßenen Söhne bilden eine, so deutet es Freud an, homosexuelle Brudergemeinschaft; sie sind libidinös miteinander verbunden, brauchen sich darum nicht zu bekämpfen, sondern können gemeinsam den Vater umbringen. Bei einem Festmahl wird der getötete Vater verschlungen. Die Einverleibung des Vaters führt zu einer Verinnerlichung seiner Gesetze, gemildert durch die homosexuelle Verbindung zwischen den ausgestoßenen Brüdern. Diese latente Homosexualität kann auch als Grundlage unserer Demokratie angesehen werden, die eine Demokratie der Männer war und es mehr oder weniger bis heute ist. Deutschlands fatale Entwicklung sei darauf zurückzuführen, dass dort nie ein Monarch geköpft worden sei, soll Max Weber geäußert haben, das heißt, das autoritäre väterliche Gesetz blieb hierzulande unangefochten, so dass nicht einmal zwischen Männern demokratische Praxis durchgesetzt werden konnte. Der Obrigkeitsstaat erreichte im Nationalsozialismus bekanntlich seinen perversen Höhepunkt.

Laut *Totem und Tabu* ließ sich, so Freud, mit Hilfe der Exogamie, die zum strengen Gesetz wird, der Streit der Brüder um die Frauen verhindern. Angeblich gab es nach dem Vatermord eine Phase des Mutterrechts. Mag auch in diesem Mythos zwischen den Brüdern so etwas wie Demokratie herrschen, Frauen waren selbst im angeblichen Matriarchat davon ausgeschlossen. Freud schreibt darüber: »Um miteinander in Frieden leben zu können, verzichteten die siegreichen Brüder auf die Frauen, derentwegen sie doch den Vater erschlagen hatten, und legten sich Exogamie auf. Die väterliche Macht war gebrochen, die Familien nach Mutterrecht eingerichtet [...] An Stelle des Vaters wurde ein bestimmtes Tier als Totem eingesetzt; es galt als Ahnherr und Schutzgeist, durfte nicht geschädigt oder getötet werden, aber einmal im Jahr fand sich die ganze *Männergemeinschaft* [von mir hervorgehoben; M. M.] zu einem Festmahl zusammen, bei dem das sonst verehrte Totemtier in Stücke gerissen und gemeinsam verzehrt wurde.«[16]

Irgendwann einmal wurde – nach Freud – die matriarchalische Gesellschaftsordnung wieder von der patriarchalischen abgelöst: »Aber diese Wendung von der Mutter zum Vater bezeichnet überdies einen Sieg der Geistigkeit über die Sinnlichkeit, also einen Kulturfortschritt, denn die Mutterschaft ist durch das Zeugnis der Sinne erwiesen, während die Vaterschaft eine Annahme ist, auf einen Schluß und auf eine Voraussetzung aufgebaut.«[17]

Aber auch Frauen waren und sind selten in der Lage, mit der »Mutter in sich« analytisch und integrierend umzugehen. Das Bild einer alles beherrschenden Mutter wird nach außen auf die realexistierende Mutter projiziert. Der Hass auf sie oder das Gefühl einer übermäßigen Abhängigkeit von ihr setzt sich dann von einer Generation zur anderen fort. Von psychoanalytischer Seite sind viele Versuche unternommen worden, um mit dieser unaufgelösten emotionalen Abhängigkeit besser fertig zu werden, allerdings ohne die Notwendigkeit einer Änderung der bestehenden geschlechtsspezifischen Werte und Verhaltensweisen genügend zu beachten.

Psychoanalytikerinnen der Lacan-Richtung sahen in der engen körperlichen Beziehung zur Mutter, die durch mangelndes Inzestverbot unaufgelöst bleibe – ein Verbot, das beim Knaben offenbar als mehr oder weniger angeboren angesehen wird –, die Ursache für die im Vergleich zu Männern angeblich weniger ausgebildete Abstraktions- und Symbolisierungsfähigkeit von Frauen. Dieser Art des Denkens liegt nicht nur die falsche Annahme zugrunde, dass es so etwas wie ein angeborenes Inzestverbot für Männer gibt, sondern auch eine ahistorische Sicht und die Ausblendung sozialer Einflüsse auf geschlechtsspezifische Eigenschaften. Wenn Freud einen Mangel in den Mittelpunkt der psychischen Entwicklung der Frau stellt, der sie daran hindert, wie der Mann, den seine Kastrationsangst zur Verinnerlichung der väterlichen Gesetze zwingt, ein kulturfähiges Über-Ich zu entwickeln, ist es für Lacan und seine Schülerinnen offenbar gerade das Fehlen eines Mangels, das ihre geistige und intellektuelle Entwicklung behindern soll. Die Weiblichkeitstheorien einer jeden »Bewegung«, die sich um einen patriarchalischen Führer schart, bleiben im Kern weitgehend die gleichen. Kein Mangel wird dann erneut zu einem Mangel, wenn es um Frauen und deren geistige Fähigkeiten geht.

Die Psychoanalyse erstarrt zur Ideologie, wenn sie gesellschaftliche Prozesse in ihrer Wirkung auf die psychische Entwicklung beider Geschlechter weitgehend außer Acht lässt und eine biologisch ahistorische Einstellung zu den Entwicklungsphasen des Kindes beibehält oder wenn sie einer-

seits Frauen als Mangelwesen ansieht, andererseits idealisierten Klischees von »Weiblichkeit« und »Mütterlichkeit«
anhängt.

In der Reduktion der Frau auf ihre Biologie und ihre Ge-
bärfähigkeit, auf die Verherrlichung ihrer Mütterlichkeit
und der dieser entsprechenden »Weiblichkeit« treffen sich
manche Psychoanalytiker und Psychoanalytikerinnen allerdings mit ihnen sonst feindlich gesinnten Feministinnen, die
vergleichbaren Idealen verfallen. Wenn von der frühen Mut-
ter-Kind-Symbiose ausgehend die gegenseitige Verschmel-
zung als Liebeserfüllung angesehen wird, stellt das eine
Rückkehr zu frühkindlicher Abhängigkeit dar, das heißt
eine Entmündigung der erwachsenen Frau. Der Kampf um
die innere und äußere Emanzipation, die mit der sich entwickelnden Fähigkeit der Frau zu Selbständigkeit, zu Ent-
scheidungs- und Konfliktfähigkeit, zu Humor, Selbst- und
Fremdkritik, zu Friedlosigkeit und Widerstand verbunden
ist – also mit bisher vielfach als »männlich« angesehenen Eigenschaften –, gerät dann in Gefahr, in einer Idealisierung
masochistischer Lust oder der mütterlichen Opferrolle wieder unterzugehen. Das wird von all den erzkonservativen
Zeitgenossen begrüßt werden, die in der Emanzipation der
Frau den Untergang der weiblichen »Werte« sehen.

Aber nicht nur in Teilen der Gesellschaft, sondern auch in
der Psychoanalyse wurde Frauen nahegebracht, dass offen
ausgetragene Aggressionen, Kampfbereitschaft, berufliche
und politische Aktivität unweiblich seien, gesellschaftliche
Macht oder Einfluss von Frauen deswegen nicht zu erstre-
ben seien. Aus Angst vor ihren Aggressionen, derentwegen
ihnen, wie auch wegen ihres Strebens nach Selbständigkeit,
Schuldgefühle gemacht wurden, und aus Angst davor, unweiblich zu erscheinen, fällt es Frauen nach wie vor schwer,

mit Macht oder überhaupt mit beruflichem oder politisch-gesellschaftlichem Einfluss umzugehen. Solche Frauen müssen zudem immer damit rechnen, nicht nur von Männern, sondern auch von Frauen abgelehnt zu werden. Das Arrangement und die Spiele der Geschlechter bloßzulegen, sie zu blockieren bedeutet für die Frau als Individuum meist Ausschluss aus der Gesellschaft. Was man »Gynandrie« nennen könnte, wird von beiden Geschlechtern bewusst oder unbewusst abgelehnt.

Was für Auswege gibt es? Wie kann die Frau bisher als »männlich« verstandene Eigenschaften übernehmen, um zu einem auch gesellschaftlich durchsetzungsfähigen Wesen zu werden, und wie kann der Mann das »Weib in sich« akzeptieren, um weniger zerstörend und gefühlseingeengt, weniger von Projektionen eigener Aggressionen und Abwehr eigener Ängste beherrscht zu werden? Oder wird ein Zugang beider Geschlechter zu den verschiedenen, bisher als geschlechtsspezifisch angesehenen Eigenschaften und Verhaltensweisen die sexuelle Anziehung stören, wie manche meinen? Muss nicht immer ein Mangel spürbar sein, damit einer für den anderen anziehend ist, im anderen der Teil erlebt wird, den man selber nicht verwirklichen zu können glaubte? Ist aber nicht andererseits gerade die künstliche, gesellschaftlich gemachte Verteilung von Weiblichkeit und Männlichkeit Ursache dafür, dass bis heute die Frau als gleichbegabtes und gleichberechtigtes Wesen immer noch unterdrückt wird? Das eingefahrene »Arrangement der Geschlechter« ist doch vor allem dafür verantwortlich, dass zwischen ihnen die unüberbrückbaren Verständnisschwierigkeiten herrschen, die das Unglück der Geschlechterbeziehung vorprogrammieren.

Auf der Suche nach einer Überwindung dieser gesellschaftlich hergestellten Beziehungs- und Einfühlungsstörungen möchte ich noch einmal auf die kindliche Entwicklung zurückgreifen und daran erinnern, dass das Ich jedes Menschen zuerst und vor allem ein Körper-Ich ist. Beim kleinen Kind, gleichgültig welchen Geschlechts, steht die Körperpflege im Mittelpunkt seiner Versorgung. Für die Entwicklung eines Gefühls von seelischer und körperlicher Sicherheit ist es unabdingbar, dass das Kind auch im Sinne körperlicher Zärtlichkeit unmittelbar angesprochen wird. In der Latenzzeit haben beide Geschlechter, der Junge weit mehr noch als das Mädchen, auf die Streichelintensität der Kleinkinderzeit zu verzichten, die in den ersten Lebensjahren dem Knaben oft ausgiebiger als dem Mädchen zuteil wird. Die männliche Erziehung in einer patriarchalischen Welt verlangt, dass der heranwachsende Knabe sich gegen Zärtlichkeit wehrt und – von der mit diesen Werten identifizierten Mutter unterstützt – sein Bedürfnis danach unterdrückt. Das erweckt untergründige Hass- und Verlassenheitsgefühle in ihm; Kontaktstörungen und Entfremdung von seiner Gefühlswelt nehmen ihren Anfang. In der Pubertät ergibt sich erneut eine Möglichkeit nach körperlicher Nähe durch die gereifte Sexualität. Wenn diese sich mit dem geheimen Hass und der inneren Gefühlsabwehr verbindet, die sich als Folge des im Patriarchat erzwungenen männlichen Verzichts auf Zärtlichkeit einstellen, führt das unweigerlich zu Konflikten. Frauen, die ihre Wünsche nach körperlich-zärtlichem Kontakt in ihrer Kindheit weniger zu unterdrücken brauchten als der älter werdende Junge, fühlen sich unverstanden, wenn der männliche Partner mit der Sexualität nicht die ersehnte Zärtlichkeit und Einfühlung geben kann. Wenn ein Mann einer Frau körperlich nicht vermitteln kann, dass er sie auch als Individuum begehrt, sind die Chancen für Glück gering.

Die psychosexuelle Entwicklungstheorie Freuds in Bezug

auf Weiblichkeit wurde mittlerweile von zahlreichen Psycho-analytiker/innen in Frage gestellt. Christiane Olivier[18] ist mit Grunberger der festen Überzeugung, dass Kinder von Geburt an das andere Geschlecht brauchen, um sich begehrt zu füh-len. Das Mädchen brauche den Vater, da es sonst quasi nicht existiere. Libido ist für die beiden Psychoanalytiker an Hete-rosexualität gebunden, was meines Erachtens der kindlichen Erlebniswelt nicht entspricht. Das zeigen auch die Forschun-gen Margaret Mahlers.[19] Ihre Theorie der stufenweise erfol-genden Loslösung und Individuation baut sich auf zahlrei-che Beobachtungen von kleinen Kindern auf. Sie misst der Wiederannäherungsphase, die etwa in der Mitte des zwei-ten Lebensjahres beginnt, eine für die psychische Entwick-lung entsprechende Bedeutung bei wie dem Ödipuskonflikt. Dabei geht es in dieser Phase, in der das Kind auch den Ge-schlechtsunterschied wahrzunehmen beginnt, nicht um ei-nen Rivalitätskonflikt, sondern um eine neue Stufe in der Entwicklung der kindlichen Individuationsfähigkeit.

Der Konflikt entsteht durch einander widersprechende Bedürfnisse, wie das Streben des Kindes nach größerer Un-abhängigkeit einerseits und dem Bedürfnis andererseits, die Einheit mit der Mutter nicht aufzugeben. In dieser Situa-tion bietet sich der Vater an, der von der allzu großen Ab-hängigkeit von der Mutter am besten befreien kann, da er gleichzeitig eng mit ihr verbunden ist. Erst mit der Fähigkeit, zu zwei Personen eine unterschiedliche Beziehung aufzuneh-men, lernt das Kind schärfer zwischen sich und anderen zu unterscheiden und eigenständige Selbst- und Objektreprä-sentanzen aufzubauen, das heißt, für die Entwicklung einer differenzierten Persönlichkeit braucht der Mensch die Ver-innerlichung von väterlichen und mütterlichen Verhaltens-weisen, Gesetzen, Gefühlen und Phantasien.

Im Zusammenhang mit diesen Beobachtungen von Über-Ich-Vorläufern bekommt auch die weibliche Entwicklung des Über-Ich neue Aspekte. Das Über-Ich ist immer Träger bestehender Werturteile, auch solche geschlechtsspezifischer Natur. Die sich mit der wandelnden Gesellschaft verändernden moralischen Inhalte und Vorstellungen von geschlechtsspezifisch angemessenem Verhalten ändern auch Struktur und Inhalt des Über-Ich.

Der Verlust des Vaters als anerkannte Autorität, die man fürchtet, aber auch idealisiert, ist in weiten Bereichen unserer Gesellschaft bereits eingetreten, was auch das Über-Ich der heutigen Generation beeinflusst. Das Über-Ich beider Geschlechter hat heute zunehmend eine »doppelte« Natur, die Jeanne Lampl-de Groot nur der Frau zuschrieb.[20] Es sei deswegen als moralische Instanz dem des Mannes nicht gleichzusetzen und nur beschränkt zu kulturellen und wissenschaftlichen Leistungen befähigt. Ich stimme sicher mit einigen Analytiker/innen darin überein, dass ein solches »androgynes« oder »gynandrines« doppeltes Über-Ich, dessen Vorläufer mütterliche und väterliche Aspekte vereinen, ein reiferes und flexibleres Über-Ich ist als das von Freud beschriebene. Denn ein Über-Ich, das vor allem die Identifikation mit den Gesetzen des Vaters zum Inhalt hatte, geben ihm die rigide, aggressive, zwanghafte und für Projektionen anfällige Note der patriarchalischen Gesellschaft.

Wenn wir heute von narzisstisch desorientierten Menschen sprechen, dann handelt es sich nicht um ein »doppeltes« oder »androgynes« Über-Ich, sondern um die Unfähigkeit überhaupt, elterliche und gesellschaftliche Wertvorstellungen soweit zu idealisieren, dass eine Identifikation mit ihnen möglich wird. Deren oft untergründige Unaufrichtigkeit und Heuchelei spürt schon das kleine Kind.

Die enge Verbindung zwischen den Eltern, die sich im Sinne einer verwirklichten Androgynie oder Gynandrie einer in den anderen einfühlen können, gilt als Voraussetzung dafür, dass das Kind sich von der frühen Symbiose lösen und den anderen als anderen wahrnehmen kann. Die Fähigkeit, sich in ihn/sie einzufühlen, stellt den Beginn seiner/ihrer Lernfähigkeit dar.

Ich möchte noch einmal betonen, dass es bei dieser Art von umfassender Persönlichkeitsentwicklung nicht nur um Androgynie, sondern auch um Gynandrie geht, das heißt darum, dass Frauen sich ihre Identifikationen mit bisher als männlich angesehenen Eigenschaften bewusster machen und, wenn sie diese für sich akzeptieren, auch kritisch nutzen.

In der griechischen Mythologie gibt es zwei Frauen, die aus dem Rahmen einer patriarchalischen Welt herausfallen: Medea und Antigone. Medea wäre eine ausführliche Überlegung wert, die aber hier zu weit führen würde. Antigone trotzt dem Verbot Kreons und begräbt ihren Bruder. Sie hätte diesen Aufstand gegen das öffentliche Gesetz, den sie mit dem Tod büßen muss, für niemanden außer für den Bruder auf sich nehmen können, sagt Antigone.

Nach Hegel ist nur die Beziehung zwischen Bruder und Schwester eine Beziehung der Geschlechter auf gleicher Ebene, weil sie ohne sexuelles Begehren und deswegen auch ohne Gewalt, Trennung, Angst, Entwertung, Verachtung sei. In ihrer Beziehung zueinander seien nur Bruder und Schwester freie Individuen. Für ihn ist also Sexualität unabänderlich verbunden mit Unfreiheit, Hierarchie und Gewalt. George Steiner weist in seinem Buch *Die Antigonen*[21] darauf hin, dass mit der Ersetzung von Hegels Antigone durch Freuds Ödipus zu Beginn des 20. Jahrhunderts der Mythos einer horizontalen mitmenschlichen Beziehung von Geschwistern unterschiedlichen Geschlechts zugunsten einer die männliche und weibliche Entwicklung bestimmenden vertikalen Verwandtschaftsbeziehung – wie die von Kindern und Eltern – aufgegeben wurde. Der Ödipuskomplex ist unausweichlich vertikal. Das ist wahr, aber immerhin umgeht er die Probleme der menschlichen Sexualität nicht – wie es Hegel in seiner Idealisierung der asexuellen Geschwisterbeziehung tat. Ich möchte meine Ausführungen mit dem Wunsch beenden, dass eine androgyne oder gynandrine Entwicklung der Geschlechter eine Beziehung zwischen ihnen ermöglicht, die geschwisterlich ist, ohne asexuell zu sein.

Liebe, Sex und Psychotherapie

Für mich ist es selbstverständlich, dass Sexualität in der Psychotherapie zur Kategorie der Ausbeutung von Abhängigen gehört und als ein – milde ausgedrückt – grober Kunstfehler angesehen werden muss.

Mir scheint es klar, dass die Aufforderungen von Psychoanalytiker/innen an ihre Patienten, frei zu assoziieren, was auch heißt, ihre Phantasien möglichst offen zu äußern und ein Stück weit zu regredieren, mit einer aktiven Befriedigung dieser Phantasien unvereinbar ist. Eine Deutung des analytischen Prozesses mit dem Ziel, die den Symptomen zugrundeliegenden Konflikte zu erhellen, wird dadurch unmöglich. Triebbefriedigung in der Psychotherapie schafft eine neue Realität, das heißt auch neue aktuelle Verinnerlichungen einer intensiven Beziehung, wodurch verhindert wird, dass Deutungen gegenwärtiger Wünsche, Gefühle und Verhaltensweisen vor den Patienten als Ausdruck ungelöster, mit der Vergangenheit verbundener Probleme verstanden und akzeptiert werden können. Mit der unmittelbaren Befriedigung von Trieben und Wünschen geht der Therapeut eine Beziehung zu seinen Patienten ein, die Übertragungsdeutungen sinnlos machen. Die realisierte sexuelle Beziehung in einer Psychotherapie hat meist traumatische Folgen, unter anderem deswegen, weil durch körperliche Befriedigung sexueller Wünsche am gemeinsamen Verstehen dieser Wünsche und Phantasien vorbeigegangen wird. Was als der größte Gewinn einer Psychoanalyse angesehen werden darf, geht dadurch verloren: die Lust am Erkennen der eigenen biographischen Wahrheit und die Befreiung durch das Durcharbeiten der neurotischen Entwicklung. Wenn Vergangenheit nicht abgeschlossen werden kann, ist die offene Wahrnehmung der Gegenwart bekanntlich nicht herzustellen. Der Analysand findet, solange er die eigene Biographie nicht versteht, zu keinem eigenen Leben, sondern ist dem Zwang zu wiederholen mehr oder weniger unterworfen.

Dass es dennoch sexuelle Beziehungen zwischen Therapeuten und ihren Patienten gibt und immer gegeben hat, ist kein Geheimnis. Was mir an Literatur zum Thema Sexualität in der Psychotherapie bekannt ist, beschäftigt sich vorwiegend mit einer sexuellen Beziehung zwischen einem männlichen Therapeuten und seiner Patientin. Dabei wissen doch die meisten von uns, dass es auch sexuelle Beziehungen zwischen einer Therapeutin und ihrem männlichen Patienten gibt, wenn auch wesentlich seltener. Auch homosexuelle oder lesbische Beziehungen in der psychotherapeutischen Behandlung sind nichts Ungewöhnliches. Im Mittelpunkt der Diskussion steht dennoch die Frau als Opfer eines männlichen Therapeuten. Nicht ganz zu Unrecht, denn das ist wohl die häufigste Variante.

Die Rolle der Frau als Unterdrückte in einem jahrtausendealten Patriarchat ist unumstritten, sollte uns jedoch nicht dazu verführen, dem Einzelschicksal in der Gegenwart unkritisch gegenüberzustehen. Wenn wir als Frauen uns automatisch in die Opfer- und Anklagerolle begeben, schaden wir uns nur selbst und unserer Fähigkeit, mit Hilfe einer kämpferischen, aber auch lustvollen Suche nach Wahrheit gesellschaftlich gemachte Rollenfixierungen und Vorurteile zu durchschauen und wenn möglich zu durchbrechen.

Dass es darüber hinaus ungezählte Opfer von Gewalt gibt, die durch Unterdrückung, Folter oder erzwungene Sexualität in einem Ausmaß traumatisiert wurden und werden, dass Lebensunfähigkeit oder Selbstzerstörung die Folge ist, ist allgemein bekannt. Sich mit solchen Opfern verstehend zu identifizieren ist die Vorbedingung, um ihnen helfen zu können. Dagegen hilft es den Opfern wenig, wenn man mit ihrer Hilfe eigene Bedürfnisse befriedigt oder undifferenziert nach Schuldigen sucht.

Die Psychoanalyse und Psychotherapie sucht die Ursachen der Neurose vor allem in der frühen Kindheit. »Die Mutter ist an allem schuld« ist eine Problemvereinfachung, der manche Therapeuten anhängen. Bei dem Thema »Sex in der Psychotherapie« scheint nun »der Vater« an allem schuld zu sein.

Damit werden die Probleme des sexuellen Ausagierens in der Psychotherapie auf die inzestuöse Beziehung zum Vater zurückgeführt. Der Therapeut wiederholt direkt oder indirekt die gleichen Fehler, unter denen die Patientin seinerzeit in ihrer Begegnung mit dem Vater gelitten hat, oder er versucht, »besser« als dieser zu sein, indem er ihre vordergründigen Wünsche erfüllt. Dennoch ist das manichäische Denken der Art: die Patientin braucht Liebe, der Therapeut nutzt das aus, die Tochter ist gut, der Vater ist böse, so lähmend wie die Vorstellung einer ewig schuldigen Mutter. Es geht an einer differenzierten Betrachtung solcher Beziehungen vorbei. Der Ruf nach dem oder der »Schuldigen« legt die Betreffenden auf eine Opferrolle fest, die unweigerlich infantilisiert.

Damit streite ich keineswegs ab, dass der Missbrauch von Frauen und Kindern vor allem durch männliche Familienangehörige oder auch in manchen Therapien sehr verbreitet ist

und dass es immer und überall gilt, diesen Missbrauch aufzuklären und Hilflose von traumatisierenden und kriminel-
len Übergriffen durch Gewalttäter oder sexuelle Ausbeuter
zu schützen. Ich weiß auch, dass schon aufgrund ihrer jahrhundertealten patriarchalischen Erziehung die Männer mehr
zu Gewalt neigen als Frauen.[1] Man denke nur an die jüngste
und allerjüngste Vergangenheit. Wie schnell kehren wir zu
den primitivsten psychischen Mechanismen, zum Denken
in Gut und Böse zurück. Männer idealisieren sich als Helden, indem sie Mord und Totschlag an oft mehr oder minder Wehrlosen ausüben. Angesichts der alltäglichen Gräuel
in den von Männern verursachten und geführten Kriegen
kann man sich nur immer wieder die Frage stellen: Wie rational ist der Mensch, oder, im Fall von Gewalt und Krieg,
wie rational ist insbesondere der Mann?

Trotzdem sollten wir uns hüten, nach dem Slogan, die
Mutter ist an allem schuld, dem nicht minder einseitigen
Slogan, der Vater oder der Mann ist an allem schuld, zu verfallen. Auch ein Mann wird nicht als Mann geboren, auch
er wird zum Mann gemacht, und das mit Hilfe der Mutter,
die sich mit den bestehenden Wertvorstellungen ihrer Gesellschaft identifiziert.

Frauen, die ihre Opferrolle gleichsam zelebrieren, nehmen
sich selbst die Kraft zur Autonomie und verlieren die Bereitschaft zum Kampf gegen Unterdrückung. In der Tiefe unserer Seele neigen wir dazu, Opfer zu verachten. Viele Frauen,
die zu Opfern wurden, empfinden dies im Grunde als Schwä-
che und Beschämung oder halten sich für mitschuldig an
dieser Situation. Mitleid und Solidarität erleben nur wenige
Frauen, die zu Sexualität gezwungen werden – sei es durch
fremde Gewalt, sei es in der Ehe. Mann oder Frau identifiziert sich ungern mit dem Opfer, es sei denn, man benutzt

diese Identifikation, um sich letztlich selbst als das größte Opfer darzustellen und durch Aufrechnung von Schuld eigene Schuldgefühle aus der Welt zu schaffen.

Opfer sind nun einmal peinlich, sie erinnern an eigene Destruktivität und Schuld – oder an eigene Schwächen und Niederlagen. Insofern ist es psychologisch verständlich, dass oft rationalisierend mit Opfern umgegangen wird. Vergewaltigungen seien immer Folge einer Provokation, die von der Frau ausgehe, sagen uns die Männer. Schon aufgrund ihres Masochismus würden Frauen Leiden und Unterdrückung genießen. Immer noch schenken viele Frauen diesen Aussagen insgeheim Glauben, obwohl sie längst wissen müssten, wie unsinnig sie sind.

Die Tatsache, dass sich bei Frauen sexuell stimulierende Vergewaltigungs- und Erniedrigungsphantasien häufiger beobachten lassen als bei Männern, hat ganz andere Gründe. Sie führte bei manchen Psychologen und Psychoanalytikern zu dem Fehlschluss, dass Frauen nach einer Realisierung dieser Phantasien trachten.[2] Genauere Beobachtungen und Analysen solcher Phantasien lassen jedoch erkennen, dass es sich dabei um qualitativ unterschiedliche Vorgänge handelt. Real erlebte Vergewaltigungen werden so gut wie nie als lustvoll empfunden und hinterlassen dauerhafte psychische Schäden. Phantasien über sexuelle Vergewaltigungen sind weder so brutal noch so einfühlungslos wie wirkliche Vergewaltigungen. Im Gegensatz zur tatsächlichen Gewalt machen Phantasien nicht hilflos, im Gegenteil, wer phantasiert, ist kein Opfer, er ist Schöpfer und Beherrscher der Situation, die er phantasiert. Phantasien dienen deshalb nicht selten dem Ziel, passiv erlittene Unterdrückung und Gewalt in vom eigenen Ich kontrollierbare Situationen zu verwandeln und damit aus Unlust Lust zu machen.

Aber wie steht es mit den sexuellen Wünschen und Phantasien, die in einer Therapie verwirklicht werden? Lässt sich ein solches Ausagieren mit Vergewaltigung gleichsetzen? Das ist so gut wie nie der Fall. Vielmehr identifiziert sich die Frauen in ihrer regressiven Rolle als Patientinnen oft mit einer schwachen und abhängigen Frau, die im Therapeuten den mächtigen Mann sieht, der Lebenshilfe bietet und Lebensziel ist, um dann durch Einfluss auf diesen Mann, durch seine Verführung an seiner Macht teilzuhaben und ihn zu kontrollieren. Solche Verführungswünsche gehören zu den normalen ödipalen Wünschen eines jeden männlichen wie weiblichen Patienten. Ein Therapeut, der seine Aufgabe *lege artis* erfüllt, wird solche Wünsche und Phantasien weder ausnutzen noch aktiv auf sie eingehen, sondern zu analysieren versuchen. Darüber sind sich alle Analytiker und Therapeuten einig.

Die Frage bleibt: Kann man Sex in der Psychotherapie mit Inzest gleichsetzen? Geschieht das, wird in der Patientin nur das kleine Mädchen gesehen, das der sexuellen Gewalt oder Verführung durch eine Vaterfigur ausgesetzt ist. Solche theoretischen Voraussetzungen führen oft zu fehlerhaften Schlüssen. Wird der psychoanalytische Prozess ausschließlich als Regression aufgefasst – als Wiederholung des Verhältnisses eines Kindes zu den ersten Beziehungspersonen und dessen seelische Verarbeitung – und damit alle weiteren Möglichkeiten der Entwicklung in der Pubertät und im Erwachsenenalter unserer Patienten außer Acht gelassen, dann besteht die Gefahr, dass wir in jeder progressiven Tendenz der Patienten nur die regressiven Tendenzen wahrnehmen, die an den infantilen Befriedigungs- und Beziehungsmodi festhalten oder sie wiederherstellen wollen. In dem regressiven Modell der Psychoanalyse ging es über viele Jahre vor allem um die Mutter; bei Sex in der Psychotherapie wie bei der Annahme, dass Inzest weit verbreitet ist, steht die Zerstörung durch den Vater wieder im Vordergrund. Mit dieser Betonung der Rolle des Vaters als Zerstörer wurde auch der Streit um Freud und dessen Aufgabe seiner ursprünglichen »Verführungstheorie« wieder aktuell.

Dass Freud seine ursprüngliche Verführungstheorie aufgab, nachdem er zu dem Schluss kam, die Hinweise auf eine Verführung seiner Patient/innen von Vätern oder Vaterfiguren seien Ausdruck ödipaler Phantasien, wurde ihm vielfach als Feigheit und Vertuschung einer ihm im Grunde bewussten Wahrheit ausgelegt. Mit besonderer Heftigkeit vertreten Jeffrey Masson[3] und Alice Miller[4] diesen Standpunkt. Dieser Interpretation haben viele Analytiker widersprochen. Nitzschke schreibt dazu: »Noch ziemlich zu Beginn dieser [Freuds] Selbstanalyse – am 21. September 1897 – schrieb Freud an Wilhelm Fließ einen Brief, den sogenannten ›Widerrufbrief‹. Mit diesem Brief *entschuldigt Freud* seinen Vater, ›den‹ Vater überhaupt, am Elend seiner Kinder, am neurotischen Unglück des Sohnes (oder seiner Tochter) schuld zu sein. Zumindest wird mit diesem Brief die *alleinige* Schuld des Vaters bestritten, da nunmehr auch die *Phantasien* der Kinder mitberücksichtigt werden […] Der Inhalt dieses […] Briefes stellt erstmals die allumfassende Gültigkeit der bis dahin von Freud vertretenen Verführungstheorie in Frage.«[5] Freuds Selbstanalyse wird von Nitzschke als Versuch der Bewältigung seiner Trauerreaktion auf den Tod des Vaters angesehen. Nach einer Zeit, in der er versuchte, sich zu assimilieren, wehrt Freud nun die Identität nicht mehr ab, die ihn in eine Reihe mit dem Vater stellt. »Die Aufgabe der Verführungstheorie wird nicht als Niederlage empfunden. Freud ist selbst verwundert über seine Gefühlslage, über das Gefühl eines ›Sieges‹. Interpretieren wir. Er hat einen Sieg über den Wunsch errungen, den Vater zu verachten [...]«[6] Nach Nitzschke ist also die Abkehr von der Verführungstheorie nicht als Folge einer ängstlichen Assimilation an bürgerlich-christliche Lebenslügen anzusehen, sondern im Gegenteil: als Freuds Abkehr von dem Versuch, sich seiner Umwelt anzupassen und deutschnationalen Werten anzuhängen. Dieser Schritt zeigt Freuds »endgültige Bereitschaft, das jüdisch-väterliche Erbe anzunehmen, ein Schritt, durch den die Psychoanalyse überhaupt erst möglich wurde«.[7]

Von Maria Torok und Abraham Rand[8] wurde Freuds Schwanken in seiner Theorie – »Verführung versus Phantasie« – anders interpretiert und darauf zurückgeführt, dass er in seiner Kindheit existenz- und rufgefährdende Ereignisse in der väterlichen Familie erlebte, die er verdrängte. Diese angsterregende Realität wurde abgewehrt und ihrer Gefährlichkeit beraubt, indem er sie zur Phantasie erklärte. Geringfügige Verfehlungen seiner von ihm als verführerisch erlebten Kinderfrau hingegen, die dafür auf Veranlassung seines Bruders mit Gefängnis bestraft wurde, blieben ihm als Realität im Gedächtnis. Dem lässt sich entnehmen: Freud entschied sich unbewusst für seinen Vater und gegen seine Kinderfrau. Auch das – so könnte man sagen – drückt sich in seinen Weiblichkeitstheorien aus. Die Frauen sind letztlich die Schuldigen, die Verführerischen, die die Verführung durch den Vater nur phantasieren. Noch im Fall Dora ergreift Freud – zu Unrecht – gegen seine Patientin und deren wahrheitsgetreue Aussagen über die Verlogenheit des verführerischen Vaters und seines Komplizen dessen Partei.

Tatsächlich sehen manche Psychoanalytiker die Psychoanalyse als eine jüdisch-patriarchalische Wissenschaft. Sollten Feministinnen demnach recht behalten, wenn sie in

108

Freuds Abkehr von der Verführungstheorie seine Rückkehr zur Welt der patriarchalischen Werte sehen? War Freud wirklich ein Frauenverächter, wie es manche seiner Aussprüche vermuten lassen, oder gestand er sich nur seine Angst vor Frauen nicht ein und fürchtete sich vor allem vor dem »Weib in sich«, vor den eigenen weiblichen Anteilen?

Auf dem Gebiet der Theorie der Weiblichkeit ist das Freud'sche System ein veraltetes Muster der Enträtselung männlicher Phantasien und Erinnerungen. Die weiblichen Identifikationen des Mannes Freud wurden von ihm – zumindest auf diesem Gebiet – verdrängt. Das Einfühlungsvermögen, mütterliche Fürsorglichkeit und Interesse für Hilfsbedürftige sind auch für Freud die anerkannten und erstrebenswerten Eigenschaften der Frau. Wenn aber die Frau aktiv am Weltgeschehen und an der Kultur teilnehmen will, wird sie von ihm auf ihre Mängel hingewiesen. Gegen diese überkommene psychoanalytische Auffassung sollte sich der Kampf bewusst denkender Frauen richten. Nur wenn Mann und Frau als gleichberechtigte Menschen anerkannt sind – vor allem auch durch sich selber – und entsprechend handeln, wird es den Kindern möglich sein, Mutter- und Vaterbilder gleichermaßen zu verinnerlichen und dadurch ein reicheres, flexibleres, gleichsam »doppeltes« Über-Ich aufzubauen. Was bisher auf die verschiedenen Geschlechter verteilte Eigenschaften waren, würde in einem Menschen, gleich welchen Geschlechts, zusammenfließen, je nach Begabung und Neigung. Damit würde das patriarchalische Gefälle abgebaut. Die der Frau zugeschobene Rolle, Mutter der Kinder *und* des Mannes sein zu müssen, was in unserer Gesellschaft oft als »Liebe« missverstanden wird, könnte durch ein Verhältnis von gegenseitige Fürsorge und Einfühlung ersetzt werden. Beiden Geschlechtern würde dadurch auch ermöglicht, ihre Aggressionen angemessener und lustvoller zu äußern, sie weder durch Feindsuche destruktiv ausleben noch sie selbstdestruktiv nach innen wenden zu müssen.

Wir Frauen müssen bis heute darum kämpfen, selber zu Worte zu kommen. Wir können deswegen gar nicht misstrauisch genug sein, wenn Männer behaupten, dass unsere Wirklichkeit nur Phantasie sei. Dennoch bleibt es wahr, dass gerade die Erkenntnis von der Bedeutung der Phantasien im menschlichen Seelenleben die Psychoanalyse zu dem gemacht hat, was sie ist: zu einer Wissenschaft, die die Entstehung von Projektionen und Vorurteilen erforscht und uns dadurch von ihnen befreien kann, was auch Befreiung von Sexismus und Rassismus heißt. Ein phantasierter Inzest braucht aber nicht nur Produkt eigener Phantasien zu sein, sondern kann auch eine unbewusste Wahrnehmung väterlicher oder mütterlicher Wünsche sein. Die Rolle, die unbewusste Phantasien im psychischen Haushalt spielen, ihre Beziehung zu irrationalen Verhaltensweisen und irrationalen Schuldgefühlen, kann gar nicht hoch genug eingeschätzt werden.

Ich halte die Psychoanalyse für eine in vielem weibliche Art des Wissenserwerbes. Denn im Gegensatz zur üblichen positivistischen Wissenschaft, die in ihrem Objektivitätsfetischismus danach strebt, von der Subjektivität des Forschers unabhängig zu erscheinen, bezieht Freud erstmalig seine eigenen Gefühle und Phantasien wie die seiner Patienten/innen in seine Wissenschaft mit ein.

Freuds Methode der freien Assoziation, die das Zuhören mit dem »dritten Ohr«, Passivität, feinste Wahrnehmung der eigenen seelischen Regungen wie der der Patienten/innen verlangt, beruht auf Fähigkeiten, die in unserer Kultur traditionell als weiblich gelten. Mit Hilfe dieser »weiblichen« Methode erkannte Freud, dass nicht nur äußere Ereignisse und Erlebnisse sich in der Psyche des Menschen niederschlagen, sondern dass auch bewusste und unbewusste Phantasien für den Menschen eine neue äußere Realität schaffen können, die wiederum verinnerlicht wird und dadurch die Handlungen und Urteile eines Menschen bestimmt. Mit der Entdeckung dieses Kreislaufs trat erstmals die Bedeutung des Unbewussten und der damit verbundenen Phantasien in den Mittelpunkt einer wissenschaftlichen Forschung.

Um dieser komplizierten Beziehung zwischen Realität und Phantasie näherzukommen, möchte ich noch einmal auf das oben erwähnte regressive Modell der Psychoanalyse eingehen. Ist wirklich alles in der frühen Kindheit angelegt? Können wir die Patienten nur verstehen, wenn wir fast alle ihre Störungen auf die frühe Kindheit zurückführen und die Übertragung lediglich als Wiederholung einer regressiven Beziehung deuten? Dazu bemerkt Erdheim kritisch: »Zusammen mit der Annahme, die Entwicklung sei durch die Schicksale der frühen Kindheit determiniert, wird das Unbewußte familiär in dem Sinn, als es nur die Spuren der elterlichen Untaten konserviert. Man könnte von einem Dreieck einander stützender Annahmen sprechen: Der Determinismus der frühen Kindheit begründet die regressive Ausrichtung der Analyse und schränkt den Blick auf Papa und Mama im Unbewußten ein. Das familialisierte Unbewußte seinerseits begründet den regressionsauslösenden Einsatz der Psychoanalyse und beweist den Determinismus der frühen Kindheit.«[9] Im Leben eines Menschen hängen bei dieser Sicht der Dinge dann alle späteren Beziehungen und Verhaltensweisen mit der frühen Beziehung zu den Eltern und den Geschwistern zusammen: Wir sind lebenslänglich Gefangene unserer Kindheit, so wie die Gesellschaft ein Abklatsch der Familienstruktur ist. Gesellschaftliche Zwänge, die mit der Familie nichts zu tun haben, wie auch Möglichkeiten zu neuem kulturellem Erleben, zu einer Strukturänderung der Persönlichkeit, zur Erweiterung des Wissens von sich und seinen Mitmenschen, zu einer Wahrnehmungsfähigkeit von Dingen, die nur ein Erwachsener sehen und verstehen kann, wird mit dieser Theorie ausgeschlossen, aber auch die Bedeutung von Traumata, die in und nach der Adoleszenz das Leben eines Menschen behindern oder zerstören können. »Es ist ein Paradox der psychoanalytischen Forschung«, so Erdheim weiter, »daß ihr Gegenstand, das Unbewußte, sich immer neu bildet; es gleicht einem Kontinent, der in ständiger Veränderung begriffen ist.«[10]

Erkenntnisse, die in das allgemeine Bewusstsein einer Gesellschaft eingehen, verändern deren unbewusste Strukturen. Neue Vorstellungen von dem, was als »männlich« und »weiblich« angesehen wird, haben gesellschaftlich Unbewusstes erreicht und bereits mehr verändert, als manche wahrhaben wollen.

Erdheim, Bernfeld und andere erinnern bei ihrer Argumentation gegen das familiär-regressive Modell der Psychoanalyse daran, dass Freud selber von einer zweiphasigen Entwicklung des Menschen spricht. Die kindliche Sexualität ist eine andere als die erwachsene. Der zweite Triebschub der Pubertät leitet den Wandel ein und begründet die adoleszente Entwicklung, die dem Kind die Wahrnehmung einer außerfamiliären Welt ermöglicht. Viele der Identifikationen mit den Erwachsenen, die in der ödipalen Phase eingegangen werden, lösen sich in der Adoleszenz auf, um Platz für neue Identifikationen zu machen, um Abschied von alten kindlichen Einengungen und Vorurteilen zu nehmen.

Wenn alles, was wir tun und erleben, nur als Folge unserer Kindheitserfahrungen angesehen wird, wenn äußere adoleszente und postadoleszente Einflüsse auf unser Leben ohne Bedeutung sein sollen, können wir in uns und unseren Patienten die komplexen Einflüsse nicht wahrnehmen, denen sie im Laufe des Erwachsenenalters ausgesetzt sind. Wir bleiben dann weitgehend Gefangene unserer Kindheit. Die Fähigkeit zu Veränderungen, zu Autonomie, zu sich erneuernder Kreativität wird dadurch verleugnet. Das kann dazu führen, dass im Altern und Alter nur Wiederholungen wahrgenommen werden oder endgültige Regressionen zu kindlichen Entwicklungsphasen. Konflikte, die in jeder Lebensphase sich neu bilden, andere Lösungsmöglichkeiten fordern, die mit neuen Identifikationen und Einsichten einhergehen, die Wirkung der Kultur auf unsere Entwicklung, in der wir leben, werden in einer sich auf Regression einschränkenden Psychoanalyse weitgehend übersehen.

Erdheim erinnert daran, dass von solchen Psychoanalytikern, die alle späteren Entwicklungen auf die frühen Kindheitsphasen zurückführen, nicht nur die zweiphasige sexuelle Entwicklung verdrängt wird, sondern auch der so wichtige Antagonismus zwischen Kultur und Familie. Bei dieser Art des Denkens wird die Gesellschaft nach dem Modell der Familie interpretiert. Eine Realität, die sich von der familiären unterscheidet und die für das Individuum von neuer, dynamischer oder zerstörerischer Bedeutung sein kann, die anderen als den familialen Gesetzen und Mechanismen folgt, wird hier weitgehend übersehen.

In der Adoleszenz entwickeln wir neue Fähigkeiten, darunter die zur Selbstreflexion und zum Selbstzweifel. Damit verbunden ist die Fähigkeit zu trauern, mühsamen und schmerzlichen Abschied von bisherigen Beziehungen und Idealen zu nehmen. Eine neue Offenheit kann entstehen durch eine Art Verflüssigung bisheriger Identifikationen.

In der ödipalen Phase und in der Latenz wird Anpassung an familiale Strukturen gefordert, in der Adoleszenz muss man sich davon wieder befreien und sich der erweiterten Dynamik der Kultur stellen. Die Adoleszenz ist eine »zweite Chance«[11], die uns von familiären Fixierungen und Einengungen befreien kann. Neue menschliche Objekte können besetzt werden. Der Adoleszente ist begierig auf andere Lebensformen, die Lust an Erkenntnis und Wahrheitssuche entwickelt sich. Normalerweise wird diese adoleszente Neugier auch unterstützt durch die sexuellen Impulse, die das Individuum weg von der Familie und den inzestuösen Gefahren auf die Suche nach neuen Liebesobjekten treiben.

Wenn aber mit der Verführung durch den Vater oder Vaterfiguren in der Adoleszenz ödipal-inzestuöse Phantasien verwirklicht werden, tritt eine Stagnation in der Entwicklung ein, die Fixierung an die ödipale Phase bleibt bestehen, die Offenheit für neue Identifikationen ist gering. Die unaufgelöste Bindung an Vaterfiguren führt zu Infantilität und dem wütenden oder melancholischen Gefühl, am Leben vorbeigegangen zu sein.

Bei allem lebenserweiternden Vorwärtsstreben in der Adoleszenz bleibt wahr, dass Vergangenheit einigermaßen abgeschlossen werden muss, bis Gegenwart hergestellt werden kann. Auch diese Trauerarbeit kann erst im Laufe der Adoleszenz wirklich zum Zuge kommen, nachdem alte Identifikationen aufgegeben wurden.

Diese zweizeitige Organisation der menschlichen Sexualentwicklung ist von höchster Wichtigkeit für unser Thema: Sex und Liebe in der Psychotherapie. Haben wir es in der Analyse von Patienten/innen, die ihre/n Analytiker/in verführen wollen, mit Vorgängen zu tun, die auf die ödipale Phase zurückzuführen, oder mit solchen, die Ausdruck adoleszenter Wünsche nach Erweiterung von Identifikationen und nach Erfahrungen mit neuen Liebesobjekten sind? Auch wenn das eine mit dem anderen in Verbindung steht, sollte der Analytiker mit offenen Ohren zuhören, um zu verstehen, welche Bedürfnisse und Erinnerungen, die den Patienten selbst unbewusst geworden sind, diese mit ihren Phantasien und Verführungswünschen offenbaren möchten. Unsere Deutungen treffen die seelische Wirklichkeit unserer Patienten nur halb, wenn sie sich auf regressiv ödipale oder präödipale Wünsche oder Traumata beschränken. Sie können deren psychische Aktualität nur erreichen, wenn sie auch die progressiven Trieb-, Befreiungs- und Erkenntniswünsche des Analysanden oder der Analysandin verstehen und fördern.

Welche Rolle spielt nun die Liebe in der Psychotherapie? Sie zeigt sich meines Erachtens in der Bereitschaft des Therapeuten, der Therapeutin, sich in den Patienten, die Patientin so weit einzufühlen, dass die in den Entwicklungsphasen unterschiedlichen und legitimen Bedürfnisse nach Erweiterung und Befreiung auch im »Hier und Jetzt« erfasst und entsprechend verstanden werden können. Liebe in der Psychotherapie wäre dann gleichgesetzt mit der Fähigkeit, unvoreingenommen zuzuhören und sich nicht von eigenen Bedürfnissen, vorgefassten Meinungen und Theorien die Ohren verschließen zu lassen.

Die Befreiung von Projektionen und Denkeinschränkungen, von Zwängen im Umgang mit den eigenen Triebbedürfnissen, die kritische Öffnung zur inneren und äußeren »Welt«, das heißt die Erweckung der Lust an neuen Erkenntnissen und Erfahrungen, ist schließlich das wichtigste Ziel des analytischen Prozesses. Mit einer aktiven sexuellen Befriedigung durch den Therapeuten hat das nichts zu tun.

Aber wir sollten uns als Analytiker nicht idealisieren. Mit der Einfühlung, mit dem unmittelbaren Kontakt vom Unbewussten des Therapeuten zu dem des Patienten, der Patientin droht die Gefahr der allzu großen Nähe, können regulierende Ich-Funktionen zusammenbrechen. Umgekehrt gilt: »Von der rigiden Abstinenzhaltung des überkorrekten Analytikers bis zur Einfühlung ist nur ein kleiner Schritt.«[12] Oder mit den Worten Paula Heimanns: »Vom neutralen Analytiker zum Neutrum ist nur eine sehr kurze Distanz.« Was in der Praxis der Psychoanalyse eine Gratwanderung zwischen allzu großer Nähe und pseudokorrekter Rigidität ist, findet in der Theorie seine Entsprechung als unkritische Originalitätssucht auf der einen und einer nicht weniger unkritischen Heiligsprechung bestehender Theorien auf der anderen Seite.

Psychoanalytische Theorien wie Theorien überhaupt sollten nie als endgültige Wahrheit angesehen und zu einer Art festen Glaubensinhalt gemacht werden. Freuds Theorie der Weiblichkeit ist beispielsweise in vielem von einer männlicher Sicht gesehen und von männlichen, auf Frauen projizierte Phantasien geprägt. Die Angst vor der »wilden Sexualität« der Frau ist eine Projektion der eigenen gewalttätigen Sexualität. Sie führte zur Unterdrückung der Frau und ihrer Sexualität noch in der Theorie, die wahrscheinlich die größte Bedeutung für die praktische Emanzipation der Sexualität hatte. Die Angst des Therapeuten vor seiner Patientin, der Wunsch, sie zu kontrollieren und von sich abhängig zu machen, kann die Ursache für so manche Verführung auf der Couch sein. Mit diesen männlichen Projektionen wird aber auch die Angst vor der eigenen Sehnsucht nach dem frühen Paradies der Symbiose, nach der Rückkehr in den Mutterschoß, abgewehrt. Vielleicht wurde auch darum die von Platon erdachte Phantasie einer menschlichen Vollkommenheit als Androgynie bezeichnet, das heißt als ein im Ursprung männliches Wesen, das, indem es sich die Weiblichkeit aneignet, endgültig von Frauen unabhängig wird.[13]

Mit der psychoanalytischen Methode werden Verdrängungen aufgehoben, mit der Folge, dass Erinnerungen dem Bewusstsein wieder zugänglich werden. Mit Hilfe der Psychoanalyse gelang es vielen Frauen, sich ihrer Situation bewusster zu werden und sich ihre Geschichte anzueignen. Was bisher auf die verschiedenen Geschlechter verteilte Eigenschaften waren, kann in einem Menschen, gleich welchen Geschlechts, zusammenfließen. Ich möchte noch einmal betonen, dass es bei dieser Art von umfassender Persönlichkeitsentwicklung darum geht, dass Frauen sich ihre Identifikationen mit bisher als männlich angesehenen Eigenschaften bewusst machen und, wenn sie diese für sich akzeptieren, auch nutzen und sich von gesellschaftlichen Vorurteilen nicht einschüchtern lassen. Der Kampf um die innere und äußere Emanzipation ist nun einmal mit der sich entwickelnden Fähigkeit der Frau zu Selbständigkeit, zu Entscheidungs- und Konfliktfähigkeit, zu Humor, Selbst- und Fremdkritik, zu Friedlosigkeit und Widerstand, aber auch zu Lust an Einfluss und Macht und *last but not least* mit ihrer Sexualität verbunden, also mit bisher vielfach als »männlich« angesehenen Eigenschaften und Möglichkeiten. Das sollte Frauen nicht abschrecken, auch wenn ihre konservativen männlichen Kollegen sie dann als »phallisch« oder »penisneidisch« bezeichnen und ihnen vorwerfen, dass die Emanzipation den Untergang ihrer Weiblichkeit bedeute.

Neues Nachdenken über Theorien der Weiblichkeit ist überall auf dem Wege. Damit werden wir gleichzeitig mehr über die auf Frauen projizierten Männerängste und Männerphantasien erfahren. Die Psychoanalyse erstarrt zur Ideologie, wenn sie kulturelle Prozesse in ihrer Wirkung auf die psychische Entwicklung beider Geschlechter außer Acht lässt und eine ahistorische Einstellung zu den Entwicklungsphasen beibehält oder wenn sie einerseits Frauen als Mangelwesen ansieht, andererseits idealisierten Klischees von Weiblichkeit und Mütterlichkeit anhängt.

Das Ende der Friedfertigkeit?
Nachdenken über männliche und
weibliche Werte

Hat Frieden noch eine Zukunft, oder sind wir wieder eine »normale« kriegsfähige Nation geworden? Was half uns im vergangenen Jahr, moralische Hemmungen zu überwinden und an kriegerischen Konflikten teilzunehmen? Beim Golfkrieg weigerte Deutschland sich noch, Soldaten an den Golf zu schicken. Die Deutschen seien schlechte Verbündete, feige und wieder auf einem Sonderweg aus, hieß es damals. Beim Kosovo-Konflikt scheint alles einfacher geworden zu sein, wir sind untadelige Verbündete, darin einig, Milošević sei nur mit Gewalt zur Vernunft zu bringen. Unsere etwas verzwickten Motive für die Teilnahme an Kriegshandlungen haben sich seither kaum geändert. »Vom deutschen Boden soll nie wieder ein Krieg ausgehen«, entsprach unserer Überzeugung. Die Bündnistreue unserer Regierung bringt manchen Deutschen in Konflikt mit seinem Gewissen. Ich komme auf diese Problematik zurück, die auch Ausdruck einer sich verändernden Welt der Werte ist.

Zunächst versuche ich mit Hilfe der psychoanalytischen Theorie und Praxis eine Auseinandersetzung mit Werten, die gemeinhin als »weiblich« oder »männlich« bezeichnet werden und die bis heute unsere Welt der Werte beeinflussen, ob wir es nun wollen oder nicht.

Die Frage zu beantworten: »Was verstehen wir hierzulande unter männlichen, was unter weiblichen Werten, wie sind sie entstanden, haben sie noch Gültigkeit?« wird nur oberflächlich und vereinfachend gelingen. Manches hat sich geändert, aber nach wie vor wird vom Mann verlangt oder verlangt er von sich, seine Gefühle zu unterdrücken, sich wenn nötig mit Härte gegen »Feinde« oder Rivalen durchzusetzen, Erfolg zu haben, möglichst »rational« zu denken und zu handeln, das heißt sich die dahinter stehenden Affekte und Motive nicht bewusst zu machen. Leistung um jeden Preis zu bieten, was auch bedeutet, einem unkritischen Fortschrittsdenken anzuhängen, *last but not least*, seine Überlegenheit, vor allem Frauen gegenüber, aufrechtzuerhalten.

Von Frauen wurden dagegen über Jahrhunderte und bis heute Gefühls- und Einfühlungsfähigkeit verlangt. Es wurden Aufopferung und Hingabebereitschaft erwartet, Mütterlichkeit und Liebe für die Schwachen dieser Welt zu zeigen, außer natürlich für solche, die Minderheiten angehören, die von Teilen der Männerwelt zu Sündenböcken gemacht oder zu »Feinden« erklärt wurden und werden, wie Juden, Asylanten, Ausländer.[1]

Nachdem Europa in Trümmern lag – eine Situation, für die eine rassistische Männlichkeitsideologie wesentlich verantwortlich war –, standen »Ideale« harter Männer und sich ihnen hingebender Frauen auf der Skala der Werte nicht mehr hoch im Kurs. Was nicht verhinderte, dass bei uns die fünfziger Jahre einen Höhepunkt konservativer Familienbilder brachte. Erst der Frauenbewegung Ende der sechziger, Anfang der siebziger Jahre ist es gelungen, Frauen und Männern bewusst zu machen, wie falsch und hohl ihre bisherigen ›Ideale‹ und ›Werte‹ waren. Plötzlich gab es Männer, die keine Söhne mehr haben wollten, sondern Töchter vorzogen – der ›ideale‹ Mann war quasi im Nebel verschwunden. Wie sie sich ihren Sohn wünschten, war den neuen Vätern unklar, aber auf keinen Fall so, wie »der« Mann bisher

120

gewesen war und was man aus ihnen selber gemacht hatte. Eine Tochter einem Sohn vorzuziehen, das scheint mir einmalig zu sein in der Geschichte der Menschheit, in der sich die männlichen Wünsche bisher auf den Erben und Nachfolger konzentrierten.

Politisch war die Demokratie und nicht mehr die Herrschaft der mächtigen Männer bei uns zu einem allgemein anerkannten »Wert« geworden. Wir waren gleich, Mann wie Frau, sollten Rücksicht auf den jeweils anderen, die jeweils andere nehmen, unser »Glück« nicht auf Kosten anderer durchsetzten, wir sollten einfühlungs-, ja überhaupt gefühlsfähig werden – alles Eigenschaften, die wir bisher weit mehr der Frau als dem Mann zugeschrieben hatten. Es sah in der Tat so aus: Die Zukunft, wenn es denn eine gibt, ist nicht männlich, sondern weiblich. Denn »männliche« Männer, wie wir sie bisher erlebt hatten, verursachten Kriege, suchten sich Feinde, waren gewalttätig und unfähig, sich in den anderen als anderen einzufühlen, wollten nicht Gleichheit und Gerechtigkeit, sondern wollten und sollten die Stärkeren sein und die Schwächeren unterdrücken. Bisher als »weiblich« angesehene Eigenschaften waren die Voraussetzung dafür, dass die »Werte« einer Demokratie, jeden in seiner Andersheit zu achten, Wirklichkeit werden könnten. Das versprach für beide Geschlechter eine bessere, menschenwürdigere Zukunft. Die »brutalstmögliche« Aufklärung über deren Vergangenheit war gefordert.

Nach der »Wiedervereinigung« beherrscht viele Deutsche erneut das Verlangen nach einer »nationalen Identität«, was immer darunter verstanden wurde und wird. Mit wem und was, mit welcher Periode der »verspäteten« deutschen Nation wäre es seit Auschwitz denn denkbar, sich identisch zu fühlen? Und welche Möglichkeit könnte es heute geben? Der

Wunsch ist groß, als Europäer integriert zu werden, nicht mehr mit Schuld und Schande deutscher Vergangenheit konfrontiert zu sein. Das ist verständlich, aber eine Sackgasse. Denn Lebenslügen, Verdrängungen, Nicht-wissen-Wollen verhindern, dass wir als Einzelne wie auch als Kollektiv aus der Geschichte lernen. Das jedoch ist notwendig, will man zu so etwas wie reifer Selbstwahrnehmung und Aufrichtigkeit in der Auseinandersetzung mit den Verbrechen und Irrtümern unserer Vergangenheit fähig werden. Welche skurrilen und vereinfachenden Fluchtwege immer neu gefunden werden, um diesen mühsamen Prozess zu umgehen, zeigen manche Äußerungen von Politikern und Prominenten, wenn es darum geht, unsere Teilnahme an kriegerischen Aktionen zu begründen.

Die Parole »Nie wieder Krieg« geriet jedenfalls zunehmend in den Hintergrund. Europäische Bündnistreue vor allem war gefordert, kein deutscher Sonderweg war erwünscht, der irgendwie an Traditionen, die zu Hitler führten, erinnern könnte. Mit den Herrenmenschen des tausendjährigen Reiches bitte keinerlei Berührung. »Neue Männer« braucht das Land! Männer, die ehrenvoll kämpfen dürfen, an der Seite der Verbündeten, deren »Werte« sie teilen. So weit, so gut.

Wenn aber deutsche Soldaten erstmalig nach 1945 an Kriegshandlungen teilnehmen, dann – wie wir hörten und lasen –, um gegen »Hitler« an der Seite der Alliierten zu kämpfen mit der Devise: Nie wieder Auschwitz. Unter dieser Voraussetzung wird der Krieg zur moralischen Notwendigkeit. Der Verdacht, wir würden die Geschichte rückwärtig korrigieren wollen, um uns für die gegenwärtigen Taten zu rechtfertigen, schien kaum ins Gewicht zu fallen. So wurde schon Saddam Hussein zu »Hitler«, und im Kampf gegen Milošević versuchten wir »Auschwitz« zu verhindern. Solche an der komplizierten Gegenwart vorbeigehenden Vergleiche erlaubten uns, unsere Pflicht als Männer und Soldaten zu tun – natürlich eher auf die »englische« Art, keinesfalls die Hacken der Kommiss-Stiefel zusammenschlagend und strammstehend.

Pazifismus, Friedfertigkeit zumindest der Männer sind nicht mehr die vorherrschenden »Werte«, um zu beweisen, dass wir uns geändert haben. Endlich konnten wir unsere verlorene Moral, unsere verlorene Ehre wiederherstellen, indem wir nachträglich mit unseren Verbündeten gegen »Hitler« in den Krieg zogen. Und die Folgen? Die Tyrannen blieben letztlich ungeschoren, das Volk im Irak jedoch trug (und trägt) schwer an den Folgen des Krieges, je ärmer, umso bedrückender. Auch die Konflikte in einem Vielvölkerstaat können durch einen Krieg kaum gelöst, eher verschärft werden – täglich sind wir Zeugen neuen Elends, neuer Gewalt. Die Frage drängt sich uns immer wieder auf: Wie rational ist der Mensch und, insbesondere im Fall von kriegerischen Konfliktlösungen, wie rational ist der Mann? Wie schnell kehren wir zu den primitivsten psychischen Abwehrmechanismen der Projektion, der Spaltung – es gibt nur Böse und Gute – und der Realitätsverleugnung zurück. Mit Extremsituationen wie dem Hitlerreich lässt sich so leicht nichts gleichsetzen, ohne dass wir sträflich vereinfachen.

Bis heute fehlt Klarheit darüber, was sich durchsetzt: das, was Werte versprechen, oder das, was auf der Basis von Macht und ihrem Missbrauch die Werte zurücknimmt. Die Gefahr einer Rückkehr zur unwidersprochenen Demokratie der Männer bleibt aktuell. Bei uns wie in den größten Teilen der Welt leben mehr Frauen als Männer, aber in der Politik, auch in den Demokratien, sind Frauen, wenn es um Führungspositionen geht, zu einem weit geringeren Prozentsatz vertreten, trotz der »Quote«. Von einer Demokratie = Volksherrschaft sind wir weit entfernt.

Die Geduld oder auch die Friedfertigkeit der Frauen ist die Macht der Männer, eine oft wiederholte Wahrheit. Die Frauenbewegung ist schon fast 200 Jahre alt, dennoch fällt es Frauen bis heute schwer, sich durchzusetzen, sich so viel Macht und Einfluss zu erobern, wie es ihren demokratischen Rechten entspricht, damit die Zukunft weiblicher wird, damit wir unseren Mitmenschen mit mehr Einfühlung und Achtung begegnen, Abschied nehmen von untergründig noch immer virulenten Größenphantasien einer männlich-rassistischen Vorherrschaft. Es gilt, die Gefühls- und Mitleidsunfähigkeit zu beenden, an die wir uns aus den zwölf barbarischen Jahren unter Hitler nur allzu gut erinnern und die wir im Umgang mit Asylbewerbern und Armutsflüchtlingen auch heute immer noch praktizieren, die uns, wie es kürzlich hieß, nur »ausnutzen« und wenig nutzen.

Dass Werte zu Unwerten und Unwerte zu Werten werden, ist uns damals ohne jede Beschönigung vorgeführt worden. Wer diese Umwandlung nicht mitzuvollziehen bereit war, setzte sich oft drastischer Verfolgung aus. Gegen ihre Rolle als Dienerin und Gebärerin rassistischer Herrenmenschen hätte man von Frauen dennoch ein Mehr an gemeinsamem Widerstand erhofft, was wahrscheinlich eine Überforderung war. Aber Verantwortung oder gar Macht zu übernehmen, für neue eigene Rechte und Werte zu kämpfen geht schnell verloren, wenn eine geschlossene Männerwelt dagegensteht. Mit dem Sichdurchsetzen haben Frauen nach wie vor Probleme; auch in unserer Gesellschaft wird es Frauen nicht leichtgemacht, über sich und ihre Situation kritisch nachzudenken. Macht vermännlicht, reden ihnen Männer noch heute ein.

Frauen lassen sich zu leicht einschüchtern, wollen sich den Erwartungen entsprechend verhalten, damit sie geliebt werden können, wie ihnen das von Kindheit an beigebracht wurde. Um sich zu behaupten, müssten sie sich von einem Rollenverhalten lösen, das bisher nur Anerkennung brachte. Sachlich zu denken und zu erkennen, dass es darauf ankommt, was ein Mensch mit Einfluss oder Macht erreichen will, welche Ziele mit welchen Mitteln er oder sie wie verfolgt, gehörte nicht zu den Werten einer weiblichen Erziehung. Andererseits befürchten Frauen zu Recht, dass, wenn sie Macht übernehmen, sie sich mit der Art und Weise identifizieren werden, wie bisher Männer Macht ausübten. Sie haben oft genug erlebt, dass Frauen die Wertvorstellungen, die Vorurteile, auch Verhaltensweisen der mächtigen Männer *nolens volens* übernahmen. Wenn sie als einzelne Frau in einer Männerwelt eine mit Einfluss verbundene Position eroberten, wurden sie direkt oder indirekt durch die eigenen falschen, verinnerlichten Werte dazu gezwungen, diese nicht anders zu verwenden und zu verteidigen, als es in der männlichen Welt gang und gäbe war. Über andere Gründe für die Angst der Frauen vor Macht, wie Hassgefühle in der Mutter-Tochter-Beziehung, die Schuldgefühle auslösten, oder Auflehnung der Töchter dagegen, so zu werden, wie sie ihre Mutter erlebten – über diese Probleme haben Psychoanalytiker und Feministinnen ausführlich diskutiert.

Es geht also darum, dass nicht nur wenige bevorzugte Frauen Macht und Einfluss gewinnen und sich so zwangsläufig in die Machtstrukturen der Männer einfügen, sondern darum, dass – unseren demokratischen Werten entsprechend – die Macht zwischen Männern und Frauen geteilt wird. Sich bewusst zu machen, dass es in der patriarchalischen Welt um falsche Rollenfixierungen und falsche Wertvorstellungen geht, ist Voraussetzung dafür, dass Frauen ihren Einfluss zur Durchsetzung neuer Werte mit anderen Mitteln, als bisher üblich war, geltend machen.

Erst wenn die Mehrheit – Männer wie Frauen einer Gesellschaft – in der Beurteilung ihrer Werte übereinstimmt, diese sich zu eigen gemacht hat, können sich die Verhaltensweisen auch der nachfolgenden Generationen verändern: ein Problem, mit dem wir zur Zeit im Fall der rechtsextremen männlichen Jugendlichen konfrontiert sind, die uns so viel Angst wie möglich zu machen versuchen. Hinter vorgeblicher politischer Korrektheit der Erwachsenen nehmen sie sehr wohl unsere Blindheit auf dem rechten Auge wahr, um sie mit Vergnügen auszunutzen, wissen sie doch, dass Zivilcourage auf solchem Boden kaum gedeiht. Zu wenig Geld, Mühe, Überlegungen stehen für Jugendliche zur Verfügung – im Westen wie im Osten –, die einer Freiheit ausgesetzt sind, mit der sie ohne menschliche Zuwendung, ohne Leitbilder kaum etwas anfangen können. Dass gewalttätige Nazibanden sich zusammenfinden, ist in dieser Situation nicht verwunderlich. Es überrascht nicht, dass solche Banden mit ihren hochgefährlichen Aktionen im Osten häufiger auftreten als im Westen. Dort haben Jugendliche und deren Eltern bisher nur Diktaturen erlebt, erst Hitler, dann die doktrinierende Zwangsfürsorge der DDR. Und was jetzt?

Was können wir als Frauen an Aufklärung beitragen, ohne uns Illusionen über eine schnelle Änderung der Männerwelt zu machen und ihrem Bedürfnis, sich Feindbilder zu schaffen, die immer wieder zu Gewalt und Machtmissbrauch führen? Da es das Patriarchat, die Macht der Männer seit Jahrtausenden gibt, wird ein Umdenken, eine Verhaltensänderung nur mühsam zu erreichen sein, obwohl es nach dem letzten Krieg schon Anlass zur Hoffnung gab.

126

Ein Blick auf die Geschichte mag hier von Nutzen sein. Dass dem Patriarchat ein Matriarchat vorausging, ist wahrscheinlich, aber als ein nachahmenswertes Vorbild, das traditionsbildend sein könnte, ist es kaum zu gebrauchen. Prähistorische Funde zeigen, dass Idole oft Frauen darstellen. Auch der Artemis-Kult der Antike in Ephesos (und an anderen von Archäologen erforschten Orten), mit den dort gefundenen Artemis-Statuen und Reliefs von Amazonen, hat noch zu Zeiten von Paulus zu großen Auseinandersetzungen zwischen ihm und den Bewohnern von Ephesos geführt. Aber trotz dieses Kultes, trotz der weiblichen Götterbilder herrschten auch damals die Männer. Seit Entstehung der Schrift, das heißt seit Beginn einer historischen Überlieferung, wurden Frauen vom Patriarchat beherrscht, wenn es auch im Laufe der Jahrhunderte Unterschiede in der Machtverteilung der Geschlechter und der Erbfolge gegeben hat. Die Ursache für die Vorherrschaft des Mannes wurde auf seine größere körperliche Stärke zurückgeführt. Mag dem so sein oder nicht, jedenfalls ist in unserer technisch-industriellen, zunehmend vom Computer beherrschten Welt die Macht von körperlicher Kraft längst unabhängig geworden. Information und Kommunikation sind zu den wichtigsten Faktoren auf den Weltmärkten geworden. Dafür werden – auch bei den Führungskräften – bisher als weiblich bezeichnete Fähigkeiten besonders gebraucht, wie Einfühlung, Sensibilität und schnelles Erfassen des anderen Menschen, seiner Reaktionen und Stimmungen. Deswegen – die Kunde hörten wir schon – wird das 21. Jahrhundert das der Frauen sein.

Wofür die Frauenbewegung seit ihrer Existenz kämpft, scheint angesichts einer »neuen Welt« fast überholt; die Art, wie sie sich für ihre Rechte einsetzt, spiegelt aber nach wie vor die Angst der Frauen vor Liebesverlust wider. Allzu ängstlich nehmen Frauen – noch heute – Rücksicht auf männliche Herrschaft und falsche Werte. Einigen konnten sich im Laufe der letzten Jahrhunderte die um ihre Freiheit ringenden Frauen darin, sich für gleiche Bildungsmöglichkeiten, für politische und rechtliche Gleichstellung der Geschlechter einzusetzen und für gleichen Lohn bei gleicher Arbeit. Tatsache bleibt, dass diese Grundrechte der Frauen – weltweit betrachtet – nur in verhältnismäßig wenig Ländern und auch nur annähernd erfüllt wurden.

Trotz der schweren Rückschläge und Enttäuschungen im Laufe der Jahrhunderte gaben Frauen ihren zähen Kampf gegen Unterdrückung und Ausbeutung, gegen Unvernunft und männlichen Wahnsinn nicht auf. Dennoch fällt es vielen selbst dieser mutigen Frauen schwer, sich von männlicher Bevormundung zu lösen. So trennten sich die Frauen innerhalb der sozialistischen Internationalen zwar von überholten Rollenvorstellungen, fügten sich aber weitgehend der politischen Sicht der sie umgebenden Männer, für die die Gleichberechtigung der Frau nur eine sekundäre Frage in ihrem Klassenkampf war. Was daraus wurde, ist bekannt. In den kommunistischen Ländern gab es kaum Frauen, die Führungspositionen innehatten.

Der bürgerliche Teil der Frauenbewegung orientierte sich weitgehend an konventionellen Rollenvorstellungen und an nationalistischen Werten. Die ihm angehörenden Frauen ordneten sich dem unter, was unter »Weiblichkeit« in diesem Milieu verstanden wurde. »In Deutschland müssen wir mit viel Taktgefühl und nach konservativen Methoden vorgehen«[2], erklärten die Frauen des Allgemeinen Deutschen Frauenbunds (ADF) in ihrer Botschaft an den Kongress des Internationalen Frauenrates, um ihre Abwesenheit und ihren Verzicht auf Mitgliedschaft zu rechtfertigen. Zum end-

gültigen Bruch kam es 1894, als der Bund Deutscher Frauenvereine als Dachorganisation aller Frauenvereine gegründet
wurde und die Mehrzahl der bürgerlichen Frauen die Aufnahme der sozialdemokratischen Arbeiterinnen ablehnte.

Das nationalistische Einschwenken der Frauen, das im
Nationalsozialismus seinen Höhepunkt erreichen sollte, ist
lange, spätestens seit 1871, in Teilen der deutschen Frauenbewegung zu beobachten. Gertrud Bäumer[3] verstieg sich zu
Beginn des Ersten Weltkriegs zu folgendem Sätzen: »Der
Tod auf dem Schlachtfeld ist eingefügt in die große Kette
menschlichen Strebens und Ringens. Mit ihm erkauft ein
Geschlecht Segen und Entfaltung für alle kommenden. Aus
dem Gefühl, dass ihm einzig von Millionen anderen be-
schieden ist, selbst seinem Tod noch den Adel eines Zweckes
zu geben, hat zu allen Zeiten der Soldat es süß und erha-
ben gefunden, für das Vaterland zu sterben. Und das können die Frauen in tiefster Seele nachfühlen. Es ist ein müt-
terliches Grunderlebnis, dass Leben und Kraft hingeopfert
werden muss, damit neues Leben umso schöner erblühen
kann.« Von dieser Einstellung zur Mutterkreuzideologie im
Hitlerreich ist der Weg nur kurz. Susan Sontags Definition
der faschistischen Kunst als einer, die Unterwerfung glori-
fiziert, den blinden Gehorsam feiert und den Tod verherr-
licht, trifft für die Geisteshaltung mancher Mitglieder der
deutschen Frauenbewegung schon Jahre vor der Machtübernahme der Nazis zu.[4] Die Sozialistinnen waren in den Augen solcher nationalistisch gesinnter Frauen, wie natürlich
in denen der ihnen entsprechenden deutschen Männer gleichermaßen, »vaterlandslose Gesellen« – bzw. Gesellinnen.
Auch die radikalen Feministinnen, mit denen und deren Zie-
len sich die moderne Frauenbewegung weitgehend identifiziert, fielen aus diesem deutschnationalen Werteraster ein-

deutig heraus. Sie waren gegen »besondere Frauenrechte« in einer Welt der Männerbünde, in der Rechte dieser Art alles beim Alten lassen würden; sie kämpften vielmehr für eine grundlegende Auseinandersetzung mit bestehenden weiblichen Werten und Rollenvorstellungen, für eine Geschlechterbeziehung mit gleichem Recht für Mann und Frau, für die Befreiung von Männerherrschaft.

Nach dem verlorenen Ersten Weltkrieg hatte es anfänglich den Anschein, als ob für Frauen eine neue Ära anbrechen würde. Diese Hoffnungen mussten bald begraben werden. Nicht zuletzt deshalb, weil der bürgerlich-angepasste, nationalistisch gesinnte Teil der deutschen Frauen weiterhin Idealen anhing, die die der Hitlerzeit vorwegnahmen. So war auch der nationalsozialistische Männerbund mit seinem Antisemitismus, seinem Sozialdarwinismus, seiner Frauenverachtung keine Neuerscheinung, er hatte viele Vorgänger.

Hitler war äußerst geschickt darin, sich die Ressentiments gekränkter deutscher Männer zunutze zu machen, die nach der Kapitulation 1918, dem »Schandvertrag« von Versailles und dem Elend des ökonomischen Absinkens ihren Höhepunkt erreichten. Als begabter Redner und Sprachrohr der Massen hielt er jene Kränkungen in ihnen wach, um sie aufzuputschen und für seine Zwecke zu beeinflussen. Die verbitterten deutschen Männer sahen in Hitler den Retter des Vaterlands. Sie kannten die Neigung des Führers zu extremen Entschlüssen und waren bemüht, ihm in der Durchsetzung seiner Wünsche soweit wie möglich zuzuarbeiten. Der Hass auf die Juden war das emotionale Movens, das Hitler antrieb.

Für Hitler und seinesgleichen war auch die Frauenemanzipation eine »jüdische Erfindung«, für andere Männer vor und nach ihm eine Vergewaltigung der Natur. Gottfried Feder, der spätere Gründer der NSDAP, schreibt: »Durch die Kräfte der sexuellen Demokratie hat der Jude uns die Frau gestohlen. Unsere Jugend muß sich erheben, um den Drachen zu töten, damit wir von Neuem die heiligste Sache der Welt erlangen können, die Frau als Jungfrau und Dienerin.«[5]

Hitler brachte auf den perversen Höhepunkt, was vorher schon gedacht und als Werte und Ideale gepriesen worden war. Das Aufheizen deutscher Ressentiments, deren Pseudo-rechtfertigung durch grobe Projektionen waren die Lunte, mit der das Feuer entfacht wurde. Der massenhafte Zulauf in nationalsozialistische Parteien und deren verschiedenen Organisationen war offenbar nicht mehr aufzuhalten. Es fiel Hitler und seinen Genossen auch nicht allzu schwer, manche Frauen der bürgerlichen Frauenbewegung dazu zu bringen, sich für die nationalsozialistischen Frauenbünde zu entscheiden. Viele der Frauen hingen mit religiöser Hingabe am Munde Adolf Hitlers. Die radikalen Feministinnen, die solchen Versuchungen nicht erlagen, und die Sozialistinnen wurden sofort nach der Machtergreifung Hitlers erbarmungslos verfolgt, eingekerkert oder vernichtet, wenn sie nicht emigrieren konnten. Mit der Zerschlagung des kämpferischen Teils der Frauenbewegung, der für Frieden und Gerechtigkeit eintrat, hatte Hitler bis weit über seinen Tod hinaus Erfolg. Wie wir wissen, dauerte es mehr als 20 Jahre, bis Frauen sich von ihrer unbearbeiteten Erstarrung befreien konnten. Mit Beginn der NS-Herrschaft waren reaktionäre Frauenbilder neu belebt worden und übertrafen an Sentimentalisierung und falscher Idealisierung der Frau einerseits und an Frauenverachtung andererseits alles bisher Gekannte.

Ein keiner Reflexion mehr zugänglicher Komplex von Männlichkeitswahn, Paranoia und Gewalt war die Grundlage der nationalsozialistischen Ideologie; »Humanitätsdu-selei« war ein von den Nazis häufig gebrauchtes Schlagwort, wenn Einspruch gegen das menschenverachtende Verhalten ihrer Anhänger erhoben wurde. Im Nu wurden aus Werten Unwerte und umgekehrt. Alles Christliche, wenn man will, alles weiblich Einfühlende, alle Nächstenliebe waren nur noch ein verachteter weibischer Unwert, wenn es um den höchsten Wert, die Rassenreinheit, ging, was hieß, »Deutschland von den zersetzenden, schmutzigen Elementen zu reinigen, die den deutschen Volkskörper zu zerstören drohen«.

Auschwitz als Synonym für die Totalisierung technisierter Unmenschlichkeit war in den Augen der sich Härte, Rassenreinheit, vaterländische Treue und Heldentum als höchstes Gut abfordernden deutschen Männer des ›Dritten Reiches‹ eine Art nationale Selbsttherapie. Man reinigte sich und damit das »heilige Deutschland« von menschlichem Ungeziefer und menschlichen Krankheitserregern. Nicht zufällig waren Ärzte in diesen »Heilungsprozess« so tief verwickelt. Indem sie die Juden zur gefährlichen Seuche erklärten, erkannten die harten deutschen Helden nicht, dass sie selbst mit ihren perversen und mörderischen Idealen die bösartigste Krankheit darstellten, die ein Volk befallen konnte.

Dem Zweck der Sauberkeit des »Heiligen Deutschland« hatte auch der deutsche Frauenkörper zu dienen, man erinnere sich nur an die Institution »Lebensborn«. Gegen diese Einstufung der Frau als Gebärerin rassisch hochwertigen Nachwuchses wehrten sich sogar einige der sonst so willfährigen Nationalsozialistinnen, die nicht als »Zuchtstuten« angesehen werden wollten. »Zuchtstute oder Arbeitspferd«, so bezeichnete selbst Göring in den letzten Kriegsjahren das Dilemma des Umgangs mit Frauen in Deutschland.

Kritik oder gar Widerspruch gegen die ihr aufgezwungene Bestimmung als Frau wurde als »undeutsch« gebrandmarkt und war nicht ungefährlich. Die Frauenfrage anders als ihren männlichen Wunschbildern entsprechend zu lösen kam einem Nazi als Mitglied der Herrenrasse gar nicht in den Sinn. Der Idealtypus des BDM oder der NS-Frauenschaft (stramm, schmucklos, »eine deutsche Frau schminkt sich nicht« etc.) – den Durchschnittsdeutschen empfohlen – entsprach jedoch dem Geschmack der NS-Größen nicht unbedingt, zumindest nicht, was das Äußere betraf, betrachtet man Eva Braun und Magda Goebbels. Beide waren auf Eleganz und gepflegte Schönheit bedachte Frauen, beide beteten den Führer an, und beiden war auch er zugetan.

Sie sind für diese Lektion nicht nur interessant, weil es Berlin war, in der sie ihre letzten Tage verbrachten, sondern auch, weil ihr Wunsch nach religiöser Hingabe an den gottgleichen Führer dem neurotischen Bedürfnis zahlreicher Frauen ihrer Zeit entsprach. Es war ihr freier Wille, ihrem Leben im Führerbunker ein Ende zu machen. Magda Goebbels schreibt: »Daß wir das Leben mit ihm [dem Führer] beenden können, ist eine Gnade des Schicksals, mit der wir niemals zu rechnen wagten.« Im Führerbunker wurde die Verbindung von »Kitsch und Tod«[6] auf grauenerregende Weise verwirklicht. Magda Goebbels lässt ihre sechs Kinder in weißen Nachthemden, mit weißen Schleifen im Haar, vor dem Schlafengehen vergifteten Kakao trinken. Von den Russen wurden sie – wie schlafend – »in voller Schönheit« in ihren Betten tot aufgefunden. »Die Welt, die nach dem Führer und dem Nationalsozialismus kommt, ist nicht wert darin zu leben. […] Sie [die Kinder] sind zu schade für das nach uns kommende Leben« (Brief von Magda Goebbels an den ältesten Sohn Harald Quandt, datiert Führerbunker 28. April 1945).[7]

Das Berlin der 20er Jahre wurde von vielen Zeitgenossen jeder Nationalität als die fortschrittlichste, interessanteste und kulturell bedeutendste Hauptstadt Europas beschrieben. Noch heute spricht und schreibt man in aller Welt von der ungewöhnlichen Ausstrahlung, die diese Stadt zu jener Zeit auszeichnete. Gerade diese kulturelle Vielfalt, von der sie nichts verstanden, war Hitler und seinen Genossen ein Dorn im Auge. Langsam, aber sicher unterminierten seine Schlägertrupps die einzigartige Kultur dieser Stadt. Ab 1933 war die endgültige kulturelle Zerstörung vorauszusehen. Als 1945 Hitler und Goebbels im Führerbunker ihr Leben beendeten, war es ihnen gelungen, Berlin in jeder Hinsicht zu einem Trümmerhaufen zu machen.

Danach waren es die Frauen, die wieder aufzuräumen begannen, die als »Trümmerfrauen« in die Geschichte eingingen. Sie hatten während des Krieges, als sie ohne Männer waren, selbständiges Handeln und Entscheiden gelernt. Was wurde später aus der Selbständigkeit dieser Frauen, die in Deutschland als Erste wieder ein Bedürfnis nach Wiederaufbau und Lebensmut zeigten? In den fünfziger Jahren erlebten wir die Rückkehr zu einer konservativen Familienidylle mit bürgerlichen Werten von vorgestern. Es war eine Atmosphäre des um jeden Preis Vergessen- und Verdrängenwollens. Die erschöpften Frauen gaben offenbar den zurückkehrenden Männern nach, die darum kämpften, ihre verlorene Autorität als *pater familias* zurückzugewinnen. Das traf natürlich nur für den Westen zu, inklusive West-Berlin, auch wenn dort – schon aufgrund der eingekreisten Position – immer besondere Verhältnisse zu berücksichtigen waren.

Hier habe ich als Frau des Westens die Situation der Frauen im Osten aus den Augen verloren, die, wie wir wissen, eine ganz andere war als im Westen. Als ich nach der Wiedervereinigung in Berlin mit Frauen aus der Ex-DDR diskutierte, bewunderte ich einerseits deren berechtigten Stolz darauf, wesentlich selbständiger ihr Leben führen zu können, als die meisten Frauen des Westens, die viel abhängiger – in jeder Hinsicht – von ihren Männern waren bzw. wieder wurden. Die geschlechtsspezifischen Rollenvorstellungen, die bei uns noch an der Tagesordnung waren, hatten sie längst hinter sich gebracht. Andererseits bedrückte mich, wie wenig ihnen bewusst zu sein schien, in welchem Ausmaß sie Opfer einer Ideologie waren, in der Männer so gut wie alle Führungspositionen innehatten.

Bei meinem ersten Besuch in Berlin konnte man schnell sehen, welche Frauen und Männer aus Ost-, welche aus West-Berlin kamen. Einige Jahre danach war das in Berlin kaum noch zu erkennen, was keineswegs nur auf Äußerlichkeiten zurückzuführen war. Die Funktion Berlins als Schmelztiegel von Ost und West wird sicherlich eine der wichtigsten Aufgaben dieser Stadt bleiben. Ich bin neugierig auf die Berliner Republik, die andere, wahrscheinlich noch kompliziertere Probleme zu bewältigen haben wird, als unsere vergleichsweise gemütliche Bonner Republik sie hatte.

Erst Ende der sechziger Jahre begannen sich Söhne und Töchter in der BRD aus der Welt einer familiären Pseudo-idylle und deren Lebenslügen zu lösen. Die Söhne probten den Aufstand gegen die Väter. Die Töchter solidarisierten sich und gründeten die neue Frauenbewegung, die so militant war, wie es keine bisher in Deutschland gegeben hatte. Ihr Kampf gegen Verlogenheit, doppelte Moral und falsche Werte war dauerhafter als der der Männer und hat die Gesellschaft hierzulande mehr verändert, als manche es wahrhaben wollen. Bis heute hat sie ihre Wirkung auf die Beziehung zwischen den Geschlechtern und deren Welt der Werte nicht verloren, wenn auch für viele der jüngeren Frauen schon alles gewonnen scheint und das Interesse am gemeinsamen Einsatz bei ihnen zurückgegangen ist. Wie sollte es auch anders sein. Sich von tradierten Verhaltensweisen zu lösen bleibt mühsam. Nach wie vor neigen viele Frauen dazu, sich den »Werten« der Männer anzupassen und sich gegen deren rigide Vorstellungen von weiblich nicht genug zu wehren. Darauf lässt sich auch zurückführen, dass unsere mühsam errungene »Demokratie« mehr oder weniger eine Demokratie der Männer geblieben ist.

Hinzu kommt, dass zwischen Männern – trotz aller Rivalitätskämpfe – offenbar eine starke erotische Bindung aneinander besteht, die die Frauen erst noch lernen müssen. Macht und Erfolg machten erotisch, so heißt es im Volksmund. Ohne gemeinsamen Kampf der Frauen um gesellschaftlichen Einfluss, ohne schnelle Aussicht auf Erfolg ging auch der Frauenbewegung die erotische Ausstrahlung der ersten Jahre wieder verloren, zumindest ist sie in den letzten Jahren geringer geworden. Es muss offenbar die Initiative aus der Frauenbewegung selber kommen. Sie darf die Fähigkeit zu Aktion, Spaß, Einfallsreichtum nicht verlieren und sollte nicht zu einer sauertöpfischen Ideologie werden, einander »Solidarität« als Beschränkung der Denkfreiheit abverlangen oder sich gar durch die neidische, missgünstige oder Angst abwehrende Kritik der Männer Lust und Mut nehmen lassen.

»Anstatt die Frauenfrage zu lösen, hat die männliche Gesellschaft ihr eigenes Prinzip so ausgedehnt, dass die Opfer die Frage gar nicht mehr zu fragen vermögen«, stellte Adorno noch 1951 fest.[8] Die Gefahr, dass es wieder rückwärts geht, besteht immer, wenn wir nicht lernen, weibliche Friedfertigkeit rechtzeitig aufzukündigen, wo es gilt, männliche Gewalt und Machtmissbrauch zu bekämpfen.

Der Nahe Osten ist ein trauriges Beispiel dafür, wie schnell wir Frauen den Männern wieder ausgeliefert sein können. In den nach muslimischem Recht regierten Ländern wurden Frauen so gut wie alle Rechte, die man ihnen schon zugestanden hatte, in den letzten Jahrzehnten wieder genommen. Wer zu lange Opfer ist oder die Rolle des Opfers übernimmt, wie das für Frauen über Jahrhunderte selbstverständlich war, neigt zu dem Glauben, dass es für ihn etwas anderes als Machtlosigkeit nicht geben kann. Hat Adorno also recht?

Es ist bekannt, dass Frauen, die zu einer Verinnerlichung ihrer Aggressionen erzogen werden, mit den ihnen traditionell unterstellten Schuldgefühlen – mehr an sich als an ihre Schutzbefohlenen zu denken und nicht opferbereit genug zu sein – besonders gut manipulierbar sind. Ihnen fehlt die Distanz zu solchen Vorwürfen. Sie können oft angemessene von unangemessenen Schuldgefühlen nicht unterscheiden. Männer nutzen das nicht selten aus. Sich von solcher Resignation und falschen Vorstellungen von Weiblichkeit zu befreien, Machtlosigkeit nicht mit Schuldlosigkeit zu verwechseln ist eine Aufklärungsarbeit für Frauen wie für Männer, deren Ende noch nicht absehbar ist.

Frauen und Männern wurden traditionell verschiedene Bereiche als ihrem Geschlecht entsprechend zugeschoben: die Welt der Gefühle für die Frauen, die des Verstandes für die Männer – Vorurteile über Vorurteile. Durch die Arbeiten Freuds und seiner Nachfolger wurde darüber aufgeklärt, in welchem engen Zusammenhang sie miteinander stehen. Es gibt Emotionen, die den Verstand vernebeln, und solche, die ihn erhellen, bzw. ein Verstand ohne Wissen über seine Gefühle ist der Flachheit und den Begrenzungen des Denkens ausgeliefert. Mittlerweile ist es Forschern auf unterschiedlichen Gebieten klar, dass die Qualität des Verstandes von der Lebendigkeit der Gefühle abhängt bzw. von der Fähigkeit, diese differenziert wahrzunehmen. Dazu bringt die Frau die besseren Vorbedingungen mit.

Zusammenfassend lässt sich zum Thema Werte sagen: Eine von tradierten Wertvorstellungen geleitete Erziehung produziert weibliches und männliches Rollenverhalten, familiäre und gesellschaftliche Arbeitsteilung wie den geschlechtsspezifischen Umgang mit Einfluss und Macht. Die den Frauen durch ihre Erziehung nahegelegten Werte der »Weiblichkeit« haben auch ihre Vorzüge, denn Frauen lernen durch deren Verinnerlichung differenzierter mit ihren Gefühlen umzugehen, der Kontakt zu ihrer Gefühlswelt ist gewöhnlich ungestörter als beim Mann. Leichter als er kann sie sich deswegen in andere Menschen einfühlen und den anderen als anderen wahrnehmen, was die Entwicklung der emotionalen Intelligenz fördert. Wenn sich solche Fähigkeiten mit Wahrheitsliebe und Durchsetzungsvermögen verbinden, lernen Frauen mit Macht einsichtiger und menschenfreundlicher umzugehen, als es der Männerwelt bisher gelungen ist.

Gesellschaftlich bestimmtes geschlechtsspezifisches Rollenverhalten führt dazu, dass die vielfältigen Identifikationsangebote frühzeitig unterbunden werden. Auf die für beide Geschlechter mögliche Verinnerlichung von Eigenschaften – wie Einfühlung in das eigene und das fremde Seelenleben – könnte vor allem ein Mann profitieren und sich dadurch von früh sich herausbildenden Abwehrstrukturen erlösen.

Verhaltensweisen, die bisher nur Männern erlaubt waren, wie Durchsetzungsfähigkeit, Selbstbewusstsein, Freude am Erfolg, Erotik der Macht, von Frauen übernommen, könnten das Leben von Frauen wie Männern verändern und die Gesellschaft kreativ beeinflussen, sie von einer erstarrten

weiblichen oder männlichen »Identität« befreien. Im Mythos vom androgynen Menschen bei Platon[9] ist mit »androgyn« die Utopie eines dritten Geschlechts, eines »vollständigen« Menschen gemeint, der Männlichkeit und Weiblichkeit
in sich vereint. Offenbar braucht nach Platon der Mann feminine Eigenschaften, um »Vollständigkeit« zu erreichen,
was von der Männerwelt für die Frau umgekehrt damals bis
heute eher nicht gewünscht wird – oder doch?

Die befreiten Frauen in ihrer besonderen sensiblen Intelligenz haben diese Möglichkeiten für sich bereits längst wahrgenommen.

Angst vor Emanzipation

Was verstehen wir unter Emanzipation? Nach dem Brockhaus ist Emanzipation eine allgemeine Bezeichnung für die Befreiung aus einem rechtlichen, sozialen oder politischen Abhängigkeitsverhältnis, umfasst also Unterdrückung jeder Art, sei es Sklaverei, Rassismus oder die Unterdrückung der Frau. Im römischen Recht blieben Ehefrau und Kinder vom Ehemann als dem Hausherrn bis zu dessen Tod abhängig. Ähnlich im mittelalterlich-deutschen Recht. Erst nach der Französischen Revolution kam es zu einer Auflösung bis dahin bestehender Rechtsverhältnisse. Die Freiheits- und Rechtsgleichheit aller Menschen in einer modernen bürgerlichen Gesellschaft wurde proklamiert; wie weit sie umgesetzt wurde, ist bis heute ein umstrittenes Thema.

Mit dem Übergang zur industriellen Klassengesellschaft im 19. und 20. Jahrhundert erhielt der Emanzipationsbegriff neue Bedeutungselemente. In der Bemühung, die industrielle Arbeiterschaft zu integrieren, entstanden Begriffe wie »Mitbestimmung«; dadurch wurde die Demokratie über den politischen Bereich hinaus mit neuen Inhalten versorgt. Demokratie gab und gibt es bis heute in der Dritten Welt kaum, brennende Probleme wie die Frauenfrage, die Probleme der Schwarzen in den USA und anderswo blieben weitgehend ungelöst. In Russland wurde der Status des »Leibeigenen« erst 1861 abgeschafft. Nach der Revolution von 1918, dem Sturz der Monarchie und nach der große Teile des 20. Jahrhunderts überschattenden Diktatur tut sich Russland heute schwer mit der jungen Demokratie.

Als Folge der Französischen Revolution gab es erstmalig eine organisierte Frauenbewegung. Wann immer seither Zeitströmungen es ermöglichten, zu revoltieren oder soziale Reformen einzuleiten, nahmen Frauen die Gelegenheit wahr, die unterprivilegierte Stellung der Frau zum politischen Thema zu machen. Im *Code civil* bzw. *Code Napoléon*, dem 1804 durch Napoléon Bonaparte eingeführten französischen Gesetzbuch, wurde den Frauen die in der Revolution errungenen Freiheiten teilweise wieder genommen.

Unter Emanzipation der Frau wurde ihre Befreiung von männlicher Herrschaft in der Familie und der Gesellschaft, also von äußeren Zwängen, verstanden. Als Psychoanalytiker interessieren wir uns vor allem für die Befreiung der Frau von inneren Zwängen, wie Ängsten, Schuldgefühlen und der Verinnerlichung traditioneller Rollenvorstellungen; die inneren Zwänge sind weniger eine unmittelbare Folge der äußeren Zwänge, vielmehr eine konflikthafte Verinnerlichung erzieherischer Maßnahmen und deren psychische Verarbeitung.

Unmittelbar verständlich ist, dass viele Frauen Angst haben, sich von familiär und gesellschaftlich geforderten Verhaltensweisen zu lösen, da diese von vielen unserer Zeitgenossen nach wie vor als weiblich angesehen werden. Männliche (und weibliche) Erwartungen dieser Art zu enttäuschen geht mit Sympathie- und Liebesverlust einher und kann Frauen zu Außenseitern der sie jeweils umgebenden Gesellschaft machen; obwohl sich im Laufe der zweiten Hälfte des letzten Jahrhunderts manches geändert hat.

Die Forderung der Frauen nach »Selbstverwirklichung« hat ihre zwei Seiten, wenn sie zur Ideologie wird. Du musst dein Verhalten dem anpassen, was deine »Schwestern« von dir erwarten, »sonst bist du keine wirklich emanzipierte Frau und gehörst nicht zu uns«. Was Emanzipation sei, wird dann von den jeweilig tonangebenden feministischen Gruppen festgelegt. So können neue Zwänge entstehen, die sich Frauen selber erschaffen.

Auch kindliche Egoismen und unaufgelöste Trotzverhältnisse können dem Bedürfnis nach Selbstverwirklichung zugrunde liegen. Befreiung von lange gehegten Vorurteilen ist offenbar ohne Konflikte nicht zu haben.

Ich nehme als Beispiel den Begriff der Identität. Seine Identität gewonnen zu haben kann bei beiden Geschlechtern ein Gefühl der Freiheit vermitteln, kann aber auch innere Zwänge mobilisieren, das heißt, das bewusste Gefühl der Freiheit kann dem unbewussten der Unfreiheit gegenüberstehen. Ich zitiere Adorno, um das verständlich zu machen: »[…] der Fehler des traditionellen Denkens, daß es die Identität für sein Ziel hält. Die Kraft, die den Schein von Identität sprengt, ist die des Denkens selber […]. Dialektisch ist Erkenntnis des Nicht-Identischen auch darin, daß gerade sie, mehr und anders als das Identitätsdenken, identifiziert. Sie will sagen, was etwas sei, während das Identitätsdenken sagt, worunter etwas fällt […], was es also nicht selbst ist. […] Identität wird zur Instanz einer Anpassungslehre […].«[1] Für Adorno scheinen Identität und Identifizierung gegensätzliche Begriffe zu sein: Erkenntnis des Nicht-Identischen identifiziert, Identitätsdenken sagt, worunter etwas fällt.

In der Psychoanalyse wurde der Begriff »Identität« durch Erik Erikson eingeführt. Für ihn ist Identität die Summe der Identifikationen im Kinder- und Jugendalter.[2] Der Begriff »Identifizierung« gilt in der Psychoanalyse seit langem als Abwehrmechanismen des Ich. Auf die komplexe Rolle, die die »projektive Identifizierung« in der Theorie Melanie Kleins spielt, kann ich nur kurz eingehen. Damit ist eine besondere Identifizierungsform gemeint, die »das Vorbild einer aggressiven Objektbeziehung etabliert«. Sie bezeichnet einen Mechanismus, »der sich in Phantasien äußert, in denen das Subjekt sein Selbst ganz oder teilweise ins Innere des Objekts einführt, um ihm zu schaden, es zu besitzen und zu kontrollieren«.[3] Begriffe zu klären ist schwierig, insbesondere dann, wenn die verschiedenen Schulen innerhalb der Psychoanalyse sich eines Vokabulars bedienen, das gleich oder ähnlich lautet, aber verschiedene Bedeutungen haben kann.

Mit der psychoanalytischen Identität beschäftigen sich seit Erikson zahlreiche Analytiker. Auch ich habe mich mit der Vorstellung einer spezifisch weiblichen beruflichen Identität auseinandergesetzt[4] und die Frage gestellt, ob es denn eine weibliche und eine männliche psychoanalytische Identität geben kann – was letztlich nur mit »jein« zu beantworten ist. In der Theorie Freuds kam der Begriff »Identität« nicht vor. Er verlangte vom Psychoanalytiker, ob männlich oder weiblich, die Anerkennung von Widerstand und Übertragung, dazu kam die Annahme der kindlichen Sexualität, des Unbewussten und des Ödipuskomplexes.

Meines Erachtens identifizieren sich Psychoanalytiker/innen nicht nur mit Technik und Theorie der Psychoanalyse, sondern ebenso mit einer bestimmten Art des psychoanalytischen Denkens, das nach Offenheit und Wahrheit strebt, wohingegen »Identität« den Zugang zu authentischen Gefühlen und Denkvorgängen versperren kann.

Bevor ich versuche, mich mit den möglichen Unterschieden geschlechtsspezifischer psychoanalytischer Identität auseinanderzusetzen, möchte ich die Frage allgemeiner stellen. Was verstehen wir heute unter »Identität«, vermischen wir die Begriffe Identifikation und Identität vielleicht allzu gedankenlos? Der Psychoanalytiker, so heißt es, identifiziert sich vor allem mit dem besonderen Umgang der Psychoanalyse mit der Wahrheit und meint damit das Bemühen um den Kontakt zu seinen Gefühlen, Phantasien, Wünschen, unbewussten Motiven, die sein bewusstes Handeln und Denken beeinflussen. »Man wird Psychoanalytiker«, so John Klauber, »um der Beziehung der Psychoanalyse zur Wahrheit willen. Die Offenbarung neuer Wahrheit über die menschliche Psyche durch Freud war überwältigend. [...] Ich glaube, daß die Wahrheit das große Korrektiv ist, mit dem sich Patienten – mit Hilfe des Analytikers – selbst heilen.«[5] Eine psychoanalytische Identität hängt – so formulierte ich – mit der Erweiterung seines Bewusstseins durch das Wissen von den eigenen inneren, bis dahin unbewussten Vorgängen zusammen und ist von der Stärkung des kritischen und selbstkritischen Ich geprägt[6], eine Formulierung, die in ihrer Allgemeinheit sicherlich die meisten Analytiker bejahen würden. Der Unterschied zwischen den Begriffen Identifikation und Identität wird nicht erwähnt. Sicher ist, dass eine psychoanalytische Identität als Gruppenidentität immer der Gefahr ausgesetzt bleibt, bewusst oder unbewusst unanalytischen Anpassungsforderungen unterworfen zu sein und passives anstatt kritisch aktives Denken zu fördern, was auch bedeutet, neuen Vorurteilen oder Ideologien ausgesetzt zu sein.[7]

Mittlerweile überfordert die Konfrontation mit neuen Richtungen der Psychoanalyse offenbar viele Kollegen und Kolleginnen. Es kommt hinzu, dass Erkenntnisse, die ins Allgemeinwissen eingehen, oft »Schlagwort«-Charakter annehmen und sich auch entsprechend abnutzen. Die Hoffnung trügt, dass fundamentalistische Identitätszwänge mit bestimmten psychoanalytischen Richtungen eine Lösung für diese Problematik darstellen oder eine Neubelebung der Psychoanalyse bedeuten könnten. Glaubensbekenntnisse und allzu sicheres Wissen über das, was in der Psyche des anderen vor sich geht, stärken zwar das Identitätsgefühl einer Gruppenzugehörigkeit, aber sicher nicht die Suche nach Wahrheit, die die Wahrnehmung des Nicht-Identischen voraussetzt.

Zurück zum Thema: Angst vor Emanzipation – was ja auch bedeutet: Angst vor eigenständigem Denken. Wenn Frauen sich mit Hilfe politischer und sozialer Kampfbereitschaft von äußeren Zwängen befreien lernen, hat das automatisch eine Befreiung von inneren Zwängen zur Folge? Wohl kaum, werden praktizierende Psychoanalytiker und Psychoanalytikerinnen mit Bedauern feststellen. Die Psychoanalytiker – männlich wie weiblich – interessierten sich bis vor einigen Jahren wenig für die gesellschaftliche Behinderung der Frau und deren Wirkung auf die Psyche. Die Analyse der Weiblichkeit, wie sie Freud vornahm[8], galt bis vor nicht allzu langer Zeit als »letztes Wort«: Dass Männer wie Frauen mit ihrer Geburt ihrem geschlechtsspezifischen »Schicksal« ausgesetzt sind, ist klar, aber was besagt das? Der abwertende Begriff der »phallischen Frau« wird zunehmend kritischer verwendet und die Diagnose vom Penisneid dem anatomisch besser ausgestatteten Mann gegenüber kaum noch mit der früher üblichen Einfalt gestellt.

Mehr noch als der Inhalt mancher Einsichten Freuds zur Weiblichkeit, so aufschlussreich sie sein mögen, hat seine Methode Grundsätzliches zur Emanzipation der Frau zumindest in den westlichen Teilen der Welt beigetragen. Sie führte zur Bewusstmachung kritiklos übernommener Vorurteile sich selbst gegenüber und zur Erkenntnis von deren

Herkunft. Die den Geschlechtern aufgezwungenen Rollen konnten als menschengemacht erkannt und in Frage gestellt werden. Niemand konnte mehr übersehen, dass der »anatomisch besser ausgestattete Mann« in der Gesellschaft wie in der Familie Vorzüge der Frau gegenüber genießt, die seit Jahrtausenden mit Hilfe von vorgefassten Meinungen begründet wurden.

Freud, von Feministinnen oft als frauenfeindlich angegriffen, konnte sich sehr verständnisvoll über die gesellschaftlichen Auswirkungen auf die Psyche von Mann und Frau äußern. Er sah sehr wohl die subjektiven Grenzen der Psychoanalytiker und die gesellschaftlichen Bedingungen der Neurose. Ich zitiere: »Wir haben […] bemerkt, daß jeder Psychoanalytiker nur so weit kommt, als seine eigenen Komplexe und Widerstände es gestatten […] wir weisen ihr [der Gesellschaft] nach, daß sie an der Verursachung der Neurosen selbst einen großen Anteil hat. Wie wir den einzelnen durch die Aufdeckung des in ihm Verdrängten zu unserem Feinde machen, so kann auch die Gesellschaft die rücksichtslose Bloßlegung ihrer Schäden und Unzulänglichkeiten nicht mit sympathischem Entgegenkommen beantworten […].«[9]

Trotz Frauenbewegung und wichtigen wissenschaftlichen Ergebnissen der feministischen Forschung blieben die meisten Psychoanalytiker/innen von deren Kritik weitgehend unberührt. Es besteht nach wie vor die Gefahr, dass für Psychoanalytiker die Identifikation mit der bestehenden Gesellschaft, mit den ärztlichen und psychologischen Standesorganisationen zur wesentlichen Kraft wird, die die Psychoanalyse hierzulande zusammenhält. Oder man sucht »Identität« in der Anerkennung durch die Internationale Psychoanalytische Vereinigung. Das ist vor allem als Folge der radikalen Unterbrechung psychoanalytischer Forschung während der Nazi-Zeit zu verstehen. Mitglied einer angeblich »jüdischen« Wissenschaft zu sein, der man unter Hitler abschwören musste, entlastete zudem nach dem Kriege offenbar manche deutsche Psychoanalytiker/innen von Schuld- und Schamgefühlen. Auch deswegen war es wichtig, sich um die Gruppenidentität im Zusammenhang mit der Internationalen Psychoanalytischen Vereinigung zu bemühen.

Nun besteht auch die IPV seit langem nicht mehr als geschlossene psychoanalytische Gruppe, die übereinstimmenden psychoanalytischen Theorien folgt. Freuds Psychoanalyse bietet zwar die Grundlagen, wird aber unterschiedlich ausgelegt. Jeder theoretische Erneuerer stützt sich – wie Freud – auf seine Erfahrungen mit Patienten. Melanie Klein, Kohut, Bion, die Objektbeziehungs- wie die Triebtheoretiker entnehmen ihren klinischen Erfahrungen, was für sie der Wahrheit oder dem Verstehen der Psyche ihrer Patienten am nächsten kommt. Die meisten unserer Kollegen/innen sind Eklektiker, die den verschiedenen Theorien entnehmen, was ihnen hilft, ihre Patienten und sich selber besser zu verstehen. Dagegen ist nichts einzuwenden, wenn es begründet werden kann und genügend durchdacht ist. Nur die Anwendung der Psychoanalyse auf Geschichte heute und gestern, auf gesellschaftlichen und wissenschaftlichen Wandel scheint weniger Beachtung zu finden als zu Zeiten Freuds.

Dass sich die Welt seit dem Ersten Weltkrieg und noch mehr nach dem Zweiten Weltkrieg grundlegend verändert hat, ist eine Binsenweisheit. Die bürgerliche Gesellschaft gibt es nicht mehr, die Beziehung der Geschlechter zueinander nahm andere Formen an, die Sexualität wurde enttabuisiert. Gilt das auch für die Welt der »Werte«? In geringerem Maße, so scheint mir. Die dem jeweiligen Geschlecht aufgezwungenen Werte nicht zu beachten und sich eigene zu schaffen ist nach wie vor gefährlich. Die Angst der Frau vor Emanzipation bleibt mit der Angst vor Liebesverlust verbunden. Diese Angst kennt natürlich auch der Mann, aber mit anderen Inhalten. Bei ihm ist es vor allem die Angst vor Potenzverlust – gesellschaftlich wie individuell. Macht und Liebe waren im Patriarchat eng verbunden, bis heute scheint diese Verbindung trotz aller Aufklärung aus der Psyche des Mannes nicht wegzudenken. Das dürfte auch die Ursache dafür sein, dass Männer zu ihrer Gefühlswelt meist weniger Kontakt haben als Frauen.

Es ist bekannt, dass bei Trennungen die Psyche der Frau oft von Angst vor dem Alleinsein und dem Gefühl völliger Entwertung beherrscht wird. Um unerträgliche Verlustängste abzuwehren, reagieren manche Frauen mit einem Krankheitsbild, das ich Hoffnungskrankheit nennen möchte. Obwohl bereits Trennung stattgefunden hat, wird zäh an der alten Beziehung festgehalten. Die »Hoffnungskrankheit« trägt zu einer Art seelischer Versteinerung der von ihr Betroffenen bei. Es besteht ein tiefes Desinteresse an den sie umgebenden Menschen und Problemen. Die dauernde Wiederkehr des Gleichen in Berichten und Gesprächen dieser Frauen schrecken die ihnen Näherstehenden, deren Bemühungen ins Leere gehen, von Versuchen einer Beziehungsaufnahme zurück. Kranke dieser Art sind für ihre Umwelt quasi verloren, die Vergangenheit frisst die Gegenwart auf, bzw. die Zeit steht still. Sie ähneln in gewisser Weise akut Trauernden, unterscheiden sich von diesen aber dadurch, dass das verlorene Objekt nicht aufgegeben wird und keine Trauerarbeit geleistet werden kann. Bei der Trauer nach Tod oder Trennung macht die therapeutische Behandlung oft erst Sinn, wenn eine Milderung der akuten Schmerzen, wenn der Trauer- oder Trennungsprozess fortgeschritten ist, bei den Hoffnungskranken erst dann, wenn die illusionäre Hoffnung als zeitloser Zustand langsam der Realität weicht und eine Übertragung auf den Therapeuten möglich wird.

Ablösungsarbeit – ich beziehe mich jetzt primär auf Trauer und Trennung – besteht vor allem darin, sich mit den vergangenen und gegenwärtigen Gefühlen und Erinnerungen auseinanderzusetzen, um langsam – ohne allzu viel Verdrängung und Verleugnung oder auch Idealisierung – von der Vergangenheit Abschied zu nehmen. Dabei geht es nicht nur darum, sich wieder anderen Menschen und Dingen, einem Beruf, seinen Interessen zuzuwenden, sondern auch darum, dem eigenen Selbst, dem eigenen Denken und Fühlen wieder inne zu werden. Auch das ist ein wichtiger Schritt der Emanzipation im Sinne einer Befreiung von psychischen Fixierungen und ihren Wiederholungszwängen. Die Alternative zur nicht geleisteten Ablösungs- und Trauerarbeit ist die Erstarrung, der geistig-seelische Stillstand, der Verlust von einem Leben *in der Zeit*, von innerer und äußerer Entwicklung. Die Vorstellung von Zeit ist im Laufe eines Lebens unterschiedlich. Freud hat entdeckt, dass manches, was in früheren Zeitläuften erlebt, aber nicht verstanden wurde, »nachträglich« seine Wirkung ausübt, wenn mit der Reifung des Menschen und seiner Libido das ursprüngliche Erlebnis eine neue Bedeutung gewinnt.

Für einen fruchtbaren psychoanalytischen Prozess ist eine intensivere Beziehung zum Therapeuten oder zur Therapeutin notwendig. Warum? Lebendig wird eine Therapie erst, wenn Patienten/innen ihre seelischen Verdrängungen im Hier und Jetzt in der Übertragung unmittelbar erleben und analysieren können. Jede intensivere Beziehungsaufnahme, wenn sie reflektiert, wenn über sie nachgedacht werden kann, wenn aus dem Monolog des Patienten, der Patientin ein Dialog wird, führt zu neuen und überraschenden Entdeckungen des Patienten, der Patientin, kann aus einem Menschen hervorholen, was bisher verborgen war. Der Analytiker Balint spricht von einem Neubeginn, der für ihn ein wesentliches Ziel seiner Therapie darstellte. Durch ein Sicheinlassen auf eine emotionale und geistige Übertragungsbeziehung entsteht ein Dialog besonderer Art. Im analytischen Prozess vollzieht sich eine geistig-seelische und intellektuelle Durcharbeitung dieser einzigartigen Beziehung zwischen zwei unterschiedlichen Menschen, in der sich die Probleme der Analysandin, des Analysanden offenbaren und langsam verstanden werden können, und zwar auf der Grundlage dessen, dass der andere ein anderer ist.

Die Angst vor Emanzipation im Sinne einer Angst vor Befreiung von eingefahrenen Verhaltensweisen ist jedoch nicht nur psychisch bedingt, sie wird in einer von männlichen Wertvorstellungen beherrschten Gesellschaft auch gefördert: bei Frau und Mann. Ohne Anpassungsbereitschaft wird eine Frau leicht zur Außenseiterin, wenn nicht zur Ausgestoßenen. Mittlerweile wächst auch die Angst der Männer vor einer Machtübernahme der Frauen, die ihnen ihre Potenz wegnehmen könnte. Erotik ohne Macht können sie sich nicht vorstellen. Die unbewusste Angst des Mannes, noch einmal einer Frau so hilflos ausgeliefert zu sein wie beim Beginn seines Lebens, spielt dabei sicherlich eine nicht unwesentliche Rolle.

Ich erlaube mir, einige Überlegungen zur jüngsten deutschen Geschichte einzufügen: Mit dem Ende des Ersten Weltkrieges, mit der Niederlage mancher männlicher Wertorientierungen änderte sich schon rein äußerlich das Bild der Frauen auf eklatante Weise. Ich brauche nur an Bubikopf,

150

kurze Kleider, Jazz, Theater, Rauchen in der Öffentlichkeit usw. zu erinnern. Berlin galt als die kulturell lebendigste und originellste Metropole im Nachkriegseuropa während der zwanziger Jahre. Dass gleichzeitig heftige Aggressionen, gekränkter nationaler Narzissmus, Antisemitismus und Rache die Atmosphäre vergifteten, war unübersehbar. Zwölf Jahre Hitler brachten dann den völligen Zusammenbruch einer alten Kulturnation, wie es geschichtlich als einmalig einzustufen ist. Die Deutschen wurden zu Herrenmenschen, die von Moral, Anstand, Humor, Intelligenz und damit von ihrer Kultur Abschied nahmen.

Können neuere historische Studien oder kann die Psychoanalyse uns zu einem besseren Verstehen dieses nahezu Unvorstellbaren verhelfen? Wie war ein Höhepunkt kulturell-intellektueller Emanzipation und zur gleichen Zeit die Vorbereitung zum Zivilisationsbruch möglich? Hat die Angst vor der Unabhängigkeit und wachsenden Macht der Frauen dazu beigetragen, dass ein zutiefst gestörter Mann wie der ressentimentgeladene »Arbeitsscheue aus dem Wiener Männerheim«, Adolf Hitler, zu einem »Gott« erhoben wurde? Dessen Mordbefehle sein Volk bedenkenlos in die Tat umsetzte, Morde, an denen er sich persönlich nie beteiligte, so dass es immer heißen konnte, der »Führer« weiß von den Verbrechen nichts, auch wenn er sich das qualvolle Erhängen an Metzgerhaken der »Verräter« des 20. Juli rachelüstern in Filmen ansah … Er war und fühlte sich als Herr über Leben und Tod und nutzte das bis zu seinem Ende millionenfach aus.

Verlierer, die verlieren können, haben eine große Chance, erwachsen zu werden, an Reife zu gewinnen. Männer können schlechter verlieren als Frauen, weil sie das »Aufgeben« von bestimmten »männlichen« Positionen schon in der

Kindheit nicht lernen – das heißt, sie werden für die Fähigkeit, verlieren zu können, nicht wie die Frauen mit Liebesgewinn belohnt.

Waren die Deutschen nach dem Zweiten Weltkrieg gute Verlierer? Sicher nicht, was nach einem solchen tiefen Fall auch kaum möglich war. Vom Vergangenen wollten sie möglichst nichts mehr wissen. Die bedingungslose Kapitulation, der Verlust an Achtung in der ganzen Welt war unübersehbar. Eine Reaktion wie nach dem Ersten Weltkrieg, die Dolchstoßlegende, der ungerechte »Versailler Vertrag«, die »Schuld« den »Feinden« zuzuschieben – das funktionierte nicht. Man stellte sich stattdessen taub und blind. Bis dann in den achtziger Jahren des vergangenen Jahrhunderts die Phase des Nicht-darüber-wissen-Wollens sich langsam auflöste und die Erkenntnis des Zivilisationsbruchs ins allgemeine deutsche Bewusstsein drang.

Eine Befreiung der Frau durch den Machtverlust der Männer war 1945 äußerlich kaum wahrzunehmen. Das Wahlrecht war ihnen schon 1920 zugesprochen worden. Viele nutzten es, um Hitler zu wählen, wenn auch immer noch weniger Frauen als Männer, wie statistisch festgestellt werden konnte. Machte die Emanzipation unter Hitler Fortschritte, wie H.-U. Wehler glaubt feststellen zu können?[10] Durch die verschiedenen Nazi-Organisationen, in die Frauen gezwungen wurden oder an denen sie freiwillig teilnahmen, waren sie selbständiger geworden, konnten sich von familiären Bindungen und traditionellen Wertvorstellungen lösen, das wiederum sei die Vorbedingung für die Emanzipation in den siebziger Jahren gewesen, so Wehler. Aber was für Wertvorstellungen, welche Bindungen wurde ihnen für die bisherigen angeboten oder aufgezwungen? Dass mit der Inhumanität des Denkens und Handelns ein Fortschritt der

Geschichte in Richtung der Moderne – also auch der fort-
schreitenden Emanzipation der Frau – einhergeht, scheint
mir schwer nachzuweisen, es sei denn, der Begriff der Emanzipation verbindet sich mit dem perversen Beigeschmack
von Rohheit und Gefühlslosigkeit. Gewiss, die Frauen waren über die Kriegsjahre zunehmend auf sich selbst angewie-
sen, Selbständigkeit war wohl oder übel gefordert. Warum
kam es aber dann zu dem Rückfall in überholte »weibliche« Verhaltensweisen in den fünfziger Jahren und zur Wie-
dergeburt von Werten, die eher auf den Beginn des 20. Jahrhunderts zurückzuführen sind als auf die zwanziger Jahre,
in denen Frauen schon viel moderneren Vorstellungen von
Emanzipation anhingen?

Vielleicht war es die Angst vor einem Rückfall in die jüngste
Vergangenheit, vielleicht nur Mitleid mit oder Angst vor den
aus Krieg und Gefangenschaft zurückkehrenden geschlage-
nen Männern, die sich nur mühsam und eher mit Verleugnung, Brutalität oder Depression als mit Schuld und Trauer
von ihrer Niederlage zu erholen begannen? Vielleicht waren
sie nach dem Rollenwechsel von Mann und Frau im ›Dritten
Reich‹ zu verwirrt, um sich neue Rollenvorstellungen auszu-
denken und sich dafür nicht nur mit den Händen, sondern
auch mit dem Kopf einzusetzen? Auch ihre Erfahrung, wofür sie geliebt werden, war anderer Art, nämlich dafür, Verzicht zu leisten, und nicht dafür, sich Macht oder zumindest Gleichberechtigung anzueignen. Oder waren die Frauen
einfach zu erschöpft nach psychischer und physischer Überforderung erheblichen Ausmaßes, um sich gegen ein regres-
siv-harmonisierendes soziales Klima wehren zu können oder
auch nur zu wollen? So wenig wie man sich der jüngsten
Vergangenheit annehmen wollte und sie derealisierte, so wenig konnte man sich einer neuen Zeit bewusst zuwenden.

Man stellte sich gleichsam tot, das heißt, man regredierte in Vorkriegszeiten und wachte erst Ende der sechziger Jahre langsam wieder auf.

In den fünfziger Jahren wurde die Psychoanalyse für uns – den an ihr interessierten Männern und Frauen – zur Vermittlerin einer Aufklärung, der wir so dringend bedurften. Es war ja vor allem eine Aufklärung über das Unbewusste, über unsere Konflikte und die Motive, die unseren Verhaltensweisen zugrunde lagen. Wir gewannen einen augenöffnenden Kontakt mit den lebendigen, arg vermissten psychoanalytischen Forschungen der ins Ausland emigrierten Kollegen und Kolleginnen, konnten selber ins Ausland reisen und uns mit den neuen und aufregenden Erkenntnissen bekanntmachen. Mit ihrer Hilfe gelang uns auch langsam besser zu verstehen, was um uns herum geschah und geschehen war, warum und wie sich unsere männlichen wie weiblichen deutschen Zeitgenossen verhielten – wie sie und wir auf die Stunde Null, auf den Abgrund, aus dem wir wieder aufgetaucht waren, reagierten.

Heute wird das Interesse der Nachkriegsanalytiker an ihrer jüngsten Geschichte oft als Einengung ihres Blickes für die Weiterentwicklung der Psychoanalyse im Klinisch-Theoretischen angesehen. Das ist ein Irrtum, wir waren wach, wollten nicht einfach die Augen zumachen, sondern die Gegenwart wahrnehmen und neu gestalten. Wir teilten dieses Interesse mit vielen unserer Kollegen in Europa und USA. Auch waren wir in Heidelberg nicht blind für neue Erkenntnisse und Richtungen wie die der Objektbeziehungstheoretiker, der Kleinianer, Kohutianer und mancher anderer. Die Zeitschrift *Psyche*, die von Alexander Mitscherlich 1947 mit begründet worden war, spiegelt bis heute dieses stets wache Interesse für psychoanalytische Forschung wider.

154

Als ich Anfang der fünfziger Jahre nach London zur psychoanalytischen Weiterbildung ging, war ich von den Einsichten, die ich dort in Bezug auf mein Leben und meine Geschichte gewann, völlig überwältigt. Dort war ich erstmalig mit der Betonung des »Hier und Jetzt« konfrontiert, das heißt, ich erkannte die Bedeutung der Übertragung und Gegenübertragung als einen Königsweg zum unmittelbaren Verstehen der menschlichen Psyche. Bisher beschäftigte sich die analytische Technik, wie ich sie im Nachkriegsdeutschland erfuhr, wesentlich mit der Kindheit, mit dem Verhalten der Eltern, mit der Beziehung und den Gefühlen ihnen und anderen wichtigen Beziehungspersonen gegenüber, die in der Pubertät und später den Mittelpunkt des Lebens bildeten. Warum der Analysand, die Analysandin sich so und nicht anders entwickelt hatte, wurde im Wesentlichen auf die psychische Verarbeitung der kindlichen Sexualität und ihrer Konflikte zurückgeführt. Der Weg zu neuer Selbsterkenntnis oder auch zur Besserung der neurotischen Symptomatik wurde in der Auseinandersetzung mit der Vergangenheit gesucht. »Die Mutter ist an allem schuld«, das heißt, eine gewisse Vorwurfshaltung in Richtung auf die ältere Generation, vor allem den weiblichen Teil, beherrschte die deutsche Analyse. Die Männer, die doch am meisten zur deutschen Katastrophe unserer jüngsten Geschichte beigetragen hatten, blieben eher ausgeschlossen. *Die Mutter als Schicksal*[11] von Felix Schottländer war eine der wenigen deutschen psychoanalytischen Schriften, die nach dem Krieg bei uns Beachtung fanden.

Das war in England anders: Dort galt es, die Gegenwart zu verstehen, was uns als Analysanden hier und jetzt bewegte, was wir an Gefühl und Phantasien in der Übertragung auf den oder die Analytiker erlebten, wie der Analytiker, die Analytikerin seine bzw. ihre Gegenübertragung zu nutzen wusste, gerade das erschloss neue Wege zum Unbewussten und damit auch zur individuellen Selbstverantwortung. Eine unbewusste oder verdrängte Phantasie konnte als bestimmend für ein Grundverhalten unseres Lebens erkannt werden. Damit kam eine Lebendigkeit, die Möglichkeit, sich im »Hier und Jetzt«, mit seinen Gefühlen, seinen Erinnerungen, seinem Verhalten zu konfrontieren, sich ändern zu können, Neues zu entdecken, in die analytische Atmosphäre.

Das trug dazu bei, dass auch in Deutschland die Psychoanalyse mit zunehmendem Kontakt vor allem zu England, Holland und den USA, später zu Frankreich sich erweiterte und viel Zulauf gewann. Freuds Denken war aktueller denn je, beeinflusste auch die Politik und das allgemeine Bewusstsein.

Für uns Analytiker in Heidelberg und Frankfurt war deswegen auch die angewandte Psychoanalyse von allergrößtem Wert. Freuds Arbeiten und die seiner Nachfolger, die Erfahrungen mit unseren Patienten und Analysanden bildeten auch die Grundlage für eine Untersuchung unserer jüngsten Vergangenheit. Bei den Kleinianern stand die klinische Fallanalyse im Mittelpunkt ihrer Aufmerksamkeit; vor allem über die frühkindliche und präverbale Zeit brachte sie uns neue Erkenntnisse. Die angewandte Psychoanalyse blieb eher auf der Strecke. Wir, die wir gerade den weitgehend unverstandenen Horror der Hitlerzeit hinter uns hatten, brauchten für unsere Arbeit dringend die neuen Forschungen auch der angewandten Psychoanalyse. Dafür allerdings fanden wir bei unseren emigrierten deutschen jüdischen Kollegen/innen jede denkbare Hilfe.

Mittlerweile, ein neues Jahrhundert hat begonnen, ist das Interesse an der Psychoanalyse geringer geworden. Was bedeutet sie uns heute, welchen Stand hat sie innerhalb der verschiedenen Wissenschaften, warum hat sie bei so vielen jüngeren und älteren Menschen an Bedeutung verloren? Das scheint nicht nur in Deutschland der Fall zu sein, Ähnliches ist auch in Amerika und in anderen Teilen Europas zu beobachten.

Man sieht nur, was man weiß, aber was weiß man und wann? Wahrnehmen ist Wiedererkennen, Wiederentdecken heißt Wiederfinden, so ähnlich hat sich Freud geäußert. Was man auch so ausdrücken könnte: Man sieht nur, was man in sich wiederfindet.

André Green hat in seinem Aufsatz »Zeitlichkeit in der Psychoanalyse: zersplitterte Zeit«[12] dafür plädiert, Triebtheorie und Objektbeziehungstheorie nicht gegeneinander auszuspielen, sondern die Einheit einer organisierenden Struktur von Leib und Seele anzuerkennen, die die Wechselwirkung der Triebe und Objekte in beide Richtungen kombiniert. Außerdem plädiert er für die Idee der erweiterten Kausalität: Eine Kausalbeziehung wird durch die wohlbekannte Sequenz »Wenn – dann« hergestellt. Die Psychoanalyse hat meines Erachtens einen ganz eigenständigen Zugang zur Zeit. Dazu gilt es, sich die psychoanalytischen Begriffe der Verdrängung, der Zeitlosigkeit des Unbewussten, der Nachträglichkeit wieder zu eigen zu machen. In keiner anderen Disziplin wurde der Bereich des »Wenn« so weit ausgedehnt wie in der Psychoanalyse; ein unendliches Reich der Möglichkeiten des In-der-Zeit-Seins öffnet sich, wenn man sich die Freud'schen Begriffe aneignet. In der Folge hat das »Dann« neue Wege zur psychischen Kausalität eröffnet, die die Wissenschaft links liegengelassen, die Kunst hingegen nach Green[13] weitgehend erschlossen hat – das Besondere an der Psychoanalyse sei, dass sie zwischen beiden stehe, –

auf ihrem ganz eigenen Standpunkt, den wir auch auf keinen Fall aufgeben sollten.

Das Nachdenken über den Begriff der Zeit stand von jeher im Zentrum philosophischer Aufmerksamkeit. Interessant ist, dass die Philosophen bis heute nicht aufgegeben haben, die Gedanken und Schriften z.B. der griechischen Philosophen neu zu bearbeiten und zu interpretieren. Wenn man sich Platons Beschreibung der Vorgehensweise von Sokrates vor Augen führt, was unterscheidet die Psychoanalyse in ihren Gesprächen, Deutungen, freien Assoziationen mit ihren Patienten von dem, wie und was Sokrates in seinen Dialogen auf dem Marktplatz Athens an Wahrheit zu erkennen versuchte? Sicherlich schon die Form des Dialogs – Sokrates hielt nichts von Monologen, hat deshalb selber nie etwas geschrieben. Erst durch den Dialog mit den Zeitgenossen entsteht ihm zufolge Selbsterkenntnis. Er war ein früher Aufklärer über das, was ein vernünftiges Leben ist und wie sehr wir uns auf dem Wege dazu selber behindern. In den Dialogen von Sokrates und seinen Schülern gibt es bereits Anklänge an das, was wir heute Übertragung oder Gegenübertragung nennen. Schon damals wurde versucht, durch den Dialog mit dem anderen über sich wie den anderen Wahrheit zu finden. Allerdings blieb auch in Athen die Frau als anderes so gut wie ausgeschlossen vom Dialog auf dem Marktplatz.

Das »Erkenne dich selbst« der alten Griechen ist heute für Philosophen wie Psychoanalytiker die Essenz dessen, was ein eigentliches Leben ausmacht. Ohne ein dauerndes Bemühen um Selbsterforschung sei das Leben kaum als sinnvoll anzusehen, so schon die Vorsokratiker. Goethe hat uns in einem Gedicht ermahnt, dass ein Mensch nur von Tag zu Tag lebt, das Wissen von dem Werden seiner Existenz, seiner

Geschichte verfehlt, dass er nicht erkennt, was ihn zu dem machte, was er heute ist oder wie er sich heute sieht, wenn er nicht versucht, die Jahrtausende vor ihm zu erfassen. Ein Gleiten des Ich »in der Zeit«, Vergangenheit in der Gegenwart erlebend, sich gegenseitig verändernd – wozu? Einfach eine Notwendigkeit des menschlichen Lebens.

Wenn man als Neunzigjährige sein Leben überblickt, glaubt man zu wissen, was man als Sechsjährige gefühlt und gedacht hat, man fühlt die Zehnjährige in sich, man erinnert sich an die Pubertierende, die Erwachsene, die Alternde usw., man hat all diese Menschen, die man war, noch weiter in sich, nur nicht diejenige, die man morgen sein wird. Für Hannah Ahrendt altert das Ich nicht, was mir nach eigener Erfahrung unmittelbar verständlich ist. Jedoch auch Freuds Ausspruch: Das Ich ist zuallererst ein körperliches, leuchtet mir als alter Frau nicht weniger ein – ich spüre das Altern meines Körpers täglich. Das »Gleiten des Ich in der Zeit« umfasst Vergangenheit und Gegenwart, zieht immer wieder neue Schlüsse aus dem erlebten, denkenden, phantasierenden Leben, versucht sich am Morgen, auch wenn es weiß, dass die Zukunft nicht voraussehbar ist. Alle denkenden Menschen befassen sich mit ihrem Tod, umso mehr, je näher er rückt, und er wird ihnen gleichzeitig immer fremd bleiben.

Rückblickend muss ich in Bezug auf die Psychoanalyse sagen, dass es mir nicht ohne Angst gelungen ist, mich von ihren fundamentalistischen Zügen zu emanzipieren. Manches in der Klein'schen Analyse, in der präverbale Phantasien verbal gedeutet werden, scheint mir in seiner zweifelsfreien Sicherheit zunehmend fragwürdig, es sei denn Reaktionen des Analysanden geben Anlass zu einem fruchtbaren, durch die Interventionen des Analytikers entstandenen Dialog. Die

»Hier und Jetzt«-Analyse, die so spannend sein kann, wird in den Kleinianischen Deutungen weitgehend zur Interpretation der projektiven Identifikation benutzt und – soweit ich es überblicke – stereotyp auf die Genese der ersten Lebensjahre zurückgeführt, um herauszufinden, ob und wie wir die paranoid-schizoide Phase durchlaufen und die depressive Stufe erreicht haben oder nicht. Wenn ja, können wir so etwas wie Schuld- und Wiedergutmachungsgefühle empfinden, das heißt zu einem die Realität des »anderen« wahrnehmenden und mitfühlendem Menschen werden. Das ist meines Erachtens eine genetische Ausrichtung, die den Reichtum des »Hier und Jetzt« nicht ausschöpfen kann; sie kann weder die Sokratischen Wünsche nach ›Erkenne dich selbst‹ noch die Goethes nach einem breiten geschichtlichen Überblick der Entwicklung des Menschen und seiner Kultur erfüllen.

Das heißt nicht, dass ich für weitere Erfahrungen der Psychoanalyse, ihre vielen neuen Ansätze, die es mit und seit Freud gibt, um die menschliche Seele in ihrer ganzen Kompliziertheit wahrzunehmen, nicht offen war und bin und sie für mich zu nutzen gewusst habe. Nur wenn ich mich unversehens anpasste, mein authentisches Denken vernachlässigte, meine psychoanalytischen »Wahrheiten« nicht mehr meine waren, soweit ich sie zu erfassen vermochte, wurde die offizielle Psychoanalyse für mich so wenig inspirierend, wie sie heute, so scheint es, mancherorts für die Öffentlichkeit geworden ist – obwohl auch das nur eine Teilwahrheit ist, denn in aller Welt ist Freud nach wie vor einer der meistzitierten Autoren.

Die Psychoanalyse ist auch die Voraussetzung für einen erfolgreichen Feminismus, denn durch die Entdeckung des Unbewussten und seiner Deutung stellt sie die Motive der

Urteile, Einstellungen, Affekte bloß, die dazu führen, Frauen als minderwertig anzusehen. Die Gefahr, dass Frauen sich den Vorurteilen der Männer anschließen, besteht nach wie vor. Nur zu deutlich konnten und mussten wir erkennen, wie Ratio zur Rationalisierung missbraucht wird.

Es gibt viele Wahrheiten je nach den Wahrnehmungsfähigkeiten, die man sich im Laufe des Lebens erwirbt oder die sich einem öffnen. Als Analytiker spürt man genau, wann ein Patient wahrhaftig ist, wann er für sich selber, vielleicht auch für andere Wahrheit anstrebt und wann nicht. Das Gleiche gilt natürlich für den Analytiker in seiner Beziehung zum Analysanden. Um das Unbewusste bewusst zu machen, um das Tor zur Selbsterkenntnis weiter zu öffnen, ist schließlich die Psychoanalyse erarbeitet worden. Dazu gehören zwei, ein Dialog, aus dem etwas Neues, »Drittes«, entsteht. Aber ist die freie Assoziation nicht ein Monolog? Da sie in Gegenwart eines anderen stattfindet, dessen Existenz selten vergessen wird, da dieser jederzeit deutend eingreifen kann, liegt sie zwischen Mono- und Dialog, ist mithin eine Art des Träumens, das die Grenze zum Unbewussten lockert.

Um aufrichtig zu sein, brauchen wir viel Mut, zu dem sich jeder von uns, wenn er sinnvoll mit sich selbst lebt, stets von neuem durchzuringen versucht. Aber in einem langen mit der Psychoanalyse gelebten Leben spürt man, wie veränderlich das eigene Erleben als Wahrheit erschien; dem fügen sich im Laufe der Zeit überraschende Aspekte hinzu, die frühere Wahrnehmungen verändern und uns durch neuerliches Nachdenken und Erleben zwingen, sie neu zu definieren. Freuds Begriff der Nachträglichkeit behält seine Gültigkeit bis ans Ende des Lebens.

Ich komme zum Schluss: Zur »Angst vor Emanzipation«

gehört die Angst vor der Befreiung aus den Zwängen traditionellen Denkens und dem Gefängnis der Wiederholungen, die das Lebendige in einem Menschen ersticken. Gegen diese Angst zu kämpfen ist ein lebenslanges Unternehmen.

Um zum Hier und Jetzt zurückzukehren, möchte ich auf das Buch von Alice Schwarzer eingehen, um ihr Plädoyer für weibliche Vorbilder, für die sie sich im Vorwort dieses Buches stark macht, »dialektisch« zu diskutieren.[14] Vor längerer Zeit habe ich zu diesem Thema ein Buch geschrieben und stellte darin *Das Ende der Vorbilder*[15] fest – allerdings mit dem Untertitel »Vom Nutzen und Nachteil der Idealisierung«. A. Schwarzer stellt bei einer jungen Frau, »Protagonistin einer neuen Generation«, bewundernd fest, dass sie ganz bewusst »Role-Model« sein will, sie übernimmt Verantwortung, so Schwarzer. Fast alle Frauen hätten davor Angst, bewusst Vorbilder sein zu wollen, ihre verinnerlichten Unwertgefühle – von den Männern ihnen zugewiesen –, ihre als weibliche Tugend vorgeschriebene »Bescheidenheit« hielten sie davon ab. Männer dagegen hatten seit eh und je ihre Vorbilder oder waren es – z.B. Sokrates, Marx, Picasso, Goethe, Gandhi, die Reihenfolge ließe sich endlos verlängern. Meine Frage: Wollten sie Vorbilder sein? Oder wurde auch ihnen die Rolle als Vorbild von der Gesellschaft zugewiesen?

Es besteht sicherlich ein Unterschied zwischen Künstlern, Politikern, Philosophen, Naturwissenschaftlern, Dichtern, Geistlichen etc. Künstler und Dichter erfüllt selten der bewusste Wunsch danach, Vorbild sein zu wollen – sie gehen ihrer Arbeit nach und leiden, wenn ihr Innen- oder Außenleben sie daran hindert, sie fortzusetzen. Leuten wie Gandhi oder Luther, »Führern« emanzipierter politischer oder religiöser Bestrebungen, vielleicht auch Philosophen, die ihren Gedanken, ihrer Wahrheit nicht nur aus »L'art pour l'art«-Gründen nachgehen, sondern die Welt damit verändern möchten, ist es eigen, Vorbild sein zu wollen. Weder Picasso noch Goethe wollten Vorbilder sein, sie wollten Maler, Dichter, Denker sein, ihrer Begabung ohne äußere Einschränkungen oder Zuweisungen Ausdruck geben. Wenn sie dem Druck der Gesellschaft nach Vorbildern zeitweilig nachgaben, konnten sie sich nur durch Flucht retten, wie Goethe, als er seine Italienreise bei Nacht und Nebel antrat. In meinem Buch ging es also weniger darum, ein Vorbild sein zu wollen, als vielmehr um die Frage, warum und wann Menschen ein Bedürfnis nach Vorbildern haben. In Kindheit und Jugend scheint mir die Suche nach Vorbildern selbstverständlich, beim Erwachsenen verbirgt sich dahinter oft die Unfähigkeit, Ambivalenz zu ertragen bzw. die Verantwortung für sich, für eigene Entscheidungen zu übernehmen, mit anderen Worten: erwachsen zu werden. »Das Reich des Bösen« gibt es so wenig wie »das Reich des Guten«. Als Deutsche haben wir erfahren, wie es aussieht, wenn man meinungsbesessen und kritiklos ein Reich, ein Volk und einen Führer zu idealisieren beginnt. Sich über Nutzen und Nachteil der Idealisierung wie auch der Emanzipation oder der psychoanalytischen Identität Gedanken zu machen, setzt voraus, sich dessen bewusst zu sein, dass es sich um ein weites, von vielen Dichtern, Denkern, Forschern kontrovers beackertes Feld handelt.

Der Frieden beginnt in der Familie

I. Der Friedenspreis des Deutschen Buchhandels
und die Fähigkeit zu trauern

Der Friedenspreis des Deutschen Buchhandels, der nun zum
60. Mal vergeben wird, hat viel dazu beigetragen, über das
Wort nachzudenken, das er in seinem Namen trägt: Frieden.
Das sollte auch in Zukunft so bleiben. Für viele der bisherigen Preisträger – für meinen Mann genauso wie für Fritz
Stern oder für Saul Friedländer – war dieses Nachdenken
verbunden mit der Erinnerung und Aufforderung, das Leid
der Vergangenheit in Deutschland weder zu vergessen noch
zu begraben. Aus dem Gefühl der Trauer über die Verbrechen des ›Dritten Reiches‹ erwächst die Verantwortung für
den Frieden.

Wer nicht trauern kann, begibt sich in die Gefahr, die historische Schuld zu verdrängen. Aufgrund dieser Erfahrung
haben Alexander Mitscherlich und ich begonnen, über die
Unfähigkeit zu trauern nachzudenken. Die Ursprünge für
unser daraus entstandenes Buch liegen in der Auseinandersetzung mit dem Werk von Sigmund Freud sowie in vielen
Gesprächen mit unseren jüdischen und deutschen Freunden
und Kollegen. Wir haben immer wieder überlegt, warum
Trauer Erinnerung bedeutet und warum sie, gerade in den
fünfziger Jahren in Deutschland, so oft verdrängt wird. Und
wir haben uns gefragt, warum man über verlorene Ideale

anders trauert als über Menschen, die man verloren hat und denen man emotional zutiefst verbunden war.

Auch über den Tod des noch vorher zum Ersatzgott erhobenen »Führers« war Trauer nicht wahrzunehmen. Wie so viele unserer Freunde standen wir der Tatsache, dass in einem hochzivilisierten und industrialisierten Land wie Deutschland ein so schreckliches und singuläres Verbrechen wie der Holocaust geplant und ausgeführt werden konnte, mehr oder weniger hilflos gegenüber. Daraus erwuchs eine tiefe Trauer: die Trauer um ein Land, das wir in hohem Maße idealisierten, die Trauer um eine Kultur, die in unserem Empfinden als besonders human gegolten hatte. Weder die Tradition dieses Landes noch seine große Kultur haben es davor bewahrt, den Frieden zu brechen und die Würde des Menschen zu missachten.

Ich habe diese Enttäuschung und die mit ihr verbundene Trauer selbst erlebt: Ich wurde ein Jahr vor dem Ende des Ersten Weltkriegs in Dänemark geboren, in einer binationalen Familie. Mein Vater war Däne, meine Mutter Deutsche. Meine Schulzeit habe ich bis zum 14. Lebensjahr in Dänemark verbracht, danach in Deutschland, um dort Abitur zu machen. Ich war schon damals enttäuscht über die autoritäre Art des täglichen Umgangs, auch über die Unfähigkeit mancher Lehrer, uns mit Humor und einer gewissen Leichtigkeit zu begegnen. Trotzdem war dieses Land der Dichter und Denker für mich ein großes Ideal. Ich bewunderte Deutschland und fühlte mich hier zu Hause, auch in der deutschen Sprache. Als ich später begann, die Beschränktheit, die Dummheit und die ideologische Engstirnigkeit der Nazizeit zu entdecken, wuchs meine Enttäuschung immer mehr. Mein Vater sagte mir, Hitler sei ein Verbrecher und wolle nur den Krieg. Im Übrigen sei er ein Nichts. Und nachdem Hitler den Krieg tatsächlich begonnen hatte, erkannten wir mehr und mehr die Unmenschlichkeit, die im Namen Deutschlands, des so geliebten Landes, verübt wurde. Zuerst wurden die Schwachen, die Minderheiten, die sich nicht wehren konnten, verteufelt, dann wurden sie mit Füßen getreten und schließlich in Massen ermordet. Das war und ist das Widerlichste, was man sich als menschliches Tun vorstellen konnte. Wir haben uns entsprechend gewünscht, dass das nationalsozialistische Deutschland den Krieg verlieren möge. Das war schmerzlich. Aber die Vorstellung, dass eine so falsche und menschenverachtende Ideologie für immer die Oberhand gewinnen sollte, war für mich und meine Freunde unerträglich.

Nach dem Krieg haben viele Menschen in Deutschland behauptet, sie hätten von den Verbrechen gegen die Menschlichkeit, die in ihrem Land und von ihren Landsleuten verübt wurden, nichts gewusst. Ich halte das für Unsinn. Spätesten seit dem Sommer 1941, nachdem der Krieg gegen Russland begonnen hatte und die Massenerschießungen in den besetzten Gebieten stattfanden, wurde uns immer wieder davon berichtet. Ständig kamen Soldaten von der Front nach Hause und haben von den Gräueltaten erzählt. An der Universität in Heidelberg, an der ich damals studierte, haben viele Kommilitonen darüber gesprochen. Zwar durfte das alles nicht laut berichtet werden, dennoch wusste jeder von uns, welche Mordtaten in Russland, Polen, der Ukraine und im Baltikum verübt wurden. Auch von der Existenz der Konzentrationslager wussten die Menschen in Deutschland. Das ganze Ausmaß der Grausamkeiten, die dort geschehen sind, haben wir zwar erst nach dem Krieg erfahren, aber *dass* es die Lager gab, war uns allen bekannt.

Nach dem Krieg, als mein Mann und ich uns kennenlernten, haben wir immer wieder über die Verdrängung und das Vergessen gesprochen. Da Alexander neun Jahre älter war als ich, hat er das ›Dritte Reich‹ von Anfang bis Ende sehr bewusst und leidend erlebt. Ende 1937 wurde er unter dem Vorwurf der Widerstandsarbeit von der Gestapo verhaftet und saß mehrere Monate im Gefängnis, mit der Aussicht, eventuell nicht mehr in die Freiheit zurückkehren zu können. Wir beide waren uns einig in der Trauer über die fast 60 Millionen Toten des Zweiten Weltkriegs. Unsere Begeisterung für dieses Land war zerstört, die Freude, ein Deutscher zu sein, war uns nicht mehr möglich. Und weil wir spürten, dass in diesem Land, das ganz Europa verwüstet hatte und das nun selbst in Trümmern lag, die Ideologie der Nazizeit einfach *ad acta* gelegt und verdrängt werden sollte, begannen wir, uns Gedanken über die Notwendigkeit der Trauer zu machen. Die Stimmung jener Zeit zielte bekanntlich vor allem auf den Wiederaufbau, auf die Schaffung einer neuen unbeschwerten Realität. Durch den Marshallplan stieg das Lebensniveau in der Bundesrepublik rasch und erheblich an. Es ging den Deutschen damals wirtschaftlich sogar besser als den Briten. Von einem Gefühl der Trauer fand sich indes keine Spur. »Vergessen« war das Motto der Stunde. Vor diesem Hintergrund ist das Buch *Die Unfähigkeit zu trauern* entstanden. Und wenn eine Institution in Deutschland in all den Jahren auf die Notwendigkeit der Trauer über das Vergangene und für eine lebenswerte Zukunft hinwies, dann war das der Friedenspreis des Deutschen Buchhandels. Wie groß war die Stille in der Frankfurter Paulskirche, nachdem Saul Friedländer (2007) in seiner Dankesrede aus den Briefen seiner Familie vorgelesen hatte! Es sind die schrecklichen Ereignisse der deutschen Geschichte, die uns auch nach mehr als 60 Jahren die Tränen in die Augen treiben.

II. Der Friedenspreis als ein »Trostpreis für Erfolglosigkeit«?

Eine Wendung aus der Friedenspreisrede Alexander Mitscherlichs ist vielfach zitiert und kommentiert worden: Er fragte damals, ob man, mit Blick auf den Erdball als Ganzen und die vielen Kriege, den Friedenspreis des Deutschen Buchhandels nicht eher als einen »Trostpreis für Erfolglosigkeit« betrachten müsse; als einen Preis, mit dem nur Narren ausgezeichnet würden, die allem Augenschein zum Trotz an der Möglichkeit friedlicher Konfliktlösungen zwischen Menschen festhalten. Diese pessimistische, vielleicht ja auch realistische Einschätzung hat einen sehr persönlichen Hintergrund. Ich erinnere mich an einen Spaziergang im Jahre 1969, in dem Jahr also, in dem er den Friedenspreis bekam. Alexander Mitscherlich war damals 61 Jahre alt. Er spürte, dass sich etwas in seinem Inneren veränderte. Er hatte immer eine schnelle Auffassungsgabe, sagte mir ständig, er wolle Neues erfahren und lernen. Seine Fähigkeit, neues Wissen aufzunehmen, und seine Vitalität waren ungewöhnlich stark ausgeprägt. Damals aber hat er bemerkt, dass diese Fähigkeiten abnahmen. Er erkannte plötzlich: »Ich bleibe nicht für immer vital. Meine Kraft schwindet.« Das hat ihn sehr verunsichert.

Sicherlich ist in der Friedenspreisrede auch ein Hauch von Enttäuschung über die Entwicklung der Studentenbewegung enthalten. Sie verkündete im Grunde eine neue Ideologie. Die Studenten wollten, dass alle so denken sollten, wie sie dachten. Für mich, die ich jeden Zwang hasse, war das, ebenso wie für Alexander Mitscherlich, unerträglich. Er war von der Möglichkeit des Friedens überzeugt. Und er hoffte, dass die jungen Menschen in Deutschland sich endlich erin-

nern und verstehen wollten, warum ihre Eltern und Großeltern Hitler gewählt hatten und ihm so willig und begeistert gefolgt waren. Verstehen heißt nicht verzeihen, aber wer
weiß schon, wann er oder sie immun ist gegen solche Ver-
führungen.

Wie viele von uns war Alexander Mitscherlich fasziniert
von den Erkenntnismöglichkeiten, die die Psychoanalyse
bot. Er wollte seine Einsichten in Wort und Schrift veröf-
fentlichen, in der Hoffnung, damit auch gesellschaftlich etwas zu bewirken. In dieser Situation hat ihn die Konfrontation mit der dogmatisch werdenden Studentenbewegung
beschäftigt und gefordert. Wo Zwänge existieren, schwin-
den die Möglichkeiten der Verständigung. Man muss sich
die Möglichkeit zum Widerspruch bewahren, um im Fall
von Meinungsverschiedenheiten, bisweilen auch nach langen Diskussionen, zu einem gemeinsamen Verständnis zu
kommen oder zumindest zu einem »let us agree to dis-
agree«. Das aber haben die Protagonisten der Studentenbewegung weitgehend abgelehnt, sie übten und forderten Ge-
sinnungszwang. Ich glaube, diese Erfahrung hat, zusammen
mit der persönlich gefühlten Veränderung, in meinem Mann
ein resignatives Gefühl ausgelöst, das dann auch in der Friedenspreisrede seinen Ausdruck fand. In den Jahren vorher
war er noch zuversichtlicher und optimistischer.

In seiner Dankesrede sprach Alexander Mitscherlich auch
über die Dummheit der Menschen, die zu infantiler Abhängigkeit verleitet und sie deshalb nicht davor zurückhält, auf
Befehl auch ungerechte Gewalt gegen die Mitmenschen zu
üben. Vielleicht hat er sich die Frage der Dummheit als Ursache der Verbrechen zu einfach beantwortet. Waren es
nicht auch kluge, intelligente Leute, die auf die offensicht-
lichen Lügen und die paranoiden Behauptungen der Natio-

nalsozialisten hereingefallen sind oder diese willfährig, sogar jubelnd angenommen haben? Menschen wie Martin Heidegger oder Carl Schmitt hätte der eigene Verstand doch schnell eines anderen belehren müssen. Sie haben sich aber begeistert in den Dienst einer menschenverachtenden Ideologie gestellt. Intelligenz ist sektoral, wer wissenschaftlich hochintelligent ist, muss nicht zugleich auch sozial intelligent sein. Es gibt eine tiefsitzende Dummheit auch bei intelligenten Menschen, die oft mit einer Unfähigkeit zu kritisch-distanzierter Selbstbetrachtung verbunden ist.

Ebenso diskussionswürdig ist die These Alexander Mitscherlichs, dass der Krieg, entgegen der berühmten Formulierung von Clausewitz, nicht die Fortführung der Politik mit anderen Mitteln sei, sondern vielmehr der genaue Gegensatz. Ich glaube, die Frage nach dem Wesen der Politik ist nicht so einfach zu beantworten, auch sie führt zu großen Kontroversen. Politik ist eine Sphäre, in dem die Interessen vieler Menschen aufeinandertreffen. Politik zielt auf die Ordnung eines ganzen Landes, an der – im Falle eines Erfolges – alle aus freiem Willen teilnehmen müssen. Und sie steht immer wieder vor neuen Herausforderungen. Ein Beispiel dafür ist der aktuelle Konflikt zwischen der islamischen und der vielfach christlich geprägten westlichen Welt. Er lässt sich nicht leicht entschärfen oder so auflösen, wie wir uns das wünschen. Eine Feministin etwa steht vor der Frage, was sie tun kann, um die Unterdrückung von Frauen in manchen islamischen Ländern zu verhindern. Ebenso verhält es sich bei der Überlegung, was geschehen soll, wenn meine Landsleute, die Dänen, in der Tageszeitung *Jyllands Posten* politische Karikaturen mit der Figur des Propheten Mohammed abdrucken und dafür plötzlich mit dem Tod bedroht werden. Sie meinen doch, den Geist der Freiheit

zu verteidigen. Und weil sie ohnehin die Welt und alle Ereignisse in ihr gerne ironisch betrachten, ist es für sie eine
Selbstverständlichkeit, dass sie in einer freien Presse auch
Witze über beengtes Denken machen dürfen. Plötzlich wird
ihnen dafür der Krieg erklärt. Ich meine, dass man solchen
Konflikten nicht ausweichen kann. Es gibt nur eine Konsequenz: das freie Denken, das gegen alle Gefährdungen verteidigt werden muss.

III. Krieg und Frieden – das Schweigen
      und das Sprechen

Für den griechischen Philosophen Heraklit war der Krieg
bekanntlich der Vater aller Dinge. Man könnte mit Blick
auf die Psychoanalyse nach Sigmund Freud formulieren,
dass der Konflikt der Vater aller Dinge sei. Denn nach seiner
Deutung liegen die inneren Triebe und das Über-Ich beständig miteinander in Streit. Die wirklichen Völkerkriege sind
aber damit nicht zu vergleichen. Sie entfesseln unvorstell-
bares Grauen und ermöglichen die völlige Verdrehung von
Recht und Unrecht. Was in Friedenszeiten das größte Verbrechen ist – die Tötung eines Menschen –, wird im Krieg
zur Pflicht erhoben. Wer dieser Pflicht nicht folgt, wird selber getötet, im Feld oder als vermeintlicher Deserteur. Einen
Ausweg aus diesem Kreislauf der Gewalt gibt es im Krieg
der Völker nicht.

Viel schwieriger ist die Frage zu beantworten, wie, im Gegensatz zum Krieg, der Frieden zu bestimmen ist. Es gibt
keine einfache Definition. Mit der Erfahrung meiner Biographie wie auch meiner wissenschaftlichen Arbeit meine ich
sagen zu können, Frieden ließe sich als ein herrschaftsfreier

Diskurs beschreiben, in Anlehnung an Jürgen Habermas' wichtige Überlegungen in der *Theorie des kommunikativen Handelns* (1981). Diese besondere Form des Miteinander-Sprechens und Einander-Zuhörens – entwickelt in der intensiven Auseinandersetzung mit Immanuel Kant – muss nicht per se Frieden bedeuten. Aber sie führt dorthin, wo Frieden entstehen kann, über die Sprache und über den freien Austausch von gegensätzlichen Positionen. Wer Frieden schaffen will, muss sich mit anderen verständigen und seine Argumente kritisch auf Plausibilität hin überprüfen. Das geschieht allein durch Sprache. Auch die Psychoanalyse als »talking cure« klärt uns über die unbewussten Motive unseres Verhaltens auf und verhindert so ein gewalttätiges Ausagieren.

Demnach ist der Krieg die Zeit des Schweigens, der Frieden die des Sprechens. Überhaupt, ohne Sprache wäre der Mensch nicht Mensch. Sie unterscheidet ihn von den Tieren. Und sie ermöglicht die Verständigung zwischen den Menschen. Sie ist die Grundlage für jeden herrschaftsfreien Diskurs. Die Sprache ist und bleibt die einzige Möglichkeit zur Verständigung. Trotzdem können sich Menschen durch Sprache auch trennen und zu Feinden werden. Es ist eine interessante Frage, ob die Kriege zwischen Deutschland und Frankreich ausgebrochen wären, wenn die Deutschen alle gut französisch gesprochen hätten und die Franzosen alle gut deutsch. Das Verhältnis der Deutschen zur Schweiz und zu Österreich ist ein anderes als zu Frankreich oder zu Italien. Warum hat die Menschheit so viele Sprachen erfunden? Oder anders gefragt, mit Blick auf die berühmte Geschichte aus dem Alten Testament, über den Turmbau zu Babel: Warum hat Gott, in welcher Form es ihn auch immer gibt, den Menschen so viele Sprachen gegeben, dass sie sich untereinander kaum noch verstehen können? Erst in der Fähigkeit, den anderen zu verstehen, seine Argumente zu bedenken und anzuerkennen, liegt der Keim des Friedens.

Die Bedeutung der Sprache in der Öffentlichkeit, aber auch in der Familie, sollten wir nicht unterschätzen. In der Familie sind es neben der Sprache auch die Gefühle, die Liebe und die Zuneigung, die den Umgang von Menschen mit Menschen bestimmen. Je weiter man dagegen in die Öffentlichkeit kommt, desto mehr gewinnt die Sprache an Bedeutung. In der öffentlichen Diskussion ist die Sprache das einzige Mittel zur Verständigung. Und trotzdem sollte man, bei aller Hoffnung, realistisch bleiben. Eine Welt ganz ohne gewalttätige Auseinandersetzungen wird es nie geben. Das scheint mir angesichts der globalen Unterschiede, etwa der großen Kluft zwischen Armut und Reichtum, unmöglich. Ein totaler Frieden – man könnte auch in Anlehnung an Immanuel Kant von einem »ewigen Frieden« sprechen – ist eine unerfüllbare Utopie. Wir alle können immer nur kleine Schritte in Richtung Frieden gehen. Der herrschaftsfreie Diskurs wäre dabei ein möglicher Weg.

IV. Erziehung zum Frieden – die Familie als Ort des Friedens

Wir sollten uns keiner Illusion hingeben: Der Mensch wird, wie zum ersten Mal von Sigmund Freud beschrieben, mit dem Trieb der Aggression geboren. Sein Leben wird durch den Aggressionstrieb und andere Triebe bestimmt, etwa durch den Selbsterhaltungstrieb oder den Sexualtrieb. Dabei ist die Aggression eine lebenserhaltende Kraft, eine Grundmacht des Lebens. Wir Menschen werden geboren und sind eifersüchtig aufeinander. Wir buhlen als rivalisierende Geschwister beständig um die Gunst der Eltern. Diejenigen, die behaupten, sie liebten ihre Kinder alle gleich, irren. Die Zuneigung ist immer unterschiedlich, sie drückt sich aus durch kleine, unbewusste Gesten – und Kinder spüren das. Die Erstgeborenen zum Beispiel, die ein Geschwisterchen bekommen haben, werden eifersüchtig. Rivalität unter den Menschen wird es immer geben. Ohne sie wäre das Leben auch fürchterlich langweilig. Wer würde sich noch anstrengen, wenn er damit nicht gelegentlich auch in der Schule der Bessere wäre und mehr Erfolg hätte als die anderen?

Es mag nun paradox klingen, wenn ich behaupte, trotz des mächtigen Triebpotentials zur Aggression ist der Mensch zum Frieden fähig. Das aber ist kein Paradox. Der einzelne Mensch, der nicht in der Masse verschwindet, sondern sich die Fähigkeit zum freien, kritischen Denken bewahrt, ist durchaus zum Frieden fähig. Entscheidend dafür ist die Prägung durch das Elternhaus und die Schule, die stete Vermittlung von ganz einfachen Verhaltensweisen wie der Zuwendung, dem Zuhören und dem Verstehen. Zu Hause und in der Schule sollten Kinder vor allem lernen – und weiterlernen –, dass es unterschiedliche Meinungen und Gefühle gibt und dass andere Menschen andere Gefühle haben können als sie selbst. Es geht um das Vermögen, sich in die Situation des anderen hineinzuversetzen und seine Argumente anzunehmen. Für den israelischen Schriftsteller Amos Oz, ebenfalls ein Friedenspreisträger, liegt in der Fähigkeit, den Standpunkt des anderen anzunehmen, ein möglicher Weg, auf dem der Fanatismus überwunden werden kann.

Solche Vorstellungen zur Kindererziehung sind in unserer Gesellschaft weit verbreitet. Vielleicht könnte es sogar gelingen, diese Form mitmenschlicher und psychologischer Erziehung auch als Leitbild für eine größere Gruppe von

174

Menschen zu etablieren. Die Geschichte zeigt, dass mit der Vision der Humanität vieles möglich wird. Die Vereinigten Staaten von Amerika haben heute einen farbigen Präsidenten. Und die einst verfeindeten Nachbarländer Frankreich und Deutschland, auch Polen und Deutschland, sind heute friedliche und einander befreundete Partner in der Europäischen Union. Sie werden keinen Krieg mehr gegeneinander führen. In meiner Kindheit war das noch anders. Frankreich galt als Erbfeind der Deutschen, ein dunkelhäutiger Präsident in den USA war unvorstellbar. Ich möchte deshalb an meinem Glauben festhalten, dass der Mensch entwicklungsfähig ist, dass er zum Frieden taugt.

Die Rolle der Eltern ist dabei von besonderer Bedeutung. Eltern tragen unendlich viel zum Frieden bei. Zum Beispiel, indem sie ihren Kindern beibringen, dass es im Zusammensein mit anderen immer verschiedene Positionen gibt, dass der, der einen selbst verletzt hat, es vielleicht unabsichtlich getan hat. Wenn Eltern die Fähigkeit fördern, dass Kinder Distanz zu sich selber gewinnen und den Standpunkt des anderen mit einbeziehen können – wo immer sich das Kind aufgrund seiner Entwicklung und seiner Lebenssituation befindet –, dann verfallen Kinder nicht so schnell in Zustände der Aggression und Gewalt. Oft geschieht eine solche Erziehung auch intuitiv, schweigend, ohne Worte. Manchmal ist es die Art, wie Eltern ihre Kinder anschauen. Oder die Geste, mit der sie ihr Kind auf den Arm nehmen und ihm sagen: »Schluss jetzt!«

V. Trauer als möglicher Weg zum Frieden

Auch in der Trauer und der Auseinandersetzung mit ihr kann der Weg zum Frieden gefunden werden. Zum einen natürlich, wenn die persönliche Trauer durch einen Krieg verursacht wurde, wenn ein nahestehender Mensch bei einem Militäreinsatz ums Leben gekommen ist. Eine andere Form der Trauer wird verursacht durch die Erkenntnis der Unmenschlichkeit, etwa am Beispiel der nationalsozialistischen Gewaltverbrechen. Auch diejenigen, die nicht persönlich daran beteiligt waren und keine persönliche Schuld auf sich geladen haben, können diese Trauer empfinden, zumal als Deutsche. Sie werden dazu aufgefordert, sich mit der Trauer und ihren Ursachen auseinanderzusetzen. Und sie empfinden das Gefühl, dass solche Verbrechen nie wieder geschehen dürfen. Wir entdecken in uns, dass wir, wenn ein solches menschenverachtendes System wieder an die Macht kommen sollte, alles dagegen unternehmen und bereit sein werden, unter Umständen auch unser Leben für die Verteidigung der Menschlichkeit einzusetzen.

Unter Umständen kann diese moralische Verpflichtung auch zur Abkehr vom Frieden führen. Ich denke zum Beispiel an den Militäreinsatz in Afghanistan, an dem auch die Bundeswehr beteiligt ist. Es stellen sich dabei schwierige Fragen: Ist das ein Krieg? Wenn ja, müssen wir dort Krieg führen, damit die Taliban mit ihrer wahnhaften Ideologie nicht zur Herrschaft kommen? Sollen wir die Menschen in Afghanistan ihrem Schicksal überlassen oder sollen wir das nicht? Wie erreichen wir Frieden, wenn wir zuerst einen Krieg darum führen müssen? All das ist schwer zu beantworten. Wie es scheint, ist manchmal doch Krieg erforderlich, um einen Frieden zu gewinnen, der zu einer neuen und gerechteren Ordnung führt. Im Falle des ›Dritten Reiches‹ war es der Krieg, der das Ende der verbrecherischen Gewalt bewirkte.

Wir alle wissen, was es bedeutet, wenn ein Mensch, der uns sehr nahesteht, zu dem wir eine enge Beziehung haben, stirbt. Oder ein Kind, das unseres Schutzes bedurfte. Diese Trauer ist jedem von uns bekannt, es ist individuelle Trauer. Wir können aber nicht um Millionen Menschen trauern. Wir können jedoch um bestimmte verlorene Ideale trauern, um die verlorene Menschlichkeit zum Beispiel. Wenn sich Menschen heute mit den Konzentrationslagern und dem Mord an den europäischen Juden beschäftigen, dann geschieht das immer im Gefühl der Trauer. Es gibt Situationen, in denen wir weinen müssen. Wir weinen aus dem Gefühl, dass eine solche Unmenschlichkeit möglich ist. Doch geht uns diese Trauer anders zu Herzen als die Trauer über einen Menschen, der zu uns gehört hat. Viele sagen, man kann nur persönlich trauern. Ich halte das für einen Irrtum. Phantasie und Einfühlung sind menschliche Fähigkeiten, die weit über das nur Persönliche hinausgehen und den Menschen zu einem sozialen Wesen machen.

VI. Die Erziehung zum Frieden als künftige Aufgabe

Die Auseinandersetzung mit der Geschichte, zumal der des ›Dritten Reiches‹, muss auch künftig eine wichtige Rolle in der Erziehung junger Menschen spielen. Mädchen und Jungen in Deutschland wissen heute um die Verbrechen, die im vergangenen Jahrhundert verübt wurden. Dennoch gibt es einen Unterschied zu früheren Generationen: Sie können sich nach einer so langen und guten Friedenszeit das Ausmaß der

Gewalt, die damals verübt wurde, nicht mehr vorstellen. Sie können die Geschichte zur Kenntnis nehmen. Aber wissen sie tatsächlich noch etwas von der vergangenen Zeit?

Meine Enkelkinder fragen mich, ob wir denn alle verrückt gewesen seien. Sie sind viel im Ausland unterwegs und haben zahlreiche ausländische und jüdische Freunde. Wenn wir ihnen heute von den Konzentrationslagern erzählen, dann verstehen sie, wie ich glaube, deren Besonderheit nicht mehr. Sie wissen, das waren schreckliche und menschenverachtende Orte. Aber für sie ist die Geschichte voll von entsetzlichen Ereignissen. Insofern ist ihnen mehr und mehr unverständlich, was wir – die Angehörigen meiner Generation – noch am eigenen Leib erlebt haben. Ich frage mich oft, ob man den Angehörigen dieser jungen Generation noch vermitteln kann, wie widersprüchlich diese Zeit gewesen ist? In Flensburg zum Beispiel, wo ich zur Schule gegangen bin, gehörte die Hälfte meiner Klassenkameradinnen zum Bund Deutscher Mädel (BDM). Die andere Hälfte nicht, da wir noch einem Jahrgang angehörten, in dem die Mitgliedschaft im nationalsozialistischen BDM keine Pflicht war. Und wir hatten eine hervorragende Lehrerin, die nicht mit den Nazis sympathisierte. Trotzdem war es selbstverständlich, dass wir zu Beginn des Unterrichts den Arm heben und »Heil Hitler« sagen mussten. Später, bei meinen Studienfreunden, wusste ich, wer für und wer gegen den Nationalsozialismus war. Es war ja nicht so, dass von heute auf morgen viel zu viele Menschen Nazis wurden. Aber zu wenige haben gegen den Nationalsozialismus gekämpft, das ist der entscheidende Punkt. Es stimmt nicht, dass ganz Deutschland während des gesamten Krieges für Hitler gewesen ist. Allerdings haben nur relativ wenige Menschen im aktiven Widerstand ihr Leben riskiert. Diese Unterschiede kennen die jungen

Menschen heute nicht mehr. Sie wissen nicht, dass die deutsche Bevölkerung im ›Dritten Reich‹ tief in sich gespalten war. Sie nehmen das höchstens als Entschuldigung wahr.

Was ich damit sagen möchte: Wir wurden durch das ›Dritte Reich‹ politisiert. In meinem Elternhaus spielte die Politik keine herausragende Rolle. Erst langsam habe ich begonnen, mich für Politik zu interessieren. Eigentlich habe ich erst in einer höheren Schulklasse begriffen, dass es Parlamente und Parteien gibt und dass die Nationalsozialisten in Deutschland das alles zerstört hatten. Für die Jugend von heute sind Parteien und Parlamente und eine freie Presse selbstverständlich. Sie wissen zum Glück nicht, was es heißt, in einer Diktatur zu leben. Sie wissen: So war es, das haben wir hinzunehmen, das ist unsere Geschichte. Aber für sie ist das Geschichte. Für mich ist es mein Leben. Das ist ein großer Unterschied. Trotzdem muss man auch in Zukunft weiter an die Geschichte des ›Dritten Reiches‹ und der Unmenschlichkeit erinnern. Wir müssen den jungen Menschen zeigen, dass wir alle zusammen dauerhaft dafür verantwortlich bleiben, dass so etwas nie wieder geschieht.

III. ALTER UND TOD

Lebenswerk und Lebenssinn

Was ist Lebenswerk? Ich bin 93 Jahre alt. Was hat diese Jahre beeindruckt, beeinflusst, was scheint mir, von heute aus gesehen, wesentlich für den Gang oder Lauf meines bisherigen Lebens gewesen zu sein? Ich möchte versuchen, Erkenntnisse über mich, mein Denken und Handeln, meine Welt, meine Geschichte zu gewinnen und wiederzugeben, was ich als Wahrheit in und um mich herum zu erkennen glaubte.

Zusammenfassend lässt sich sagen, dass mein »Lebenswerk« sich mit Emanzipation im weitesten Sinn beschäftigt, das heißt mit der Befreiung von Denkeinschränkungen, Vorurteilen, Ideologien, die in meinem Leben zur mörderischen Begeisterung für einen Verbrecherstaat und über lange Zeit zu einer neuen Variante der Entwertung der Frau und ihrer Stellung in der Gesellschaft führten. Ist »Lebenswerk« gleich Lebenssinn, oder ergibt sich »Lebenswerk« aus dem, was man als den Sinn seines Lebens ansieht? Keine so leicht zu beantwortende Frage, da im Laufe der Zeit Lebenssinn und Lebenswerk sich verändern, sich gegenseitig beeinflussen und von Zufall und »Schicksal« nicht verschont bleiben.

»Lebenswerk« und »Lebenssinn«: Damit ist unmittelbar auch die Frage der Ethik angesprochen. Aber was ist Ethik heute? Wer bestimmt, was »gut«, was »böse« ist? Gibt es sie noch, die für alle gültigen Werte und Normen oder die von allen geteilte Lehre vom »richtigen Leben«? Müssen wir

uns nicht eher mit der »traurigen Wissenschaft« zufriedengeben, mit den »Reflexionen aus dem beschädigten Leben«,
wie sie uns Adorno als »Minima Moralia« nahegebracht
hat?[1] Als ich vor einiger Zeit gefragt wurde, ob die Psychoanalyse nicht dazu neige, den Menschen die Verantwortung
für ihr Handeln abzunehmen, indem diese sich auf Freuds
»Das Ich ist nicht Herr im eigenen Hause« berufen könnten, wandte ich ein, dass gerade die Psychoanalyse vom in-
formierten Zeitgenossen verlange, sich die unbewussten Dimensionen seiner Triebwelt, wie sie in seinen Wünschen,
Affekten, Phantasien offenbar werden und sein Handeln beeinflussen, bewusst zu machen, um so eine begründete Verantwortung für sein Verhalten übernehmen zu können.

Ich bin weder Philosophin noch Historikerin und werde
mich deshalb darauf beschränken, anhand autobiographi-
scher Daten diese Wechselwirkung zwischen Leben, Lebenssinn und Lebenswerk zu veranschaulichen und psychoanalytisch zu verstehen. »Im Moment, da man nach Sinn und
Wert des Lebens fragt, ist man krank, denn beides gibt es ja
in objektiver Weise nicht«, so Freud. Also war ich krank,
denn darüber, was mein Leben für einen Sinn haben könnte,
habe ich schon früh nachgedacht. Oder war ich nur ein Kind
meiner Zeit und Kultur, die verlangten, dass man seinem Leben eine Bedeutung gab? Jedenfalls mit etwa sechs, sieben
oder acht Jahren meinte ich, es darin erkannt zu haben, dass
ich meine Mutter glücklich machen sollte. Nicht, dass meine
Mutter besonders viel Unglück ausstrahlte, aber ich glaubte
doch früh zu erkennen, dass die Heirat mit meinem Vater
für sie ein Akt der Resignation gewesen war, dass die »große
Liebe« ihrer Vergangenheit angehörte. Das mag auch durchaus so gewesen sein, obwohl mir mittlerweile klar ist, dass
der Wunsch, seine Mutter glücklich zu machen, von vie-

len meiner Analysandinnen geteilt wird, ihr Leben und ihr Verhalten nicht unwesentlich prägt und von Deutungen des mütterlichen Seelenlebens abhängt, die mehr eigenen Phantasien entnommen sind als der Realität. Jedenfalls störte es mein seelisches Gleichgewicht erheblich, wenn ich meine Mutter traurig wähnte.

Mein Vater, ein denkbar verlässlicher, etwas zur Depression neigender Mann, war ihr sehr zugetan, sah vielleicht in ihr durchaus das, was ich als »große Liebe« ansah, wenn er überhaupt geneigt war, in diesen Kategorien zu denken. Jedenfalls hatte er, bevor sie in sein Leben trat, ein ziemlich freudloses Leben als Witwer mit drei Kindern geführt, so zumindest sah ich es oder wollte es so sehen. Dass sein wie mein Leben erst mit ihr begann, schien mir selbstverständlich.

Wie dem auch sei: Für mich war es eine Lebensaufgabe, meine Mutter glücklich zu machen, was mir in gewisser Weise sogar gelungen zu sein scheint. Das ist sicherlich ein Glücksfall, den ich hochzuschätzen gelernt habe, denn gerade der fehlte manchen meiner Analysandinnen, die an demselben »Symptom« litten, aber keine Chance hatten oder sich die Chance verdarben, ihre »Mutter glücklich zu machen«.

Ich hatte also Glück – aber warum? Ich denke, die Theorie der Psychoanalytikerin Melanie Klein, nach der das Kleinkind im ersten Lebensjahr verfolgenden und destruktiven Phantasien (paranoid-schizoide Phase) ausgesetzt ist, um mit wachsender Beziehungsfähigkeit zur emotionalen, mitmenschlichen Umgebung Schuldgefühle und Wiedergutmachungsbedürfnisse zu entwickeln (depressive Phase), würde folgende Antwort anbieten: Das Verhältnis Mutter und Tochter habe sich bei mir so gestaltet, dass ich in die depressive Phase eintreten und die früheste Phase mit ihren Verfolgungs-

phantasien so weit überwinden konnte, dass ich Schuldgefühle zu empfinden lernte und der unbewusste Wunsch nach
Wiedergutmachung dieser für das erste Lebensjahr typischen
aggressiven Phantasien immer stärker wurde. Es dauert ja
manches Jahr, bis ein Kind zwischen Phantasie und Realität zu unterscheiden lernt. Wenn es sich um Phantasien handelt, die unbewusst sind und bleiben, mag deren Wirkung auf
Charakter und Verhalten sich jedoch über ein ganzes Leben
erstrecken. Bei mir überwog das Urvertrauen wohl bald die
destruktiven Phantasien, die als Abwehr und Ausdruck der
völligen Hilflosigkeit des Kleinkindes anzusehen sind, wie
auch die Neigung, die nie ganz überwunden wird, sein eigenes Innenleben auf den anderen zu projizieren und zu glauben, dessen Innenleben (projektive Identifikation) zu kennen
und beeinflussen zu können.

In meiner frühen Kindheit war meine Mutter die Einzige,
bei der ich mich vollkommen aufgehoben fühlte, in deren
Gegenwart ich mich meinen Gedanken, meinen Phantasien
unbefangen zuwenden konnte, ohne dass ich Angst entwickeln musste, die äußere Welt dabei zu verlieren. Geben und
Nehmen, so schien es mir, hielten sich im Gleichgewicht je
nach Alter und Bedürfnissen von Mutter und Tochter – das
aber vermissten viele meiner Analysandinnen, die glaubten,
ihre Mutter nie zufriedenstellen zu können; dementsprechend gelang es ihnen nur selten, selbst glücklich und entspannt zu sein. Bewusst litten sie oft wenig unter Schuldgefühlen, in ihrem Charakter und Verhalten zeigten diese sich
jedoch umso deutlicher. Ihre aggressiven Phantasien projizierten sie auf die Mutter, und sie neigten dazu, in ihren
Liebes- und Freundschaftsbeziehungen ein Gefühl der Un-
zufriedenheit zu vermitteln: »Das Glas war nie halb voll, immer halb leer.« Sie waren wie ich zeitweilig »Tomboys«, das

heißt Mädchen, die durch ihr Verhalten zeigen, dass sie lieber ein Junge gewesen wären. Für Freud entsprechen diese Wünsche der »phallischen Phase« kindlicher Entwicklung, in der das Mädchen als Mann die Mutter glücklich machen möchte – und das klappt selten oder nie. Meine Analysandinnen gingen im späteren Leben oft lesbische Beziehungen ein, die nicht weniger konfliktreich waren als das Verhältnis zur Mutter. Ich wählte einen anderen Weg, nicht ich war der Mann, der meine Mutter glücklich machen sollte, ich suchte ihn für mich aus, um ihn meiner Mutter zu übergeben. Ich werde darauf zurückkommen.

Die Atmosphäre der sicheren Distanz und die »Raum« ermöglichende Beziehung zu meiner Mutter erlaubten es mir, mich meinen Gefühlen und Phantasien hinzugeben, ohne allzu große Angst zu haben, meine Mutter könne mir innerlich verlorengehen. Ich las alles, was mir in die Finger kam, damit entfernte ich mich eher von meiner Mutter, was mich aber offensichtlich nicht bedrückte, denn Lesen war eine Sucht, die mir die Mutter erlaubte, mein Spitzname im Quartett mit den drei besten Freundinnen war »Leseratte«.

Ich war in der »Glückshaube« geboren, und offensichtlich erlebte ich mich bis zu meiner relativ früh einsetzenden Pubertät immer noch in einer schützenden Haube geborgen. Mein Vater, ein von seiner Arbeit oft überforderter Landarzt, war mir eher fremd. Wenn ich mit ihm allein war, fühlte ich mich unfrei, beklommen und wenig geneigt, Persönliches mit ihm zu besprechen. Also mein Lebenssinn war, meine Mutter glücklich zu machen, und ich war mir auf naive Weise sicher, dass sie das auch akzeptierte. Bin ich deswegen Psychotherapeutin geworden, wollte ich sie oder mich heilen oder später meine Mitmenschen glücklich machen? Oder spielte etwas anderes dabei die wesentliche

Rolle, etwas, das ich nicht wahrhaben wollte, nämlich die Unfähigkeit, einen »Dritten« neben mir zu dulden? Verleugnete ich dessen Existenz im Seelenleben meiner Mutter? Zumindest war ich fest davon überzeugt, dass weder mein Vater noch mein Bruder ernstzunehmende Rivalen im Kampf um die Liebe meiner Mutter waren. Nur einen gab es: den verstorbenen Verlobte, dessen Bild auf ihrem Schreibtisch stand und den sie oft erwähnte. Diesen zu erobern oder ihn als Rivalen bei meiner Mutter aus der Welt zu schaffen hat manche meiner Lebensentscheidungen beeinflusst.

Das war also meine Art, mit dem seit Freud so berühmten Ödipuskomplex umzugehen.

Wie zu erwarten war, änderte sich die Beziehung zu meiner Mutter während meiner Pubertät, wenn auch nicht grundsätzlich, so doch im Sinne dessen, dass sie nicht mehr alleiniger Mittelpunkt meines Lebens war. Neben ihr gab es andere und anderes, was durchaus in ihrem Sinne war. Meine Freundinnen wurden auch die Ihren, was mich weit mehr befriedigte, als dass es mich eifersüchtig machte.

Mit 14, 15, 16 Jahren steht man vor der Aufgabe, erwachsen zu werden, Lebensweg und Lebenssinn richten sich darauf ein, für sich selbst verantwortlich zu sein. Die Abhängigkeiten von Menschen in der äußeren Welt wie von deren Bedeutung in der inneren sind langsam, aber sicher von anderer, bisher unbekannter Natur. Die große weite Welt öffnet sich uns, wir gehen mit gespannter Erwartung der Zukunft entgegen, schüchtern erst, je mehr man von der Welt zu wissen glaubt und je mehr man sich mit wachsender Erfahrung darüber klar wird, wie wenig man von ihr weiß bzw. dass man nur sieht, was man weiß oder glaubt zu wissen. Angst und Unkenntnis der eigenen Gefühlswelt stehen in einem unmittelbaren Zusammenhang. Je weniger wir mit unseren Gefühlen verstehend umgehen können, umso ängstlicher sind wir und umso geringer ist die Neigung, uns dem Unbekannten zu öffnen, neugierig auf das »Nicht-Identische« zu sein oder es überhaupt wahrnehmen zu wollen. Die ödipale Stufe der Entwicklung zu erreichen, das Verbot seiner inzestuösen Wünsche zu verinnerlichen, ein Über-Ich auszubilden und mit Hilfe dieser psychischen Struktur der symbiotischen Beziehung zur Mutter zu entfliehen wird auch als Tor zur Welt bezeichnet, in der der andere als anderer wahrgenommen und die Vielfältigkeit des Lebens erkannt wird.

Mit dem Verlassen des Elternhauses – ich war kaum 15 Jahre alt –, mit dem Eintritt in eine neue Schule in der »Großstadt« Flensburg, mit der größeren Unabhängigkeit von Familie und Eltern, mit der Erfahrung eines zuerst überwältigenden, dann nachlassenden Heimwehs, der Aufnahme neuer Eindrücke änderte sich auch der »Sinn meines Lebens«. Ich begann darüber nachzudenken, was das eigentlich heißt: Du willst deine Mutter glücklich machen. Dahinter steckte doch die altmodische Vorstellung, Glück sei Liebe und dieses durch Heirat mit dem »richtigen« Mann zu erreichen. Dieses Glück hatte ja meine Mutter – so meinte ich – sowieso verpasst, weswegen ja für mich wenig Aussicht bestand, dass dieser mein »Lebenssinn« erfüllt werden könnte. Das waren so gelegentlich auftauchende Gedanken, und ich trat in die zweite Phase meines »Lebenssinnes« ein. Ich war hungrig auf Welt und Wissen, dann kamen die Verliebtheiten mit 16 oder 17 Jahren, die gemeinsam beredete Sache mit meinen Freundinnen waren, aber der Mutter eher verschwiegen wurden, und die ich mit ziemlicher Wucht seelischer Natur hinter mir ließ, als ich mich in meine Deutschlehrerin verliebte. Diese öffnete mir und meinen besten Freundinnen die weite Welt der Literatur, in der man mit ganz anderen Schicksalen und Lebensweisen als den eigenen konfrontiert wird. Sie förderte unsere Fähigkeit, kritisch zu denken, Gefühle mit Gedanken zu verbinden, mit anderen Worten: aus Erfahrung zu lernen. Und sie öffnete uns auch die Augen dafür, wie primitiv die Ideologie des ›Dritten Reiches‹ war und dass es in Deutschland Menschen gab, die die Entwicklung zum ungehemmten »Nationalsozialismus« distanziert und illusionsfrei wahrnahmen. Im Grenzland Nordschleswig (Sönderjylland) war eine solche Haltung in der deutschen Minderheit kaum zu finden. Wie meist in Grenzgebieten zweier Nationen, wo jeder der Rivalen sein überlegenes Wertgefühl zu verteidigen sucht, vernebelt der Nationalismus kritische Sicht oder Einsicht.

Wünsche, zu einem anderen Teil des Selbst, meines Lebens vorzustoßen, wurden bei mir wach, die anderswo angesiedelt waren als den »richtigen Mann« zu finden, eine Familie zu gründen mit dem glücklichen Ende »and they lived happily ever after«. Das schien mir wie vielen meiner Generation kitschig und spießig zu sein, wir wussten zu viel, um an dauerhaftes eheliches Glück glauben zu können. Wir wollten einen Weg darüber hinaus, der Vergangenheit, Gegenwart, Zukunft einschloss und offen blieb bis ans Lebensende. Es war klar, außer dem traditionellen frauenspezifischen Streben nach Glück im Sinne von Ehe und Familie gab es andere wahrhaftigere, spannendere Ziele. Aber das war natürlich auch eine Wiederholung früher Lebenseinstellungen, in einer neuen Lebensphase zog ich die Frau dem Mann vor.

Die Liebe zu meiner Lehrerin, der Wunsch, in ihr mein Vorbild zu sehen, war auch eine Wiederholung früher Lebenseinstellungen; in einer neuen Lebensphase war es wiederum eine Frau – meiner Mutter nicht ganz unähnlich –, die ich den Männern vorzog.

Meine erotische Zuwendung zum anderen Geschlecht beeinflusste die Wahl meiner Lehrerin als Vorbild und Liebesobjekt allerdings nicht, was auch bedeutete, dass ich gleichzeitig auf Vatersuche war. Ich suchte ihn in diesem oder jenen Lehrer, im Vater meiner Freundin, in deren Familie ich in den letzten beiden Jahren meiner Schulzeit als Ersatz für die aus dem Haus gegangene Tochter aufgenommen wurde. Er war bis 1937 Polizeipräsident. In seinem Haus fand man viele der bereits verbotenen Bücher, wie z.B. Freuds oder Brechts Schriften. Er war der Sohn eines preußischen Generals, seine Mutter ließ sich mit »Exzellenz« anreden und die Hand küssen, worüber er sich lustig machte. Er war also ein kritischer und überlegener Mensch und entsprach meiner Vatersuche. Wiederum änderte sich mein alter Lebenssinn: meine Mutter glücklich zu machen, ohne dass ich mir bewusst darüber im Klaren war. Brauchte ich diesen »Sinn«, um meinem Leben Struktur zu geben bzw. ein Gefühl für Zeit zu entwickeln, damit das Leben mir nicht wie Sand durch die Finger floss? Kultur ohne Struktur hat keinen Boden. Aber wollte ich sie überhaupt noch glücklich machen, wie konnte das denn aussehen, war das nicht nur naiv?

Bewusst und Unbewusst sind zweierlei seelische Bereiche, die einander fremd sind; das bewusste Ich wird von seinen der Verdrängung anheimgefallenen Triebimpulsen weitgehend beherrscht, ohne seinen Gegner auch nur wahrzunehmen. Das Ich ist nach Freud bekanntlich nicht Herr im eigenen Haus. Davon wusste ich, bevor ich selber eine Analyse begann und mich in diesem Fach ausbilden ließ, nicht allzu viel.

Ich verband mich mit einem Mann, der an Tuberkulose litt, darin ähnlich der »großen Liebe« im Leben meiner Mutter, der Verlobte, der kurz vor der Hochzeit mit ihr an ebendieser Krankheit sterben musste. Diesen kranken jungen Mann, meinen Freund, schickte ich zu ihr, damit sie ihm helfen sollte, wieder gesünder zu werden. Das endete in einer ziemlichen Katastrophe, ich entfloh dieser Verbindung, meine Mutter aber war noch eine ganze Zeit mit einem seelisch sehr gestörten Menschen konfrontiert, der ihr das Leben ziemlich schwer machte. Mein Versuch, meine Mutter glücklich zu machen, war offensichtlich gescheitert. Es war gewissermaßen der unbewusste Versuch, ihre Liebeswahl zu wiederholen oder auch, ihr den Verlobten in eigener Machtvollkommenheit zurückzugeben, eine Rückkehr in die Vergangenheit, die nicht durch das »Schicksal« ihren Abschluss finden sollte, sondern durch eigenen Willen, um dadurch ihre Trauer endgültig zu beenden.

Irgendwie hatte ich den »Verlobten« meiner Mutter als hintergründige Vaterfigur oder Geliebten satt – aber wie diesen »Geist« los werden? Es gab noch einen zweiten Geist in der Familiengeschichte meiner Mutter: ihren Vater. Sie war erst sechs Jahre alt, als er starb. Er war Kürschner und Pelzhändler gewesen. Im Keller ihres Elternhauses hatte sie oft ein Familienwappen derer von Leopoldstein bewundert, und es hieß, die Familie Leopold sei adligen Ursprungs und stamme aus Österreich. Nähere Untersuchungen machten es eher wahrscheinlich, dass die jüdische Herkunft des Vaters verborgen werden sollte.

Wollte ich meine Mutter überhaupt noch glücklich machen? Ich glaube schon, obwohl – sei es mir bewusst oder unbewusst – mittlerweile Glück wie Unglück ganz andere Inhalte bekommen hatten; das galt auch für meine Mutter. Mir schien, um glücklich zu sein, sollte sie sich mit ihrer Seele auseinandersetzen, an ihren Erinnerungen arbeiten, sich über sich und »ihre Wahrheit« so viel wie möglich Gedanken machen, sie war ja eine intelligente, warmherzige, begabte, gebildete Frau. Mit anderen Worten: Für sie sollte der Weg zum Glück den gleichen kritischen Inhalt haben, wie es mittlerweile für mich der Fall war – nämlich die Psychoanalyse, die zu immer neuen und nie endenden Erkenntnissen über die Wahrheiten der eigenen und fremden Seele führte und damit auch zur genauen Wahrnehmung dessen, was die Welt im Innersten zusammenhält – oder auch nicht zusammenhält.

Der Ursprung meines Wunsches, meine Mutter glücklich zu machen – so glaubte ich mittlerweile –, war in dem Bedürfnis zu suchen, sie von der Trauer um ihren verstorbenen Verlobten zu befreien, die ihr nie ganz erlaubt hatte, im Hier und Jetzt zu leben. Die »Unfähigkeit zu trauern« war bei ihr – wie bei so vielen ihrer Zeitgenossen – allzu lange mit einer Unfähigkeit verbunden, Idealisierungen aufzugeben und sich der realen Gegenwart zuzuwenden. Zweifellos war sie ein liebes- und leidensfähiger Mensch. Mit anderen Worten, sie ließ weder ihre Kinder noch ihren Mann oder Freunde ins Leere laufen, wenn sie ihre Gefühle offen zeigten und bei ihr Verständnis suchten, wie das bei einer bestimmten Art von Trauerkranken, von mir als Hoffnungskranke bezeichnet, der Fall ist, die niemals die Hoffnung aufgeben, den Geliebten zurückzugewinnen und sonst für nichts und niemand wirkliches Interesse aufbringen. So war meine Mutter gewiss nicht. Dennoch litt ich als Kind immer wieder unter ihren traurigen Augen – dann schien sie mir fern und unerreichbar, wofür ich mir die Schuld gab. Was der Beschreibung der Psychoanalytikers André Green nahekommt, der das Phänomen einer durch ihre Trauer abwesenden Mutter oder einer ähnlich bedeutsamen Person mit dem Begriff der »toten Mutter« bezeichnet.[2] Das Wesen des traumatisierten

Menschen, dessen Trauer unverarbeitet blieb, ist der psychische Stillstand.

Die verschiedenen Abschnitte meines Lebens, die ich in Bezug auf die Entwicklung meines »Lebenssinnes« bisher darzustellen versuchte, erstreckten sich über folgende Zeitgeschichte: 1917 gegen Ende des Ersten Weltkrieges an der dänisch-deutschen Grenze geboren, erinnere ich mich noch an Zeiten, in denen ich aus Kartoffeln und Rüben auf meinem Teller einen Garten mit Gemüsebeeten machte, weil ich keine Lust hatte, Kartoffeln und Rüben zu essen. Daraus ergibt sich natürlich, dass wirklicher Hunger bei uns nicht zu Hause war. 1920 erfolgte dann die Abstimmung, die dazu führte, dass der Teil Schleswigs, in dem ich geboren war, Dänemark zugeschlagen wurde – zur Begeisterung meines Vaters, der aus national-dänischer Familie stammte, die seit dem verlorenen deutsch-dänischen Krieg 1866 für die Wiedervereinigung, »Genforening«, mit Dänemark gekämpft hatte. Kummer bei meiner Mutter, die aus Lübeck stammte und – wenn auch gemäßigt – doch eine nationalgesinnte Deutsche und Bismarck-Verehrerin war. Der Begriff »Wiedervereinigung« galt also für die Dänen und nicht für die deutsche Minderheit. Sie war nicht zu vergleichen mit der zweiten »Wiedervereinigung«, die ich erlebte, die zwischen Ost- und Westdeutschen 1989. Der Unterschied war eklatant. 1920 musste sich eine Minderheit nach rechtmäßiger Wahl diesem Ergebnis fügen – es blieb der nationale Unterschied in der Familie oder im Lande und nicht der einer Entfremdung von Angehörigen gleicher Nationalität, wie es nach Ende der ersten Euphorie bei der deutschen Wiedervereinigung der Fall war, als sich gemeinsam Besiegte quasi als Gewinner und Verlierer fühlten und nicht als ein wiedervereintes Ganzes.

Meine Eltern hatten 1912 geheiratet, als Nordschleswig ein Teil des deutschen Reiches war; mein Bruder wurde 1915 geboren, da hatte der Erste Weltkrieg schon begonnen. Es gibt einen langen Briefwechsel zwischen meinem Vater und meiner Mutter vor ihrer Heirat, in dem sie sich damit auseinandersetzen, ob und in welcher Weise die unterschiedlichen Nationalgefühle zu einem Störfaktor der zukünftigen Ehe werden könnten. Damals allerdings war Deutschland eine Großmacht, Dänemark ein kleines Land, das nach dem letzten Krieg große Teile seines Landes an Deutschland hatte abgeben müssen und entsprechend unfreundliche Gefühle diesem Land gegenüber hegte; die einzige Landesgrenze Dänemarks – eine Halbinsel – ist die zu Deutschland.

Als meine Eltern heirateten, war das zweifellos von Seiten meiner Mutter eher eine Vernunftehe und von Seiten meines Vaters eine Liebesheirat. Sie war die geliebte Lehrerin der drei Kinder aus der ersten Ehe meines Vaters. Alle Kinder, auch mein Vater, mussten, nachdem ihr Land 1866 preußisch geworden war, Schulen besuchen, in denen das Dänische als Schulsprache verboten war. Das war für meinen dänischen Großvater, der Lehrer war, eine schwere Kränkung. Einen deutschen Verdienstorden für seine erfolgreiche Tätigkeit lehnte er dementsprechend ab.

Wenn Glück auch immer etwas mit Werten zu tun hat, heißt das, wo man die größeren besseren Werte zu sehen glaubt, ist auch das Glück zu suchen. Das große Deutschland war mehr wert als das kleine Dänemark, meine Mutter mehr als mein Vater, deshalb ärgerte mich besonders, in einer Welt leben zu müssen, in der Männer mehr wert waren als Frauen, was mir zunehmend bewusst wurde. Weswegen ich natürlich auch Wert darauf legte, das Gegenteil beweisen zu können. Mein eineinhalb Jahre älterer Bruder, immer ein Rivale, besuchte die dänische Schule, eine staatliche Schule, die größer war als die deutsche Privatschule, die ich mir, in Identifikation mit meiner Mutter, gewählt hatte. Vielleicht war er klüger als ich, so dachte ich mir, auch wenn für mich die Entscheidung nach wie vor bewusst und eindeutig war, Deutsche zu werden, wie für ihn, Däne zu sein, aber dass ich in der dänischen Schule möglicherweise schlechtere Zensuren haben könnte als er und nur in der kleineren deutschen Schule gut war, diesen Gedanken wies ich immer schnell zurück. Dennoch war die Rivalität, die von ihm ausging, schärfer und affektiver als diejenige, die ich meinem Bruder gegenüber verspürte. Es war klar, mein »Vaterland« war symbolisch Mutterland, und mit dieser nationalen Wahl war ich meiner Mutter nähergekommen, er hingegen hatte sich mit seiner Wahl von ihr entfernt. Während der Pubertät kam es zu heftigen Auseinandersetzungen zwischen ihm und seinem Vater, was ihn allerdings nicht davon abhielt, an seinem Dänentum festzuhalten, später in Kopenhagen Jura zu studieren, eine Dänin zu heiraten und während des Zweiten Weltkriegs ein aktives Mitglied des dänischen Widerstands zu werden. Auch er kämpfte leidenschaftlich für seine Überzeugung, die richtige »nationale« Wahl – mit all ihrer Symbolik – getroffen zu haben. Er stand bei Kriegsende als derjenige da, der sich für die »besseren Werte« entschieden hatte. Dass ich ihm darin Recht geben musste – was die Nazi-Entwicklung Deutschlands betraf – hat der Beziehung gutgetan. In unseren politischen Wertvorstellungen stimmten wir bereits seit der Besetzung Dänemarks im April 1940 überein.

Die kindliche Richtung der Vorstellung von Glück, entsprechend anerkannter Werte, änderte sich mit meinem Leben in Deutschland und der zunehmenden Macht der Nazis. Das große Deutschland, das ich für so viel besser gehalten hatte als das kleine Dänemark und dessen Idealisierung mit der meiner Mutter übereinstimmte, füllte seine Größe mit Werten, die den sich entwickelnden eigenen Werten zunehmend widersprachen. Das tat der Liebe zu meiner Mutter zwar keinen Abbruch, aber die Abhängigkeit von ihr, insbesondere was die Wertewelt betraf, verschob sich zugunsten meiner Lehrerin, deren pädagogischer Eros unmittelbar auf die von ihr gelehrten Fächer Deutsch und Philosophie ausströmte und jegliche Nazi-Ideologie für uns Schülerinnen nur lächerlich erscheinen ließ.

Dass ich zudem auf deren, wie mir schien, differenzierteres und kritischeres Urteil entsprechend mehr Wert legte als auf das meiner Mutter, kann man als typisch pubertäre Entwicklung mit entsprechender Ablösung von Elternfiguren auffassen, aber es entsprach auch der Realität, wie sie durch meinen Vater vertreten wurde, der früh wahrnahm, welches Verhängnis Hitler für Deutschland und die Welt werden sollte. Mein Vater und seine Welt gewannen dadurch deutlich an Wert.

Aus der Bewunderung für die große deutsche Nation, meinem Ideal, wurde also mit dessen Übergang zum »Tausendjährigen Reich« und dessen Herrenrasse das Gegenteil, nämlich Verachtung und Abscheu. Ein sehr schmerzlicher Vorgang, weil das natürlich auch eine Entwertung der eigenen Person bedeutete. Außerdem war das Nazi-Reich in dieser Zeit sehr mächtig; sich dagegen aufzulehnen war gefährlich, was ich dann auch zu spüren bekam: Zwei meiner Freundinnen und ich, die wir unsere Ansichten wohl allzu deutlich geäußert hatten, sollten zeitweilig daran gehindert werden, das Abitur zu machen. Die Auseinandersetzungen um unsere »politische Zuverlässigkeit« fanden nur wenige Monate vor Schulabschluss statt und machten mir große

Angst, denn ich konnte mir ein Leben ohne Studium nicht vorstellen, und wie schnell konnten Lebenserwartungen vernichtet werden. Zunehmend regierten Angst und Hass in meiner Seele gemeinsam, was mein Leben in Nazi-Deutschland anging, ein Leben, das gleichzeitig seinen alltäglichen Lauf nahm, was Studium und Freundschaften betraf.

Der zweite Abschnitt meines »Lebenssinnes«, meine Mutter glücklich zu machen, fiel also in die Zeit meiner ersten Abwesenheit vom Elternhaus, meiner Schulzeit in Flensburg bis zum Abitur. Nicht mehr eine »erfüllte Ehe« war das Ziel meines Lebens, auch nicht mehr Inhalt dessen, was dazu beitragen sollte, meine Mutter glücklich zu machen, sondern geistige, menschliche, mittlerweile auch politische Werte; diese Werte zum Siege zu führen, das war Sinn des Lebens, sollte auch Sinn des Lebens meiner Mutter sein. Und sie wurden es auch. Weihnachten 1939 konnte ich sie davon überzeugen, dass man kein »Vaterlandsverräter« sein musste, um die Niederlage des ›Dritten Reiches‹ im Zweiten Weltkrieg zu ersehnen. Zwischen zwei Kulturen lebend, erkannte ich zunehmend die Wesensunterschiede der beiden Völker – meine deutschen Freunde neigten zum Idealisieren, waren autoritätsgläubiger als meine dänischen, nicht alle natürlich, aber die Atmosphäre in Deutschland war stärker von Pflicht und Strenge, auch Humorlosigkeit geprägt, als ich es in Dänemark erlebte, wo mehr gelacht wurde, auch über sich selbst. Mit dem ›Dritten Reich‹ änderte sich sowieso alles, auch, wie mir schien, die »deutsche Mentalität«.

Daneben bestanden immer noch die allgemeinmenschlichen Zukunftsvorstellungen, in denen mir irgendwann eine Familie, ein Mann und Kinder vorschwebten. Es gab junge Männer, in die ich mich verliebte, von denen aber nie einer so etwas wie »der Richtige« zu sein schien. Meine beste

Freundin, mit der ich meine Wertewelt, meine Interessen, die letzten Jahre meiner Schul- wie meiner gesamten Studienzeit teilte, war mir wichtiger als die jungen Männer. Ich höre mich noch wiederholt äußern: »Meine Mutter und meine Freundin genügen mir.«

Mit all diesen Veränderungen meines »Lebenssinns« schritt auch die unglückselige Entwicklung Deutschlands einher. Immer deutlicher stellte sich heraus, dass Nazi-Deutschland auf einen Krieg zuging, 1938 war das unübersehbar, dazu kam die hemmungslose Entwicklung des Antisemitismus; die brutalen Vernichtungswünsche den Juden gegenüber; das, was in allen Zeitungen stand und in Hitlers *Mein Kampf*, den niemand las, längst auch dokumentiert war, wurde in den Novemberpogromen von 1938 in aller Öffentlichkeit manifest, und das war – wie wir wissen – nur der Beginn des Schrecklichen. Idealisieren einerseits, verfolgen und sich verfolgt fühlen andererseits beherrschten das Klima im Nazireich, rücksichtslos vorangetrieben von Goebbels' Propaganda.

Mein Vater war im Herbst 1937 gestorben, ich begann mein Studium in München mit Deutsch, Geschichte und Englisch, belegte im nächsten Semester außerdem Romanistik und Theaterwissenschaften, weil die bis heute bekannten Professoren Vossler und Kutscher die beiden einzigen Professoren waren, die mir nicht vom Nazi-Virus angesteckt zu sein schienen und Interessantes zu bieten hatten. Dieses Wissen teilte ich mit einer ganzen Anzahl von Kommilitonen. Dennoch war die geisteswissenschaftliche Richtung vorwiegend braun gefärbt, und ich begann Medizin zu studieren, was auch immer der Wunsch meines Vaters gewesen war – außerdem ein Fach, das objektives Wissen lehrte und nicht so leicht ideologisiert werden konnte, so glaubte ich damals noch.

Der Krieg begann, und ich wusste meine Mutter auf meiner Seite in der Überzeugung, dass nur die Niederlage Nazi-Deutschlands uns vor der Barbarei zu schützen vermochte. Die Mutter-Tochter-Beziehung, wie man sieht, war immer noch sehr eng, wenn ich mich auch oft als die Mutter meiner Mutter empfand. Ich hatte ihren »Mangel« (Lacan), das, was ihr meiner Meinung nach fehlte, nicht durch einen Mann aufzufüllen, sondern durch gleiche Werte, damit wir »eins« blieben. Durch das Teilen gemeinsamer, durch Sprache zu vermittelnder objektiver Erkenntnisse glaubten und hofften sie und ich uns einer denkenden, über den Nationen stehenden Allgemeinheit zugehörig und dieser verbunden. Rückblickend ist meine Bewunderung groß, wie sie als Witwe ihr Leben zu meistern verstand. Sie klagte nicht, verlangte keine besondere Aufmerksamkeit, die ich ihr deswegen natürlich umso lieber gab. Und offensichtlich musste ich sie immer noch glücklich machen.

Ich ging – wie ich schon erwähnte und besser verstehen lernen möchte – eine Beziehung mit einem Mann ein, der an Tuberkulose litt. Was mich dazu bewog, kann ich nur auf meinen »Lebenssinn« zurückführen, denn verliebt war ich eigentlich nie in ihn. Dazu kam ein irrationales Bedürfnis, Opfer zu sein, wie es Hermann Broch in seinem wunderbaren Roman *Esch oder die Anarchie*, dem zweiten Band seiner Trilogie *Die Schlafwandler*, eindrücklich schildert, die den Fortschritt des Werteverfalls auf Deutschlands Weg zum ›Dritten Reich‹ zum Thema hat. Mit der Wahl dieses Mannes wollte ich offenbar das Schicksal meiner Mutter wiederholen, denn damals glaubte man noch, wer unter Lungen-Tbc litt, sei dem Tod geweiht. Meine Mutter, bei der mein Freund sich öfter erholte, hatte ihn offenbar gern und übersah im Großen und Ganzen seine erhebliche Neurose. Die

Verbindung dauerte bis nach dem Kriege. Als es keine Nazis mehr gab, die er mit Recht und klarer Einsicht hassen konnte, wurde offenbar, wie gestört dieser sehr intelligente Mann war. Er konnte sich in einer Welt, in der er sich nicht bedroht fühlte, nur schwer zurechtfinden, die selbstzerstörenden wie die paranoiden Züge seines Charakters wurden überdeutlich. Was gewiss nicht andeuten soll, dass Menschen, die mit Hitler nicht übereinstimmten, Paranoiker waren, auch wenn es solche – damals wie eh und je – gegeben haben mag, aber die »Atmosphäre« der Verfolgung und des Verfolgtwerdens, die das Nazireich beherrschte, verging mit dem Untergang Hitlers so schnell nicht.

Zwei Jahre nach Kriegsende übernahm ich einen Posten als Ärztin in der Schweiz, mein Freund blieb zurück: Die Situation war für meine Mutter alles andere als einfach. Verfehlte ich meinen Lebenssinn, »meine Mutter glücklich zu machen«? Oder vergaß ich ihn? Oder wollte ich mich unbewusst dafür rächen, dass mein Vater- und Partnerbild vorwiegend durch sie und ihren nie vergessenen Verlobten geprägt war? Ohne es zu wollen, hatte sie durch die Trauer und die Idealisierung des verstorbenen Verlobten das Ihre dazu beigetragen, dass mein Vater nie in den Mittelpunkt meines Interesses und meiner Suche nach einem Vorbild rückte. Die Idealisierung des »Vaterlands«, das ja für mich eindeutig ein Mutterland war, hatte ich seit langem beenden müssen.

Als neue Möglichkeit eines Ideals wandte ich mich der Psychoanalyse zu, vorübergehend hatte ich die Wahrheit in der Anthroposophie gesucht, die mich aber nicht überzeugen konnte, die Psychoanalyse umso mehr. Das Interesse an der Psychoanalyse belebte sich durch die Liebe zu einem Mann, den ich einige Jahre später heiraten sollte. Wir kannten uns flüchtig aus Heidelberg, ich traf ihn 1947 zufällig in der Schweiz wieder, das heißt im Tessin »unter Palmen«, der Inbegriff des Paradieses für eine, die die letzten Kriegs- und Nachkriegsjahre im hohen Norden verbracht hatte. Mit dieser sich vertiefenden Liebe und der Geburt meines Sohnes begann eine neue Phase meines Lebenssinns. Zum ersten Mal waren meine Ideale beruflicher und weltanschaulicher Natur mit einem Mann verbunden und durch ihn erweckt.

Um meine medizinischen Kenntnisse zu erweitern, war ich in verschiedenen Kliniken tätig, bildete mich in Psychotherapie und Psychoanalyse aus. Als alleinerziehende Mutter wollte ich mich auch beruflich soweit wie möglich vervollständigen. Mein Sohn war noch keine zwei Jahre alt, als ich ihn schweren Herzens in die Obhut meiner Mutter nach Dänemark gab. Wollte ich sie glücklich machen? Oder glaubte ich meinen Sohn dort besser aufgehoben, wo auch mein Halbbruder und dessen Familie sich seiner anzunehmen bereit waren? Sicherlich beides. Jedenfalls war meine Mutter glücklich, ihre »traurigen Augen«, unter denen ich als Kind gelitten hatte, gab es nicht mehr. Natürlich widmete ich mich jetzt meiner neuen – wenn man will – »Religion«, der Psychoanalyse, die für mich in eindeutiger Weise zum geistigen Zentrum meines Lebens wurde, natürlich auch in Verbindung mit dem Mann, den ich liebte; eine dauerhafte Beziehung mit ihm einzugehen war jedoch lange nicht in Sicht.

Dass mein unbewusster Wunschvater dem verstorbenen Verlobten meiner Mutter gleichen sollte, ist rückblickend kaum zu übersehen. Ich suchte ihn in meinem langjährigen Freund, den ich zu meiner Mutter schickte, um sie »glücklich« zu machen, und den ich ihr schließlich überließ. Ich suchte ihn offenbar auch in meinem späteren Mann, den ich jedoch für mich selbst erobern und behalten durfte. Dass in diesem Fall viele Schuldgefühle ödipaler Natur zu bewältigen waren, er war – symbolisch – schließlich der Verlobte meiner Mutter, um selbst »glücklich« sein zu dürfen, dafür hat mir meine Analyse die Augen geöffnet.

Die Psychoanalyse blieb lange der Inhalt meines intellektuellen Lebens, auch meines Lebens mit mir selbst, denn ich glaubte mich nicht nur besser, sondern in einer bisher unbekannten Tiefe und Einsicht durch sie verstanden und Erkenntnisse gewonnen zu haben, die mir bisher verschlossen geblieben waren. Ich erkannte, wie vielfältig und oft widersprüchlich mein Verhalten von unbewussten Motiven und Phantasien bestimmt war, ich lernte, mit mir selbst toleranter, »gnädiger« zu sein, Ambivalenz zu ertragen. Anderen gegenüber fiel mir das seit jeher weniger schwer – es sei denn, es handelt sich um Misshandlung Schwächerer oder um Heuchelei, um Beharrung auf Betrug und Selbstbetrug, auf Lüge, brutaler Gewalt, von der das Nazireich beherrscht war.

Als ich dann schließlich in einer Familie lebte, meinen Sohn zu mir nehmen konnte, war ich überglücklich. Mit diesem meinem Glück verband sich aber kein Unglück meiner Mutter, im Gegenteil, sie liebte meinen Sohn und seinen Vater gleichermaßen und wurde auch von diesen entsprechend wiedergeliebt, was wollte ich mehr?

Der »Sinn meines Lebens«, meine Mutter glücklich zu machen, hatte sich nun schon lange in das Bestreben, erkenne dich selbst, verwandelt, dem sich mit dem Älterwerden der Wunsch verband: Erkenne deine Zeit, wie wurde ich, was ich bin, wie konnte ich dieses Jahrhundert verstehen lernen, dessen Zeuge ich war? Im 20. Jahrhundert gab es zwei Weltkriege, zwölf Jahre Hitler-Deutschland, den Völkermord und Abermillionen Tote. In demselben Jahrhundert erlebten wir die Vertiefung der Aufklärung durch die Wissenschaft der Psychoanalyse, die das Unbewusste und damit die Welt der Gefühle und Affekte ins Licht bewusster Erkenntnis führte. Dieses »Erkenne dich selbst und deine Zeit« macht glücklich und traurig zugleich, die Wissenschaft der Psychoanalyse entstand in eben dem Jahrhundert, in dem es die Realität von Auschwitz gab.

Mir ist klar, dass das Leben nur den Sinn hat, den man ihm gibt, und die Klagen über ein Dasein, das seinen Sinn nicht preisgibt, Ausdruck der Passivität des Denkens und der Unfähigkeit sind, Verantwortung für sich und sein Leben zu übernehmen.

Die Psychoanalyse, lange Zeit zentraler Inhalt meines Lebens, blieb es in vielem, verlor aber ihre »religiöse« Bedeutung. Mit Hilfe meines psychoanalytisch geschulten Denkens erkannte ich, wie sich aus einer Wahrheit die Erkenntnis anderer Wahrheiten ergibt. Die Zeit änderte sich und mit ihr die Fragen und möglichen Antworten wie diejenige, ob und wie wir verstehen konnten, was gerade hinter uns lag. Langsam wurde das Ausmaß des Zivilisationsbruchs, den die zwölf Jahre Hitler bedeuteten, nicht nur dem Ausland, sondern auch uns selber immer deutlicher vor Augen geführt. Wer während des Krieges den englischen Rundfunk gehört hatte, im Ausland gewesen war, aber auch im Inland die Augen und Ohren offen hielt, dem war schon in der Zeit des Krieges vieles von den Verbrechen an der Ostfront und in den KZs bekannt.

Als die Deutschen nach Kriegsende mit den Gräueltaten der KZs konfrontiert wurden, bauten die meisten von ihnen gegen deren Zurkenntnisnahme eine seelische Mauer des Verdrängens auf, die bis in die achtziger Jahre standhielt. Selbst diejenigen, die dabei gewesen waren, Opfer wie Täter, schienen sich gegen die Erinnerung zu wehren. Es dauerte Jahrzehnte, bis die Erinnerung an die Verbrechen der Nazis langsam, aber unausweichlich ihren Weg in die Köpfe aller Deutschen fand. Heute gibt es hierzulande kaum jemanden klaren Sinnes, der die Tatsache der Konzentrationslager leugnet, es sei denn, er oder sie ist durchweg nicht bereit, sich mit Wirklichkeiten zu konfrontieren. Ohne Hitler keine Bomben, erinnerte kürzlich eine die Bombardierung Dresdens überlebende Jüdin an die Realität der Geschichte, nachdem vom Bomben-Holocaust Dresdens die Rede war.

Alexander und mich verband der Wunsch zu verstehen, wie ein Kulturvolk so tief fallen konnte, mit anderen Worten: Wie war Auschwitz möglich? In die 1950 gegründete Abteilung für Psychosomatische Medizin der Universität Heidelberg kamen viele Patienten, die das Elend des Kriegs erlebt hatten, aber so gut wie keiner äußerte von sich aus, was er noch vor wenigen Jahren durchgestanden, mit angesehen oder an dem er oder sie teilgenommen hatte. Alexander Mitscherlich war der Leiter der Abteilung, wir hofften, durch Gespräche und Krankengeschichten der Patienten, die sich einer Behandlung unterzogen, mehr von deren psychischer Verarbeitung der Kriegserlebnisse zu erfahren. Alexander Mitscherlich hatte schon als Vertreter der deutschen Ärzteschaft im Nürnberger Prozess dafür plädiert, die dort Angeklagten intensiv psychologisch zu befragen und zu erfassen, welche seelischen Voraussetzungen »normale« Ärzte motivieren, ihrem ärztliche Ethos zuwider zu handeln, menschlichem Leben seinen Wert abzusprechen und es für ihre »Forschung« zu missbrauchen. Für sein Ansinnen fand er in Nürnberg kaum Verständnis, und auch bei unseren Patienten hatten wir damit nur in den seltensten Fällen Erfolg. Über alles wurde gesprochen, nur nicht über den Krieg, sofern es etwas über die Verbrechen der Nazis zu berichten gab.

Als wir 1967 das Buch *Die Unfähigkeit zu trauern* veröffentlichten, hatten wir uns bereits seit vielen Jahren mit dem Verhalten vieler Deutscher während und nach dem Kriege auseinandergesetzt und zahlreiche Diskussionen im In- und Ausland darüber geführt. Es war ein erster Schritt, um die Reaktionen der Deutschen auf die Entzivilisierung eines Kulturvolkes in den zwölf Jahren des Hitlerreichs begrifflich fassen zu können. Der plötzliche Identifikationsbruch 1945 wurde mit Derealisierung der jüngsten Vergangenheit beantwortet. Schließlich hatte es in Deutschland – der verspäteten Nation – nur über wenige Jahre zwischen dem Ersten und Zweiten Weltkrieg die Möglichkeit einer Identifikation mit Demokratie gegeben, die nie gelang. Ressentiments wegen Versailles, Minderwertigkeitsgefühle den gefestigten europäischen Nationen gegenüber, Sehnsucht nach dem »Retter«, einem Kaiserersatz, siegten über das nüchterne Denken. Ausgerechnet den ressentiment- und komplexbeladenen Versager Hitler hatten sich die Deutschen zum »Gott« gewählt. Goebbels' zynische, von Hitler unterstützte Propaganda hatte ihre Wirkung auf die von beiden so verachtete Massen nie verfehlt, so etwas wie Wahrnehmung der Realität war den meisten Deutschen verlorengegangen. Bis zum Ende hielt der wirklichkeitsfremde Glaube an den Führer und seine Wunderwaffen mehr oder weniger an. »Genießt den Krieg, der Friede wird fürchterlich«, ein während des Kriegs oft gehörter Zynismus, zeigt allerdings, dass manchen Deutschen durchaus bewusst war, welche schrecklichen Verbrechen in deutschem Namen begangen wurden und welche Reaktionen sie zu erwarten hatten. Mit der bedingungslosen Kapitulation und dem totalen Identifikationsbruch muss das Gefühl von Leere und Elend überwältigend gewesen sein, alles verschwand in einer Art Nebel, die Erinnerung konnte mit Hilfe eines fast manischen Wiederaufbaus verdrängt werden. Mit Beginn des Kalten Krieges gab es die Möglichkeit einer Identifikation mit den Amerikanern, die begierig aufgegriffen wurde.

Das »Wirtschaftwunder« tat das Seine dazu. Die Moral der fünfziger Jahre war kleinbürgerlich, das Niveau provinziell. Von dem Wissen um die Psychoanalyse und die Kultur in den Jahren vor Hitler war nichts mehr vorhanden. Die Psychoanalyse wurde als unwissenschaftlich angesehen, von ihrer Weiterentwicklung in den USA und England wusste man nichts. Wenn man überhaupt Notiz von ihr nahm, wurde sie von den arroganten, aber ahnungslosen deutschen Professoren als »veraltet« abgetan. Erst langsam kam die Psychoanalyse wieder in Mode, dann aber mit Vehemenz. Dass sie heute oft totgesagt wird, ist wohl auch darauf zurückzuführen, dass ihre Erkenntnisse und Begriffe ins kollektive Bewusstsein aufgenommen wurden und oft zu Schlagworten verkommen sind. Auch haben sich innerhalb der Psychoanalyse neue Richtungen gebildet, die hier und da zu einer babylonischen Sprachverwirrung führten.

Als die Deutschen in den fünfziger Jahren wieder ins Ausland fahren konnten, waren sie hochgradig erstaunt, dass dort nichts vergessen war. An die Vergangenheit erinnert zu werden wurde nur als Böswilligkeit der ressentimentgeladenen Nachbarvölker ausgelegt. Welche Auswirkungen diese Verdrängungen auf die Volksseele, auf den Einzelnen und damit auf uns selbst hatten, damit haben wir uns über viele Jahre beschäftigt. Die Zeiten ändern sich und mit ihnen das Zeitgefühl. Als Kind und Jugendlicher kann »Zeit« sich endlos dehnen, im Alter kann sich das wiederholen, meistens aber fliegt sie dahin, ohne dass man recht weiß, wohin. Obwohl jedermann weiß – mit Schrecken oder Erleichterung –, dass jeder Augenblick immer der letzte ist und nie wiederkehren wird, stellt er sich diesem Wissen nur selten.

Die Zeit, in der die Wissenschaft dem Ziel lebte, die Menschen von Hunger, Elend und Krankheit zu befreien, sind vorbei. Wissenschaft und Ethik sind in Konflikt miteinander geraten. Die Atombombe wurde gebaut, welche Zerstörung sie anrichtete und welche sie noch anrichten kann, wissen wir. Die Genforschung hat sich so weit entwickelt, dass sie Gott zu ersetzen droht, was die »Herstellung« von Menschen betrifft. Erwin Chargaff sagt dazu: »Zwei verhängnisvolle wissenschaftliche Entdeckungen haben mein Leben gezeichnet: 1. Die Spaltung des Atoms, 2. Die Aufklärung der Chemie der Vererbung. In beiden geht es um Mißhandlung eines Kerns: des Atomkerns, des Zellkerns. In beiden Fällen habe ich das Gefühl, daß die Wissenschaft eine Schranke überschritten hat, die sie hätte scheuen sollen.«[3] Das 20. Jahrhundert mit seinen wissenschaftlichen und technischen Möglichkeiten, seiner Atombombe, seiner Fähigkeit, organisierten Massenmord zu begehen, ist wohl das grausamste und blutigste Jahrhundert, seitdem es eine menschliche Geschichte gibt. Das konnte auch die Weiterführung der Aufklärung durch die Psychoanalyse als eine Aufklärung des bewussten und unbewussten Denkens und Fühlens, der Motive unseres Handelns, nicht verhindern.

Ich habe mich bemüht, mit Hilfe der Psychoanalyse darzustellen, warum ich im Laufe meines Lebens Entscheidungen traf, die ich erst nachträglich zu verstehen in der Lage zu sein glaube. Welche bewussten und unbewussten Phantasien, welche Ereignisse meiner Kindheit oder besser: aufgrund welcher Deutungen dieser Ereignisse ich lebenswichtige Entscheidungen traf oder warum ich meine Bücher schrieb, versuchte ich zu ergründen.

Deutschland als meinem Mutterland wollte ich die Notwendigkeit zu trauern nahebringen, um ihm einen reiferen Umgang mit sich und seiner Geschichte zu ermöglichen, statt dass es im Angesicht von Schuld und Zerstörung in Melancholie versinkt oder in Abwehr der Schuld seelisch verhärtet. Und das ist ja dann auch hier und da gelungen. Heute wird der einstige »Weltfeind« Deutschland als die Nation angesehen, die sich wie keine andere mit ihrer Vergangenheit auseinandersetzt, Erinnern und Trauern sind möglich geworden. Die heutige Jugend hat allen Umfragen zufolge einen grundsätzlichen Lernprozess durchgemacht. Sie ist in ihrer Mehrheit dazu bereit, die Verantwortung dafür zu übernehmen, dass nie wieder vorkommt, was vor 1945 geschehen ist.

In diesem Bericht ist mein Vater viel zu kurz gekommen; dabei hat er zu meiner Wahrnehmung der Qualität objektiven, nüchternen Urteilens und dessen, was mitmenschlicher Anstand für die Moral einer Gesellschaft bedeutet, viel beigetragen. Je älter ich werde, umso näher rückt er mir. Er war es, der mir bei dem schmerzlichen Prozess der Entidealisierung meines einst so hochbewerteten Ideals »Deutschland« innerlich beigestanden hat. So ist er mir doch noch zum Vorbild geworden.

Letztlich waren es Freud und seine Psychoanalyse, die mir den Weg der Selbst- wie Fremderkenntnis möglich machten und mich vor der Entwicklung eines falschen Bewusstseins bewahrten.

Mit der »Erinnerungsarbeit« habe ich mein Bemühen bis heute weitergeführt, die deutsche Nachkriegszeit, was aus der »Unfähigkeit zu trauern« wurde, zu verstehen. Ähnlich versuchte und versuche ich mir Gedanken darüber zu machen, warum den Frauen ihre Emanzipation so schwerfällt, ob es nur an der männlichen Gesellschaft liegt, die ihr eigenes Prinzip so ausgedehnt hat, dass die Opfer die Frauenfrage gar nicht mehr zu stellen vermögen, oder ob und warum wir als Frauen uns selbst daran hindern, unsere Rechte zu erkennen und durchzusetzen.

Nach Sinn und Wert des Lebens an sich zu fragen ist gewiss »unsinnig«, dagegen ist Einsicht in psychische Konflikte, die unsere Gefühle, unsere Verhaltensweisen, unser »Schicksal« beeinflussen – also unsere Suche nach Selbsterkenntnis –, ein zentrales, menschliches Bedürfnis. Diese ist auch »Sinn« oder Ziel der Psychoanalyse, die davon ausgeht, dass die Fähigkeit, eigene Probleme zu verstehen, heilend wirkt. Das lässt sich meines Erachtens auch auf Phänomene der Gesellschaft übertragen, die nach wie vor zu einer Weltsicht neigt, in der das Eigene das Ideale und das Fremde das Böse ist. Einfühlungs- und Liebesfähigkeit – den Frauen mehr als den Männern zugesprochen – bleibt davon abhängig, ob wir lernen, den anderen als anderen wahrzunehmen und dem Eigenen entsprechend zu achten oder ob wir gerade durch das andere des anderen neuen Sinn erkennen können.

Kindertotenlieder von Gustav Mahler

I.

Mit Tod und Trauer wird jeder von uns im Laufe seines Lebens konfrontiert. Der Verlust der Eltern, wenn er uns im Erwachsenenalter trifft, ist ein Ereignis, auf das wir vorbereitet sind, das dem Generationenablauf entspricht. Der Verlust des Lebenspartners oder der Lebenspartnerin hat oft eine Einsamkeit zur Folge, der auch ich ausgesetzt war und die zu ertragen erst langsam gelernt werden muss. Aber die Erinnerungen an das gemeinsame Leben und Denken haben mich letztlich nicht an die Vergangenheit gekettet, sie haben mich die Gegenwart eher sensibler wahrnehmen lassen als in den Zeiten des Glücks. Der Tod eines Kindes dagegen, das noch kaum gelebt hat, trifft uns mit äußerster Härte und lässt manchen von uns an Gott zweifeln.

Mit der Sinnlosigkeit des Sterbens, mit dem gewalttätigen frühzeitigen Tod war ich, war meine Generation in besonderer Weise konfrontiert. Während des Ersten Weltkrieges wurde ich geboren, den Zweiten habe ich als junger Mensch von Anfang bis Ende miterlebt. Es war ein unvorstellbar grausamer und mitleidloser Krieg, mit seinem millionenfachen Sterben auf dem Felde, in den bombardierten Städten, mit seinem Völkermord an den Juden, seinem Versuch einer Ausrottung der Zigeuner und der »slawischen Untermenschen«, der Andersdenkenden überhaupt. Das alles war die Folge eines Wahns, dem ein ganzes Volk verfiel. Nichts hat mir und meiner Generation die absolute Sinnlosigkeit von Krieg, Tod und Verlust so vor Augen geführt wie die barbarischen zwölf Jahre der Hitler-Zeit. Diese Jahre haben mein Leben und Denken geprägt wie keine anderen. Seit dieser Zeit bin ich mir der tödlichen Gefahr von Vorurteilen und Projektionen, von falschen Idealen, auch bei mir selber, voll bewusst. Aber der Wahn nimmt kein Ende. Das Ethnische, das Rassistische, das Denken in Freund-Feind-Kategorien beherrscht uns von Neuem. Aus der Vergangenheit zu lernen, ist uns offenbar nur selten möglich. Völker, die lange friedlich zusammenlebten, schlachten sich gegenseitig ab. Die Religion des anderen wie die eigene und den Andersdenkenden zu respektieren, für den aufgeklärten Menschen eine Selbstverständlichkeit, Mitleid mit den Armen, den Schwachen und Verfolgten zu haben, die Essenz des Christentums, scheint in großen Teilen der Welt untergegangen zu sein. Zur Zeit von Mahler und Mozart starben viele Kinder an Epidemien, an Scharlach und Diphterie, heute sterben sie in Massen durch kriegerische Gewalt, oder sie verhungern.

II.

Die ersten drei Kindertotenlieder von Gustav Mahler entstanden im Sommer 1901, die letzten zwei im Sommer 1904. Sie sind Vertonungen einiger Gedichte von Friedrich Rückert. Anlass für diese Gedichte war der Tod zweier seiner Kinder, die kurz nacheinander an Scharlach starben. Nach diesen tragischen Ereignissen im Winter 1833/34 sei bei Rückert eine zunehmende Verdüsterung und Verbitterung festzustellen gewesen.

Auch Mahler hat der Tod seiner ältesten Tochter, Anna-Maria, zutiefst erschüttert. Seine immer schon vorhandene Neigung zur Schwermut vertiefte sich. Anna-Maria starb an Diphterie am 5. Juli 1907 in den Ferien am Wörthersee, noch keine fünf Jahre alt. Am Wörthersee vertonte Mahler die Kindertotenlieder, allerdings einige Jahre vor dem Tod seines Kindes. Alma Mahler war das unheimlich. Über die Entstehung der Kindertotenlieder schreibt sie: »Friedrich Rückert weinte die Kindertotenlieder vor sich hin, als er vom Leichenbegängnis seiner von einer Epidemie dahingerafften Kinder in sein einsames Haus zurückkehrte. Gustav Mahler wurde davon so ergriffen, dass er sie 1901 wie im Traume sang. Die drei ersten Lieder entstanden in derselben Zeit, wie die erste Niederschrift der unfertigen 5. Symphonie. Im Sommer 1902 vollendete er die 5. Symphonie und ließ die Kindertotenlieder liegen. Drei Jahre später komponierte er die beiden letzten Lieder. [...] Nach dem Tode unseres ältesten Kindes konnte sich Mahler nicht mehr überwinden, die Kindertotenlieder einzustudieren oder zu dirigieren.«

Im Sommer 1907, nachdem Mahler seine Tochter verloren hatte, wurde bei ihm ein schweres Herzleiden festgestellt. Seither war er mehr oder weniger ein kranker Mann. Er betrat nie wieder das Ufer des Wörthersees. Mahler starb früh, mit 51 Jahren, nur vier Jahre nach Anna-Marias Tod.

Die Gedichte, die den Kindertotenliedern zugrunde liegen, sowie deren Vertonung stammen also von zwei Männern: Rückert und Mahler. Dass dies Männer sind, ist sicherlich nichts Außergewöhnliches, denn gestern wie heute gibt es zwar einige Dichterinnen, aber kaum Komponistinnen. Offenbar schickte sich das Komponieren für eine Frau nicht, es galt wohl als »männlich«. Zumindest wurde Alma Mahler von ihrem Mann verboten, weiterhin zu komponieren, als sie ihn mit zwanzig Jahren heiratete. Alma hatte damals bereits neun Klavierlieder nach Gedichten von Heine, Rilke, Dehmel und anderen vertont. Das Leben mit Gustav Mahler wurde ihr nicht immer leichtgemacht. Obwohl sie seine Musik und seine Persönlichkeit bewunderte, fühlte sie sich – sicherlich zu Recht – von ihm unterdrückt. Als sie ihm in der Verlobungszeit einen kürzeren Brief als gewöhnlich schickte mit der Bemerkung, dass sie an ihren Kompositionsübungen arbeiten müsse, forderte Gustav Mahler »sofortiges Aufgeben meiner Musik, ich müsse nur der seinen leben. Er meine, die Ehe zwischen Robert und Klara Schumann z.B. sei eine Lächerlichkeit gewesen, ich müsse mich entscheiden«, berichtete Alma Mahler. Heute haben sich die Vorstellungen von dem, was unter »weiblich« verstanden wird, weitgehend geändert. Frauen sind selbstbewusster und selbständiger geworden, auch Männer stehen ihrer »Männlichkeitsrolle« kritischer gegenüber. Dennoch hat sich nicht allzu viel geändert, was die Machtpositionen in Politik und Gesellschaft betrifft. Der kindliche Egoismus von Mahler wird sich auch in den heutigen Ehen nicht selten vorfinden.

»Sein Egoismus war vollkommen naiv, und er wäre furchtbar erschrocken, wenn er ihn erkannt hätte«, so schreibt Alma Mahler in ihrem Erinnerungen. Im Sommer 1910, also drei Jahre nach dem Tod seiner Tochter, hatte sich die innere Krise von Gustav Mahler, die auch die Beziehung zu seiner Frau belastete, so verschärft, dass er beschloss, Sigmund Freud aufzusuchen.

Im ersten der Kindertotenlieder von Gustav Mahler heißt es:

[…]
Das Unglück geschah nur mir allein!
Die Sonne, sie scheinet allgemein!

Du mußt nicht die Nacht in dir verschränken,
[…]

III.

Trauer und Erinnerungsarbeit gehören zusammen. Freud bezeichnete den analytischen Prozess, der dem der Trauerarbeit in vielem ähnelt, als eine Folge von »Erinnern, Wiederholen und Durcharbeiten«. In der Analyse wie im Verlauf der Trauer kommt es darauf an, sich sowohl an äußere als auch an innere Ereignisse und Erlebnisse zu erinnern. Mit dem Verlust der Erinnerung an Gefühle geht das innere Gedächtnis, die sensible Wahrnehmung der eigenen seelischen Vorgänge verloren.

Der Tod eines Kindes, das noch mehr als der Erwachsene ein Teil unseres Selbst ist, das ohne unseren Schutz nicht zu leben vermag und das wir doch nicht beschützen konnten, ist für Vater und Mutter wohl immer eine Katastrophe, löst einen unerträglichen Schmerz aus. Die Verlassenen fallen ins Bodenlose und lernen nur langsam, wieder Fuß zu fassen.

Jedes der von Mahler vertonten Kindertotenlieder zeigt eine andere Seite des Versuchs, dem Verlust zu begegnen. Mit diesem seelischen Prozess haben sich Psychologen oft befasst. Manche glaubten feststellen zu können, dass Mütter der Verlust ihrer Kinder, der meist als sinnlos erlebt wird, noch tiefer trifft als Väter. Dass dieses Ereignis von Frauen anders bearbeitet wird als von Männern, trifft sicherlich zu, auch wenn die Gedichte von Rückert, die Reaktionen und Kompositionen von Mahler zeigen, in welche tiefe Melancholie beide Geschlechter, Männer wie Frauen, nach dem Verlust ihrer Kinder fallen können.

Dennoch ist wahr, dass Frauen, je kleiner das Kind ist, körperlich und seelisch symbiotischer mit diesen verbunden sind als Männer, sich noch unmittelbarer verantwortlich für dessen Wohlergehen fühlen als die Väter – zumindest in unserer Gesellschaft. Mit dem Kind stirbt ein Teil von ihnen. Rückert wie Mahler reagierten auf den Verlust des Kindes mit einer schweren Melancholie, mit einer Verbitterung Gott und der Welt gegenüber. Frauen neigen eher zu Selbstanklagen, sie werden von Schuldgefühlen heimgesucht, dass sie etwas versäumt haben könnten, erinnern sich an Augenblicke, in denen sie das Kind nicht verstanden haben, ungerecht, lieblos oder nur ermüdet auf dessen Fragen und Forderungen reagierten. Solche quälenden Selbstanklagen findet man bei Männern, auch in diesen Gedichten und deren Vertonungen, weniger als bei Frauen; bei Männern handelt es sich eher um Anklagen. Die Trauernden fühlen sich gefangen in einem Netz der Trostlosigkeit, aus dem es keinen Ausweg mehr zu geben scheint und für den sie Gott verantwortlich machen.

Wenn Anklagen und Selbstanklagen im Laufe der Jahre keine Milderung erfahren, wird Trauer zur Trauerkrankheit. Das führt bei beiden Geschlechtern zur Unfähigkeit, sich einem anderen Menschen zuzuwenden, zu einer Selbstbezogenheit, die als narzisstische Neurose bezeichnet werden kann. Die Trauernden kreisen dann nur noch um ihren Verlust. Die Anklagen oder Selbstanklagen, bei Frauen die Schuld, die sie sich selber an dem, was geschehen ist, geben, werden ständig wiederholt.

216

Der äußere Tod verursacht den »inneren Tod«, der Wille zum Leben, das Interesse am Mitmenschen schwindet. Das führt dazu, dass endgültige Verlassenheit droht. Nicht selten erleben wir, dass der Vater, der zunächst mittrauert, den Rückzug seiner Frau nicht versteht und sich doppelt verlassen fühlt. Wenn es noch andere Kinder gibt, glauben diese, die Mutter liebe sie nicht mehr. Sie habe nur das eine, nun nicht mehr lebende Kind geliebt. Auch diese Kinder können dann depressiv werden oder sich von der Mutter abwenden. Wenn Trauer zur Trauerkrankheit wird, aus der ein Ausgang nicht mehr wahrgenommen werden kann, führt der Tod eines Kindes nicht selten zur Auflösung einer ganzen Familie.

Das zweite der Kindertotenlieder ist der Versuch, sich zu erinnern, sich die Verlorenen zu vergegenwärtigen.

> Nun seh' ich wohl, warum so dunkle Flammen
> Ihr sprühtet mir in manchem Augenblicke.
> O Augen, [...]
> Sieh' uns nur an, denn bald sind wir dir ferne!
> Was dir nur Augen sind in diesen Tagen:
> In künft'gen Nächten sind es dir nur Sterne.

IV.

Aber was ist Trauer? Wann sind wir überhaupt fähig zu trauern? Einerseits ist Trauer uns allen bekannt, Trauer erleben wir im Laufe unseres Lebens vielfach. Andererseits ist Trauer und Trauerarbeit ein schwer zu beschreibender seelischer Prozess. Sei es, dass es sich um den Verlust eines Menschen, eines Kindes handelt, ein Erlebnis, das besonders sinnlos erscheint, dem die meisten Eltern völlig hilflos gegenüberstehen, sei es, dass es um die Trauer des alltäglichen Lebens geht, wie die um den Verlust von Jugend und Schönheit, mit der ein jeder konfrontiert ist, oder auch die Trauer über das Verlassenwerden von einem geliebten Menschen, dessen Liebe uns verlorenging. Solche Verluste können uns in Gefühle tiefer Wertlosigkeit stürzen.

Wann wird aus der Trauer eine Trauerkrankheit? Aus psychoanalytischen Behandlungen, aus eigenen und fremden Erfahrungen wissen wir, dass es sowohl individuelle wie gesellschaftliche Unterschiede im Umgang mit Trennung und Trauer gibt. Auch Art und Weise des Verlustes wirken sich auf Form und Inhalt der Trauer aus. Wenn der Tod plötzlich eintritt und eine unverändert bestehende Beziehung, einen lebendigen Dialog von einem Augenblick zum anderen zerstört, wird das Gefühl des Verlassenseins überwältigender sein, als wenn wir auf die Einsamkeit durch ein schweres, lange dauerndes Leiden vorbereitet sind.

Wenn aber die Anklagen und Selbstanklagen nicht aufgegeben werden können, haben wir es mit einer Trauerkrankheit zu tun. Die Identifikation mit den Verlorenen führt dann nicht zu einer Bereicherung unseres Ichs, sondern zu einer »großartigen Ich-Verarmung«, wie Freud das nannte. Wertvolle Teile des eigenen Ich werden gleichsam mit den Verstorbenen begraben. Dazu tragen die Anklagen bei, die im Grunde dem verlorenen Menschen, der uns verlassen hat, gelten, aber verinnerlicht und gegen das eigene Ich gerichtet werden.

Im Unterschied zur Trauer geht die Trauerkrankheit auch mit einem Verlust des eigenen Selbstwertes einher, der auf die Zwiespältigkeit in der Beziehung zu dem oder der Verlorenen zurückgeführt werden kann. Die Trauerkranken kreisen um ihr eigenes Elend, in ständiger Wiederholung äußern sie alte Vorwürfe sich und anderen gegenüber, nichts Neues scheint in ihr Denken und Fühlen, in ihre Beziehungen zu Menschen mehr eindringen zu können. Der langsam sich vollziehende Trauerprozess dagegen ist Anlass zur Erweiterung der seelischen Fähigkeiten des Verstehens und Erkennens. Die Schuldgefühle dem oder der Verstorbenen gegenüber können verstanden und ertragen werden.

Abschied nehmen zu können gehört zum Leben. Nicht nur der Tod eines uns nahestehenden Menschen zwingt uns dazu. Alle wichtigen Lebensphasen werden durch neue Identifizierungen eingeleitet, und das ist nicht denkbar ohne einen teilweisen Verlust und dessen Bearbeitung oder eine Bedeutungsänderung bisher bestehender Liebes- und Abhängigkeitsbeziehungen.

Die Klagen, die in uns dem Menschen gegenüber wüten, der uns allein gelassen hat, können im Angesicht des Todes, der Endgültigkeit des Verlustes nur selten geäußert werden. Gefühle des Zorns, der Wut, ja, der Rache sind dem oder der Toten gegenüber sinnlos und erwecken nur Schuldgefühle. Auch unterliegen sie dem Tabu gesellschaftlicher Moralvorstellungen. Diese Unfähigkeit, Gefühle der Zwiespältigkeit einem Verstorbenen gegenüber auch nur vor sich selbst offen zuzugeben, kann der Anlass dafür werden, dass Trauerarbeit nicht geleistet wird und eine Trauerkrankheit sich einstellt.

Gegen den Verlust eines lebenswichtigen Menschen wird sich etwas in jedem von uns panisch zur Wehr setzen; denn Trennung wird als innerer Tod erlebt, die Angst, ohne den geliebten Menschen einfach nicht mehr atmen zu können, kann überwältigend sein. Wenn dazu noch das Gefühl sich einstellt, man sei selbst irgendwie schuld an dem unerträglichen Zustand, man habe versagt, man könne diese Trennung durch Änderung des eigenen Verhaltens irgendwie rückgängig machen, setzt eine verzweifelte innere, manchmal auch äußere hektische Aktivität ein. Die Hoffnung auf eine Wiedervereinigung kann nicht aufgegeben werden, so sehr sie jeder vernünftigen Argumentation entgegensteht. Es dauert oft Jahre, bis solche Zustände ein einigermaßen erträgliches Maß erreichen.

Wenn Trauer und Erinnerung verdrängt werden, verliert ein Mensch oder auch ein Volk den Zugang zum eigenen Innenleben. Seine Selbstwahrnehmung ist getrübt, auch wenn die äußeren Ereignisse erinnert werden. Von Gefühlen, die verdrängt werden, kann man sich nicht lösen. Die Folge ist, dass Ideale, Bindungen, Verhaltensweisen, die längst nicht mehr »aktuell« sind, untergründig bestehen bleiben. Eine Auseinandersetzung mit ihnen findet nicht statt, das Tor zur Gegenwart bleibt verschlossen, die Offenheit für neue Erfahrungen und neues Denken ist eingeschränkt.

Um Erinnerungen kreisende Gefühle und Gedanken sind auch Inhalt des dritten der Kindertotenlieder von Gustav Mahler.

> Wenn dein Mütterlein
> tritt zur Tür herein,
> Und den Kopf ich drehe,
> ihr entgegen sehe,
> Fällt auf ihr Gesicht
> erst der Blick mir nicht,
> Sondern auf die Stelle,
> näher nach der Schwelle,
> Dort, wo würde dein
> lieb Gesichten sein,
> […]

V.

Kann es so etwas wie kollektive Trauer geben? Ich glaube schon, denn alle Deutschen waren mit der totalen Niederlage ihrer »Ideale«, dem ungeheuren Verlust an Menschenleben, Heimat und Besitz, den grausamen Folgen ihres Hitlerwahns konfrontiert. Die gemeinsame Trauer mit ihrer Erinnerung und Durcharbeitung unserer Geschichte brachte auch vielen meiner Zeitgenossen und -genossinnen eine Erweiterung ihres Wissens über das eigene Erleben und eine Aufklärung über falsche Ideale und bisher wenig bewusste gemeinsame Denk- und Reaktionsweisen. Die Konfrontation mit dem Leiden der Opfer unseres Wahns, das Aufbrechen der seelischen Mauer, die wir um uns aufgebaut hatten, machte uns fähig zum Mitleid, aber auch zur Einfühlung, zum Kontakt mit uns selber. Das ist das Fundament, auf das sich Selbstachtung aufbauen lässt, auf dem der Glaube an die eigene Fähigkeit wächst, gegen eine Wiederholung des Unmenschlichen kämpfen zu können. Wie wir wissen, ist ein Stück Selbstachtung die Voraussetzung dafür, andere zu achten.

Die Reaktion einer großen Zahl von Deutschen nach 1945 war jedoch die, sich nicht erinnern zu wollen, sich nicht mit der Vergangenheit auseinanderzusetzen. Das war zwar verständlich angesichts der ungeheuren Verluste, aber forderte einen hohen Preis. Die Folgen waren seelische Leere und verdrängter Selbsthass, der dann wieder verschoben und projiziert werden musste. Mit der Abwehr der Trauer haben wir nicht nur die Fähigkeit zum Mitleid mit den Opfern und die Beziehung zur eigenen Gefühlswelt verloren, sondern sehr oft auch die Fähigkeit, eine unmittelbare Beziehung zu den nächsten Generationen aufzubauen, ein aufrichtiges Gespräch mit ihnen zu führen. Daraus lässt sich auch verstehen, warum der Kontakt der Eltern und Erwachsenen mit den nachwachsenden Generationen oft gestört ist, warum heute viele Jugendliche so verwirrt und verloren zu sein scheinen, warum sie Mitleid- und Einfühlungslosigkeit zu ihrem Programm gemacht haben. Sie wiederholen, was ihnen selber geschah, wie sie ihre Eltern erlebten, was niemals durchgearbeitet und verstanden wurde. Damals, 1933, begann die Katastrophe mit der Verbrennung von Büchern, das heißt das Denken und Nachdenken wurde verboten, dann erst folgte die Verbrennung von Menschen. Mit dem unwidersprochenen Rufmord gab es keine Hindernisse mehr auf dem Weg zum Völkermord.

Heute werden wieder unschuldige Menschen verbrannt; wenn sie bei den grauenvollen Aktionen der Jugendlichen nicht zu Tode kommen, ist das nur ein Zufall. Den Jugendlichen, die solche Verbrechen begehen, wird dafür die ganze Schuld zugeschoben. Mit drastischen Strafen oder gar »Rübe ab« will man ihren Verheerungen und Verwirrungen beikommen. Auch diese Reaktionen machen offenbar, woher die Jugendlichen ihre destruktiven Aggressionen haben. In Wahrheit sind wir alle schuld, die der Fremdenfeindlichkeit nicht energisch genug entgegentraten, die in unserem reichen Land eine Stimmung haben aufkommen lassen, dass es bei uns keinen Platz gibt für die Armen und Verfolgten, kein Mitleid mit ihnen, sondern nur Verachtung, Neid, Abschiebungs- und Vernichtungswünsche. Wieder sind es die »Fremden« oder die zu Fremden gemachten, denen unser ganzer verschobener, auf sie projizierter Selbsthass gilt.

Der israelische Psychoanalytiker Martin Wangh ist davon überzeugt, dass nicht nur in Israel die Erfahrung von Auschwitz bis heute das Leben dort bestimmt, sondern dass der Schock des Holocaust, weit mehr als wir es wahrhaben wollen, die gesamte Welt erschüttert hat, ihr politisches und menschliches Verhalten bis in die Gegenwart beeinflusst. Unverständlich und furchtbar ist auch der Völkerkrieg in Bosnien, der uns zeigt, dass eine unaufgearbeitete Geschichte kein Ende findet. Aktiv aus der Welt zu schaffen, was man passiv erlitten hat oder erlitten zu haben glaubt, führt aber nie zum Ziel. Hilflose Kinder, Frauen, Männer werden sinnlos umgebracht, und das offenbar ohne Schuldgefühle, zumindest werden diese verdrängt. Damit sind neue Untaten vorprogrammiert.

Dass dennoch verdrängt werden muss, um überhaupt leben zu können, dessen bin ich mir sehr bewusst. Melancholie wurde nach 1945 auch nicht allein mit Verdrängen, sondern vielfach mit Hilfe manischer Überaktivität abgewehrt. Das allen bekannte Wirtschaftswunder wurde möglich. Fortschritt um jeden Preis, aber unser Denken blieb gestrig und vorgestrig, weil wir mit der Verleugnung der Vergangenheit unseren Lebenslügen verhaftet bleiben, weswegen wir auch die Gegenwart in all ihrer Komplexität nicht realitätsgerecht wahrnehmen können. Eine sogenannte Versachlichung der Vergangenheit, wie sie häufig gefordert wird, kann nur zu einer erneuten Verdrängung unserer seelischen Beteiligung an ihr führen, mit den beschriebenen Folgen, die sich dann unweigerlich von Generation zu Generation quasi weiter vererben.

Ich zitiere aus dem vierten Kindertotenlied:

> Oft denk' ich, sie sind nur ausgegangen,
> Bald werden sie wieder nach Hause gelangen,
> [...]
> Wir holen sie ein auf jenen Höh'n,
> Im Sonnenschein, der Tag ist schön auf jenen Höh'n.

VI.

Trauerarbeit ist Erinnerungsarbeit, dauernde Wiederholung, der stets erneute Versuch, die Toten vor dem inneren Auge wieder lebendig werden zu lassen. Diese Erinnerungsarbeit, die damit verbundenen Schmerzen, der Versuch, über den Verlust hinwegzukommen, kann über viele Monate, ja Jahre gehen. Auch ich habe erlebt, dass die akute Trauer zwar vorübergehen kann, aber ein Ersatz sich nicht finden wird. Dennoch wenden wir uns als Trauernde langsam dem Leben wieder zu, wenn nicht alles, was für unser Leben von Bedeutung war und ist, verlorengehen soll. Wir lernen viel in dieser Zeit des Abschiednehmens, wir lernen die Fähigkeit, allein sein zu können und die Leiden der Mitmenschen sensibler wahrzunehmen. Manches wird durch die Arbeit an der Erinnerung intensiver erlebt als vor dem Verlust, vieles aus Vergangenheit und Gegenwart wird durch die Trauerarbeit relativiert.

Wir wissen zwar, dass der Tod als Abschluss unseres Lebens unumgänglich ist, können uns aber dennoch den eigenen Tod nicht vorstellen. Mit dem Tod als ein sich langsam vollziehendes Lebensende werden die meisten Menschen auch zu selten konfrontiert. Kranke sterben in Krankenhäusern, Alte und Sieche verbringen ihre letzten Jahre in Pflegeheimen. Mit dieser Verweigerung, sich mit dem Sterben auseinanderzusetzen, geht eine Verarmung der seelischen Erlebnisfähigkeit einher.

Der Tod ist sozusagen unmodern, denn er verstößt gegen die Vorstellung eines dauernden Fortschritts. Der Tod – früher oft als religiöses Motiv von Künstlern verwendet und dargestellt – hat heute kaum noch eine spirituelle Bedeutung. Von der Kirche wurde er, wie man weiß, gern als Erpressungsmittel benutzt. Die Formel, es komme nicht auf das diesseitige, sondern auf das jenseitige Leben an, hat ihre Rolle als billiger Trost weitgehend ausgespielt.

Wenn ich von der Notwendigkeit zu trauern spreche, geht es mir also nicht darum, die Menschen auf Verzicht in diesem und auf Erwartung einer Erfüllung in einem späteren Leben einzuüben, sondern darum, den Tod als Teil unseres Lebens, als Beendigung jeden Lebens anzuerkennen. Mit Hilfe der Trauerarbeit kann es gelingen, uns mit unseren Erinnerungen, unserer Vergangenheit zu konfrontieren, ohne sie zu beschönigen oder sie zu verfälschen. Wir lernen die Gefühle der Zwiespältigkeit dem oder der Verstorbenen gegenüber wahrzunehmen und Gefühle der Schuld zu ertragen. Das schafft eine innere Freiheit, der gegenüber Lebenslügen keine Chance mehr haben. Das ist die Alternative zu der Gefahr der Trauerkrankheit, der Gefahr, mit dem oder der Verlorenen das eigene Selbst zu begraben.

Wenn Scham- und Schuldgefühle nicht zu Verdrängungen und Projektionen eigener abgelehnter Anteile auf andere Menschen führen, entstehen auch keine Friedhöfe der Denk- und Gefühlsentwicklung, die zerstörerischen Kräfte werden nicht auf Kosten der liebenden gefördert. Eine solche Gefahr besteht nicht nur für individuelle, sondern auch für gesellschaftliche Prozesse.

Mit Hilfe der Trauerarbeit, mit der Fähigkeit, Leid anzunehmen, und dem Versuch, sinnloses destruktives Leid zu verhindern, können wir uns vom Wiederholungszwang befreien. Nur was wir zu denken, zu begreifen, zu fühlen lernten, können wir verändern.

Das fünfte Kindertotenlied bringt die Konfrontation mit der endgültigen Wirklichkeit des Verlustes, mit der Hilflosigkeit des Zurückgebliebenen. Ich zitiere daraus:

225

In diesem Wetter, in diesem Braus,
Nie hätt' ich gesendet die Kinder hinaus;
Man hat sie getragen hinaus,
Ich durfte nichts dazu sagen!
[…]
Sie ruh'n wie in der Mutter Haus,
[…]

Das Lied endet mit diesem Versuch eines Trostes, der nicht allzu überzeugend wirkt. Tagtäglich wird uns die Grausamkeit und Sinnlosigkeit des Kindersterbens drastisch vor Augen geführt. Die Vision eines hilfreichen Gottes oder einer allzeit beschützenden Mutter ist eine Illusion.

Die Radikalität des Alters:
Starrsinn oder Furchtlosigkeit?

Dass Starrsinn auch auf biologischen Veränderungen im Alter beruht, ist bekannt. Die Furchtlosigkeit alter Menschen lässt sich darauf zurückführen, dass es nichts mehr zu verlieren gibt und die Zukunft zunehmend einer Art schwarzem Loch gleicht. Aber gibt es sie überhaupt, »die Radikalität« des Alters? Ist Mann oder Frau erst im Alter radikal oder aber schon ein Leben lang gewesen? Ist Radikalität nicht ein Ausdruck der jeweiligen Persönlichkeit? Sind Männer eher radikal als Frauen oder anders radikal? Waren Mahatma Gandhi und Nelson Mandela radikale alte Männer – waren sie radikal, wenn sie sich für Gewaltlosigkeit und Frieden einsetzten? Oder waren sie radikal, wenn sie für revolutionäre Ziele kämpften? War Freud im Alter starrsinnig, oder war er radikal, als er von seinem Todestrieb nicht lassen wollte? Kann man es nicht eher als Zeichen für eine Lebendigkeit des Geistes werten, wenn er bis ins hohe Alter offen für neue Erfahrungen blieb und seine Theorie diesen entsprechend änderte, auch wenn er radikal an der grundlegenden Entdeckung seiner Psychoanalyse festhielt: der Triebtheorie und der Existenz des Unbewussten und ihrer Bedeutung für die Struktur der menschlichen Seele und ihrer Konflikte?

Fragen über Fragen. Ich tue mich schwer mit dem Thema, das, wie mir meine Enkelin kürzlich sagte, auch ganz anders verstanden werden kann, nämlich: als Radikalität des Altwerdens. Danach ist Alter eine Krankheit, an der ein jeder Mensch unweigerlich sterben wird. Da das in der Tat die radikale Logik des Lebens und ohne Alternative ist, erlaube ich mir dennoch bei meiner Auffassung des Themas zu bleiben. Mir geht es vielmehr um die Unterschiedlichkeit des Verlaufs und des individuellen Umgangs mit der Radikalität des Alters.

Einige Beispiele:

Warum hat Günter Grass erst im Alter zugegeben, dass er Soldat bei der Waffen-SS gewesen ist, obwohl er nie geleugnet hat, dass er in seiner Jugend ein Verführter der Nazi-Ideologie war, wie so viele andere? War er nicht immer schon radikal – so oder so –, und die eine Radikalität bekämpfte die andere? Macht Radikalität denkunfähig? Oder wollte er sich mit seinem späten Bekenntnis heldenmütig dem Pharisäermob zum Fraß vorwerfen, um diesen als solchen zu entlarven? Also doch radikal rechthaberisch um jeden Preis? Vielleicht ein Zug seiner Persönlichkeit?

Oder Joachim Fest, der in seinen Erinnerungen aus Kindheit und Jugend den von ihm bewunderten Vater in den Mittelpunkt stellt, ein Vater, der starrsinnig und radikal war, aber gewiss nicht an Altersstarrsinn litt und gewiss auch einer damals selten werdenden Kategorie von Menschen angehörte, die noch klar zu denken und Werte zu unterscheiden vermochte. Sicherlich hat Fest seinen Vater auch idealisiert und sich mit ihm identifizierend andere gründlich verachtet, was für ihn – wie ich annehme – charakteristisch sein könnte.

Radikal ist also nicht gleich radikal und deswegen für mich ein verwirrendes Wort, das so leicht weder in eine Werteskala eindeutig einzuordnen ist, noch typisch für Alter oder Geschlecht des Menschen zu sein scheint.

Noch ein anderer radikaler alter Mann hat in diesem Herbst über seine Kindheit, seine Jugend und sein Leben geschrieben – nicht zum ersten Mal. Sein Name ist Imre Kertész. Dieser Mann hatte nicht wie der Vater von Joachim Fest die Möglichkeit der Entscheidung: »Wenn alle mitmachen, ich nicht.« Er ist Jude. Wir kennen den Autor von seinem *Roman eines Schicksallosen*. Wie ein Wunder oder mehrere Wunder überlebte er Auschwitz und Buchenwald. Seine Art und Weise, über seine Kindheit und Jugend in diesen Lagern und sein späteres Leben im Kommunismus Kadars zu schreiben, unterscheidet sich grundlegend von derjenigen Joachim Fests und noch weit mehr von der von Günter Grass, ohne dass ich damit deren Leistungen verkleinern oder angreifen möchte.

Bei Imre Kertész hat Selbstgerechtigkeit oder Rechthaberei keinen Platz, was wiederum nur annähernd beschreibt, was ihn nicht umtreibt, denn der Autor ist auf so völlig andere Dinge aus, als die beiden erwähnten Autoren. Er will wissen, wer er ist. Es wird ihm physisch wie seelisch übel, wenn er den Weg einer radikalen Suche nach Wahrheit über sich selbst verlässt – das kann er sich nicht leisten, seine psychische Ökonomie lässt das nicht zu. Er sagt von sich: »Mir, der ich nicht wichtig bin, ist etwas wichtig, was nicht wichtig ist« – nämlich die Kunst des Schreibens, füge ich hinzu.

Das Buch hat den Titel: *Dossier K. Eine Ermittlung*. Es ist von solcher Intensität und Spannung, dass man es nur mit Mühe aus der Hand legt. Der Autor möchte auch die Wahrheit von Auschwitz erfassen, eine Wahrheit, die er für universal hält. Der Leser oder die Leserin macht sich mit ihm auf die Suche nach ihr, möchte sie in sich selber spüren und bleibt hilflos.

Es ist für ihn und für uns klar, dass die Welt sich verändert hat, seitdem es Auschwitz gab, wo getötet wurde um des Tötens willen, einer dem anderen nur schaden wollte. Der Mord als Weltanschauung, als Lebensform einer zum System gewordenen Menschenausrottung.

»Die Gegenwart erscheint als Riss ins Kontinuum der Zeit. Der Augenblick ist kein gleitender Übergang, sondern ein Abgrund, den überlieferte Begriffe nicht zu überbrücken vermögen«, schreibt Hannah Arendt.

Bisher sind mir zu »radikal« nur alte Männer eingefallen, was gewiss seine Bedeutung hat. Was fange ich als alte Frau mit diesem Begriff an, die weiß, wie schwer es für sie und ihre Altersgenossinnen ist, nicht radikal in und an ihren Altersbeschwerden unterzugehen? Kürzlich habe ich zwar in einem Büchlein versucht darzustellen, dass ich – von heute aus betrachtet – es für mein Leben als bestimmend ansehe, was ich als Kind und Jugendliche zu meinem Lebenssinn machte und wie dringend ich als Kind meiner Kultur so etwas wie Lebenssinn bedurfte. Dabei habe ich aber den Blick vor allem auf mein Innenleben gerichtet, ich wollte verstehen, wie und warum ich auf den Zeitgeist, auf Menschen, auf äußeres Geschehen zu reagieren neigte. Ich glaubte zu erkennen, dass ich unbewusst aufgrund meines Lebenssinns Entscheidungen fürs ganze Leben traf, kurz – ich habe mich auf meine Gefühle, Phantasien und Verhaltensweisen konzentriert und diese zu deuten versucht. Die äußere Realität mit ihrer Vielfalt an Menschen, an Erlebnissen und Erfahrungen zu schildern, wie man es bei den zitierten männlichen Autoren in ihren umfangreichen Biographien lesen konnte, kam viel zu kurz. Imre Kertész bleibt in jeder Hinsicht eine Ausnahme.

Gewiss gehöre ich nicht zu den Dichtern und Romane-

230

schreibern oder Schriftstellern wie Günter Grass und Joachim Fest, sondern schreibe als Psychoanalytikerin, und es handelt sich bei der erwähnten Arbeit um eine verhältnismäßig kurze Darstellung *eines* Aspekts meines Lebens, aber vielleicht kommt darin doch zum Ausdruck, was den Unterschied der Radikalität von Mann und Frau ausmacht, nämlich dass Frauen sich für die innere Realität und ihre Bedeutung für die Lebensgestaltung mehr interessieren als für die äußere Realität. Ist aber die Konzentration einer Frau auf sich selbst, ihre Gefühlswelt das, was man in der Psychoanalyse Narzissmus nennt? Ich denke nicht, denn dann wäre jedes Streben nach Selbsterkenntnis auch so etwas wie Ich-Sucht oder Unfähigkeit zu mitmenschlicher Wärme. So aber kann es nicht sein. Es hat vielleicht dennoch etwas mit typisch weiblicher radikaler Selbsterforschung zu tun, da die Welt der Gefühle, die Innenwelt, Häuslichkeit und Familie seit Jahrhunderten als die ihr naturgegebene Domäne galt.

Niemand bleibt unbeeinflusst von dem Denken und den Traditionen seiner Zeit, was aber die Neigung zu Denkfaulheit und Veränderungsunlust nicht entschuldigt. Diese zeigt sich mal wieder in der Begeisterung für das kürzlich neubelebte ›Eva-Prinzip‹ und bestätigt den Ausspruch Adornos: »Anstatt die Frauenfrage zu lösen, hat die männliche Gesellschaft ihr eigenes Prinzip so ausgedehnt, dass die Opfer die Fragen gar nicht mehr zu stellen vermögen« (*Minima Moralia*). Ich möchte allerdings die Frauen, die sich heute für eine überholte und längst durchschaute Welt der Frauenunterdrückung begeistern und das ›Eva-Prinzip‹ aus der Mottenkiste vergangener Jahrhunderte hervorzerren, weniger als Opfer denn als regressionsbedürftig ansehen.

Es trifft sicher zu, dass es zwischen Männern und Frauen eine unterschiedliche Art der Radikalität gibt, die sich aber nicht nur im Alter zeigt. Auch Sylvia Bovenschen in ihrem neuen Buch *Älter werden* konzentriert sich weit mehr auf ihre Gefühle, ihre Reaktionen, ihre innere Welt als auf die Geschehnisse in der äußeren Welt, wenn sie von den Zumutungen des Alters schreibt: »Die Menschen können nicht sagen, wie sich eine Sache zugetragen, sondern nur wie sie meinen, dass sie sich zugetragen hätte« (Lichtenberg), stellt sie ihrem Buch als Motto voraus. Sie hat ein kluges, einfallsreiches, witziges, radikal aufrichtiges und auch trauriges Buch geschrieben, wie es dem Thema entspricht, aber wie es ein Mann so nie hätte machen können.

Warum können wir Menschen, ob alt oder jung, uns nicht wie die Tiere mit dem Tod als etwas Selbstverständlichem abfinden, ihn zwar als unumgänglich erkennen, aber eben doch nicht als Tragödie erleben? Und wenn es stimmen sollte, dass das Alter von Mann und Frau sich tatsächlich durch Radikalität auszeichnet, muss diese doch auch mit dem nahen Tod in Verbindung stehen. Soll noch möglichst viel in diesen letzten Abschnitt des Lebens gepackt werden, ehe wir uns dem schwarzen Loch nähern, der einzig sicheren bzw. unausweichlichen Zukunft, die dennoch unvorstellbar bleibt? Ist es deswegen leicht, furchtlos zu sein, wenn Schlimmeres als der nahe Tod nicht zu denken ist? »Da wir sterben müssen, tun wir gut daran, ja sind wir verpflichtet, kühn zu denken«, schreibt Kertész in seinem neuen Buch.

Im Rahmen seiner Trieblehre – ich erwähnte es schon – entwickelte Freud als Letztes den Todestrieb, der im Gegensatz zu den Lebenstrieben (der Libido, der Sexualität) steht und nach vollständiger Aufhebung jeder Spannung strebt, das heißt danach, das Lebewesen in den anorganischen Zustand zurückzuführen. Dieser Begriff und seine Bedeutung blieb bis heute umstritten. Die Theorie des Todestriebs ist in der Tat so leicht nicht zu verstehen. Ein Trieb hat immer ein Ziel, er strebt nach Befriedigung, kann zwar verschoben oder sublimiert werden, wenn Befriedigung ihm verwehrt ist, aber Trieb ohne Ziel ist nicht denkbar – und kann für ein lebendes Wesen der Tod, die Aufhebung aller Triebe Ziel eines Triebs sein?

In letzter Zeit wurde hier und da die Ansicht vertreten, die Selbstmordattentäter seien vom Todestrieb besessen; tatsächlich aber scheinen sie von Phantasien beherrscht zu sein, die ihnen ihre Religion vermittelt und die ihnen ein besseres Leben im Jenseits versprechen, aber gewiss nicht die Auflösung in ein Nichts.

Da die Selbstmordattentäter nicht alt sind, passen sie nicht in unser Thema einer Radikalität des Alters, auch wenn sie denkbar radikal handeln. Aber hat nicht auch die Radikalität des Alters etwas mit Phantasien zu tun? Verfolgen wir mit Radikalität als alte Menschen nicht auch das Ziel, wenn nicht jetzt, wann sonst wollten wir die Welt verändern? Vielleicht um doch einen Hauch von Unsterblichkeit zu erreichen? Wer weiß?

Im Laufe des Lebens haben wir oft über andere und über uns selber gelacht, wenn wir uns dieser Wünsche bewusst wurden und sahen, wie sehr dieses Streben nach Weltveränderung dem Schicksal des Sisyphus nahekam. Im Alter erlauben wir uns diese Bedürfnisse eher, wollen sie nicht ganz aufgeben, das lässt sich wohl als Radikalität des Alters beschreiben. Aber die Chancen für Erfolg sind noch geringer als in Jugend und Lebensmitte, als noch genügend Zeit und Kraft zur Verfügung standen, um radikale Bedürfnisse und Ziele, wenn auch nur ansatzweise, zu erreichen. Wir wissen das und wollen es doch nicht wissen.

Phantasien sind uns bis zum letzten Augenblick möglich

und erlaubt. Wenn sie dem rationalen Denken verbunden bleiben, können sie zu neuen Ideen und Erkenntnissen führen, die uns oft erst im Alter zugänglich sind. Die Kleinianer unter den Psychoanalytikern sind überzeugt, dass wir ein Leben lang von unbewussten Phantasien und Erinnerungen aus den ersten Kinderjahren beeinflusst bleiben. »Wir leben von nicht bewusst gewordenen Erinnerungen«, meint auch Ilse Aichinger. Mit Hilfe seiner Methode, Träume zu deuten, zeigte uns Freud, dass infantile Sehnsüchte unsterblich sind, dass sie zwar verdrängt werden, aber in verschleierter Form vielfältig wiederkehren, sei es in Träumen, Symptomen, Ängsten und vielem mehr. Die Aufdeckung solcher für den Erwachsenen unzeitgemäßen Wünsche ist Vorbedingung dafür, um von ihnen Abschied zu nehmen und die Realität zu akzeptieren oder, wie Freud sich ausdrückte, neurotisches Leiden in alltägliches zu verwandeln.

Für ein kleines Kind gibt es so etwas wie Zeit oder Zeitgefühl bekanntlich nicht, das ändert sich erst im Laufe seiner weiteren Entwicklung. Im Alter ändert sich wiederum die Beziehung zur Zeit noch einmal.

Ist das Gefühl für Zeit, dafür, dass die Zeit für uns immer knapper wird, uns bewusst? Ich denke schon. Aber auch wenn wir im Alter realitätsfähig und klar denkend bleiben sollten, können wir uns gefühlsmäßig mit dem nahen Tod nur mühsam abfinden. Vielleicht müssen wir ihn verdrängen, um nicht in Depressionen zu verfallen – es sei denn, wir glauben gegen alle Vernunft und Erkenntnisse der Wissenschaft an Himmel und Erde, oben und unten, an ein wahres Leben nach dem Tode, das wir mit irdischen Glücksvorstellungen und Phantasien erfüllen, mit diesseitigen Freuden, die uns im Jenseits erwarten, wie es der Islam den Gläubigen nach wie vor lehrt und den Glauben daran zur Pflicht macht.

Aber für den säkularen Menschen des 21. Jahrhunderts, der die Aufklärung der letzten Jahrhunderte bewusst nachvollzogen hat, sind solche Vorstellungen über ein Leben nach dem Tode, sind solche Phantasien, die auf ein Jenseits projiziert werden, Illusionen, die den Verstand künstlich ausschalten und die Erkenntnisse der Wissenschaft und damit die Realität verleugnen. Der Glaube an menschliche Güte, die in einem allmächtige Gerechtigkeit und Wahrheit vermittelnden Gott symbolisiert wird und Menschen zusammenführt, ist ein menschliches Urbedürfnis, das wohl immer existieren wird und niemand genommen werden sollte. Nur der Glaube, der benutzt wird, um Macht und Gewalt auszuüben und andere zu unterdrücken, der zum Zwang auf Leben und Tod wird, wie wir das bis heute erleben, ist ein Verbrechen, das unverzeihlich ist.

Das Nachdenken über den Begriff der Zeit stand von jeher im Zentrum philosophischer Aufmerksamkeit, und dies, soweit ich es übersehe, umso mehr, je älter ein Mensch wurde. Die Angst, keine Zeit und keine Ziele mehr zu haben, kommt der Angst vor dem Tod ziemlich nahe. André Green hat in einem Aufsatz »Zeitlichkeit in der Psychoanalyse: Zersplitterte Zeit« für die Idee einer psychischen Kausalität plädiert. Die Psychoanalyse hat seines Erachtens einen eigenständigen Zugang zur Zeit. Wenn man sich die Freud'schen Begriffe der Verdrängung, der Zeitlosigkeit des Unbewussten, der Nachträglichkeit aneignet, eröffnen sich unendliche Möglichkeiten des »In-der-Zeit-Seins« und damit dessen Einfluss auf die Kausalbeziehung des Wenn zum Dann. Außerdem optiert er dafür, Triebtheorie und Objektbeziehungstheorie – das sind die beiden in der heutigen Psychoanalyse hauptsächlich vertretenen Richtungen – nicht gegeneinander auszuspielen, sondern die Einheit einer organisierenden Struktur von Leib und Seele anzuerkennen, die die Wechselwirkung der Triebe und Objekte in beide Richtungen kombiniert.

Freud hat stets betont, dass das Ich wesentlich ein Körper-Ich ist. Jedes seelische Geschehen ist auch ein körperliches. Körper und Seele sind unauflöslich miteinander verbunden. Das Alter mit seinen einschneidenden körperlichen Veränderungen beeinflusst zweifellos auch unser Ich. Unsere Persönlichkeit verändert sich in mancher Hinsicht, wie wir wissen, wir können starrsinnig und furchtlos, aber auch ängstlich und misstrauisch werden und vieles, vieles mehr.

Indem er das Unbewusste zur Kenntnis nahm und systematisierte, gelang dem Menschen der Moderne in einer Art und Weise über sich selbst nachzudenken und sich selbst zum Thema zu machen, die es vor Freud nicht gab. Er hat die Sexualität als ein Triebgeschehen aufgewertet, das mit den Attributen gut und böse nicht zu fassen ist. Ohne sie gäbe es die Menschheit nicht, sie bleibt so etwas wie eine göttliche Schöpfung. Freud: »So geschah es im Laufe der Kulturentwicklung, daß so viel Göttliches und Heiliges aus der Geschlechtlichkeit extrahiert war, bis der erschöpfte Rest der Verachtung verfiel« (G.W. VIII, S. 466). Freud hat den psychologischen Menschen der Gegenwart erfunden, der sich neu sehen und verstehen lernte, der seine Ambivalenzen erkannte und ertrug, keine Heiligkeit anstrebte, aber sich Einfühlung in die menschliche Psyche, sowohl in die eigene wie die des anderen, zum Gebot machte. Die Möglichkeit, die unbewussten Motive für sein Handeln, seine selbstschädigenden Verhaltensweisen, sein »Schicksal« näher zu erforschen, eröffnete für den Einzelnen so etwas wie die Selbstbeteiligung an der Möglichkeit eines persönlichen Glücks.

Mit der psychologischen Erforschung des Menschen, der

lernte, die Motive seiner Handlungen und die seinen Problemen zugrundeliegenden Konflikte zu erkennen, hat die Aufklärung eine neue Dimension erreicht, nämlich die Dimension der Aufklärung des Unbewussten. Dieser Prozess der Selbstaufklärung hat auch den alten Menschen in unserer Gesellschaft erreicht, und er profitiert davon. Wenn ihn seine geistige Gesundheit nicht im Stich lässt, bleibt er ein Erwachsener unter Erwachsenen (trotz allem Jugendwahn, der von manchen Alten geteilt wird). Dass die Würde des Menschen bis zum Tode unantastbar bleibt, ist ein Ziel, für das es sich zeitlebens zu kämpfen lohnt.

Ich möchte darauf zurückkommen, wie sich das Gefühl für Zeit im Alter verändert. Für ein Kind, für einen jungen Menschen kann ein Tag sich endlos dehnen, als alter Mensch rast die Zeit, oder man hat das Gefühl, dass sie einem zwischen den Fingern zerrinnt. Die Zukunft wird immer knapper und dunkler.

In Tat und Wahrheit ist die Zukunft aber immer dunkel, von Anbeginn des Lebens, die Gegenwart nur ein Augenblick, der ist und doch zugleich vergeht und schon zur Vergangenheit geworden ist. Der Mensch hat aber eine großartige Möglichkeit, Zeit zu überwinden, er kann mit seinen Gedanken und Phantasien in der Vergangenheit sein, sie mit der Gegenwart verbinden, die Zukunft ausbauen – je nach Lust und Laune und Vorstellungsvermögen –, er kann nicht nur die Grenzen von Zeit und Raum auf diese Weise überwinden, er kann jederzeit aus sich eine andere Person machen – seiner Phantasie sind bekanntlich keine Grenzen gesetzt. Die Träume nutzen diese menschliche Fähigkeit wie auch die freie Assoziation, die Freud zur Methode seiner Psychoanalyse machte, um dem Bereich des Unbewussten näherzukommen, zu verstehen, was es uns zu sagen hat.

Das Fließen des Ich in der Zeit, in den verschiedenen Bereichen seines Denkens, Wissens, Erinnerns bleibt uns bis zum Tode, ohne es gäbe es keine Literatur und wohl auch manche Wissenschaft nicht, denn mit dessen Hilfe werden Denkverbindungen und damit neue Erkenntnisse über die Natur, deren Gesetze formuliert, wie über den Menschen und dessen seelische Funktionen und Strukturen, die erst durch unser Ich zu begreifen, in Sprache zu setzen, zu erfassen und entsprechend zu nutzen sind.

Wenn man wie ich 93 Jahre alt ist, ist die Realität des Alters äußerst mühsam. Der Körper, der sich – wie der meine – durchaus daran erinnert, dass Gehen ein großes Vergnügen machen kann, ist jetzt wie ein schwerer Klotz, den man nur mit vielen guten Worten in Bewegung zu setzen vermag. Jeden Morgen wundere ich mich erneut über die mir so ungewohnte Art, wie meine Beine sich verhalten. In meinen Träumen gehe oder laufe ich viel, nie habe ich auch nur die geringste Mühe damit – im Gegenteil, ich gehe mit noch größerer Leichtigkeit, als es mir in den besten Zeiten meines Lebens möglich war. Nach dem Aufwachen bleibe ich gern noch eine halbe Stunde (mindestens) im Bett – es ist eine sehr angenehme halbe Stunde: Mein Körper ist warm, entspannt, ich spüre ihn nur als etwas, was mit sich in Einklang ist und mich völlig in Ruhe lässt. So gut wie in dieser ersten halben Stunde gelingt es mir sonst nie, interessante Gespräche mit meinem Hirn zu führen und mein Ich – befreit von der Last des Körpers – von Thema zu Thema wandern zu lassen, wie es ihm gerade in den Sinn kommt. Manches, was bisher unverstanden blieb, verbindet sich, mein Hirn zeigt mir neue Wege des Verstehens oder schenkt mir Aha-Erlebnisse. Nur wenn ich dann aufstehe, der Körper sich wieder unfreundlich bemerkbar macht, ist alles vorbei.

Selten schreibe ich auf, was ich so an neuen Erkenntnissen und Ideen glaube gewonnen zu haben, und dann scheint mir das Ganze auch nicht mehr so wichtig. Aber eins bleibt auch dann, wenn ich meinen Körper wieder lustlos mit mir herumtrage, nämlich die Lust am Denken.

> Wer sich von 3000 Jahren
> nicht weiß Rechenschaft zu geben
> bleibt im Dunkeln, unerfahren
> mag von Tag zu Tage leben.

Diesen Spruch von Goethe habe ich mir seit langem zu Herzen und zu Verstand genommen und bemühe mich darum – je älter ich werde, umso mehr. Es macht großen Spaß, sich die Geschichte nahezubringen, und ich genieße es, wenn mir hier und da ein neues Licht aufgeht über den Zusammenhang von dieser Geschichte und den Menschen, die sie machten, um dann wieder dem Zeitgeist unterworfen zu sein, von der Geschichte beherrscht zu werden.

Mein Ziel bis zum Lebensende ist – Körper hin oder her –, mir festliche Augenblicke zu verschaffen und nie zu vergessen, dass es solche Augenblicke immer wieder zu geben vermag und es von mir abhängt, ob ich verstehe, sie zu erkennen, sie zu erschaffen und zu genießen.

Noch mal zu Starrsinn oder Furchtlosigkeit …

Bin ich eine starrsinnige alte Frau? Ich glaube, eher nicht. Bin ich furchtlos? Gewiss nicht. Ich fürchte mich vor dem Tod, versuche aber, mich an den Gedanken zu gewöhnen. Das gelingt mir insofern, als ich zwar täglich an den Tod denke, aber ohne akute Angst. Diese erlebe ich immer noch, wie ich es kürzlich wieder erfuhr, als ich in einer fremden Toilette die Tür nicht aufbekam und von meiner altgewohnten Panik – der Klaustrophobie – überfallen wurde. Ich bin also gewiss nicht furchtlos, auch wenn mich vieles, was mir früher Angst machte oder mich aufregte, ziemlich kalt lässt. Es ist alles irgendwie nicht mehr so wichtig, ich selber schon gar nicht. Stimmt das? Mit dem Verstand weiß ich es, aber mit dem Gefühl? Da bin ich mir nicht so sicher.

Margarete Mitscherlich und Alice Schwarzer
Ein Gespräch

Alice Schwarzer: Verflixt. Das ist ein neues Aufnahmegerät. Digital. Wie funktioniert das noch mal?! Rede doch einfach mal los, Margarete.

Margarete Mitscherlich: Ich heiße Margarete Mitscherlich, bin 92 Jahre alt und halte es für eine Zumutung, dass Menschen nicht nur alt werden, sondern auch noch sterben müssen.

Ah, es funktioniert. Triumph der Technik! Es kann losgehen. Gibt es eigentlich etwas, was dich überrascht am Alter, Margarete?

Ich habe mir niemals mich als alt vorgestellt. So wie diese armen Menschen, die sich nicht mehr selber helfen können und so eine peinliche Karre vor sich herschieben müssen beim Gehen … Natürlich wusste ich mit dem Verstand, dass ich eines Tages alt werden würde. Aber es war trotzdem nicht vorstellbar für mich. Die Alten, das war eine andere Sorte Mensch als ich. Alles, was man nicht selber erlebt hat, ist in Wahrheit gefühlsmäßig nicht vorstellbar.

Ist das Alter so irrealisierbar wie der Tod?

Nein. Die Alten sehen wir ja. Den Tod aber haben wir nicht vor uns.

*Im Zusammenhang mit dir kommt es mir schwer über die
Lippen. Aber es nutzt ja alles nichts: Du bist jetzt 92. Du
bist alt.*
Ich bin uralt.

*Wenn die alte Margarete der jungen Margarete heute erzäh-
len müsste, was sie im Alter erwartet – was würde sie da
sagen?*
Darüber habe ich noch nie nachgedacht … Wenn damals jemand gekommen wäre und zu mir gesagt hätte: Du bist jetzt
30 – und du wirst eines Tages 90 sein, und das wird ver-
dammt schwer für dich werden, denn du hast immer sehr
viel Wert darauf gelegt, beweglich zu sein und über deinen
Körper herrschen zu können, grenzenlos. Dann hätte ich gesagt: Quatsch, warum sollte ich nicht mehr gehen können?!
Mein Großvater konnte mit 97 noch gehen, und meine Mutter ist mit über 90 noch nach Afrika gefahren und bis 97 klar
geblieben. Wenigstens das habe ich erfreulicherweise von ihr
geerbt. Im Denken und Fühlen bin ich heute wie damals, mit
30. Also dieses Mehrwissenwollen und das Erkennenwollen
von Wahrheit. Worauf kommt es an, und was ist Quatsch?
Das hatte ich schon mit 30, wenn nicht mit 20. Und das
habe ich bis heute. Ich verstehe noch immer die Person, die
ich mit 30 war. Aber die Person, die ich mit 30 war, würde
mich nicht verstehen.

*Du hast gute Bedingungen, eine moderne großräumige
Wohnung mit Fahrstuhl, einen großen Balkon mit Blick
in die Bäume vom Frankfurter Westend. Und du musst dir
ökonomisch keine Sorgen machen. Doch wie regelst du deinen Alltag?*
Ich bemühe mich, möglichst wenig abhängig zu sein. Ich

habe so viel Hilfe, wie ich brauche: zum Einkaufen, Putzen etc. Und da gibt es natürlich auch einen Kreis von Freundinnen, die sich kümmern. Aber ich kann nur selten ausgehen. Und ich kann nicht mehr reisen, an meinen geliebten Lago Maggiore, meine zweite Heimat, oder quer durch die Welt.

Und wie nehmen dich die anderen heute wahr? Fühlst du dich in anderer Weise gesehen als früher?
Ich weiß nicht … Ich war immer sehr darauf bedacht, gepflegt zu sein. Bis heute dusche ich täglich warm und kalt. Und schon als Kind habe ich gedacht: Du musst dich anstrengen, damit die Menschen keinen Ekel vor dir haben. Das mag etwas mit meiner Mutter zu tun haben. Die hatte sehr leicht einen Ekel. Und ich habe bis heute einen regelrechten Sauberkeitszwang.

Und wann hast du dir zum ersten Mal gesagt: Jetzt bin ich alt?
Mit 25 (lacht).

Du bist Analytikerin. Das heißt, du hast dein Leben lang den Prägungen der Menschen nachgespürt. Doch was hat dich geprägt?
Als Erste vor allem meine Mutter, mit der ich mich sehr stark identifiziert habe. Dann meine Lehrerin am Oberlyzeum. Die war eigentlich gar nicht hübsch, sie war dick und hatte einen Watschelgang. Aber sie war brillant und hat uns beigebracht, dass das Geistige etwas Lebendiges ist, etwas Erotisches. Viele von uns Primanerinnen verehrten sie sehr. Und ich stand so manches Mal vor ihrem Fenster. Sie war übrigens eine Anhängerin von Stefan George, und ich lernte mit Eifer viele seiner Gedichte auswendig. Mein drittes gro-

ßes Erlebnis war die Lektüre von Sigmund Freud. Der war nüchtern und selbstkritisch auf Wahrheitssuche aus. Er war für mich das, was man einen Eye-Opener nennt. Die Begegnung mit der Psychoanalyse war und ist bis heute für mich eine spannende Sache.

Du hast ja zwei Analysen gemacht ...
Drei. Die erste bei Vilma Popescu. Die zweite bei Felix Schottländer. Und die dritte dann bei Michael Balint in London.

Du hattest also reichlich Gelegenheit zur Selbsterkenntnis.
Ja.

Und was hast du da entdeckt?
Ich war eigentlich immer schon äußerst selbstkritisch, lesesüchtig und auf neues Wissen aus. Ein Problem ist allerdings meine Eifersucht.

Das war ja bei Alexander vielleicht nicht verkehrt.
Genau. Der hätte sich sonst sonst was erlaubt (lacht). Aber Neid zum Beispiel ist mir eher fremd. Schon, um meiner Mutter zu gefallen, die es gerne hatte, wenn man teilte. Und da ich mit meinem Bruder um die Liebe meiner Mutter konkurrierte und er nicht so gut teilen konnte, teilte ich umso lieber. Ich spürte dann, wie zufrieden sie war. Ich sah schon an ihren Augen, wie sie sich fühlte, und schon am Ton ihrer Stimme habe ich gespürt, welche Stimmung sie hatte. Sie konnte sehr stark Atmosphären verbreiten. Ich war total auf meine Mutter fixiert. Daher das frühe Interesse für alles Seelische. Für Politik habe ich mich eigentlich erst ab Hitler interessiert. Der hat mich mit einem Schlag aufgeweckt.

Beruflich hast du dich lebenslang zwischen Individualanalyse und Gesellschaftsanalyse bewegt.

Es sind aber vor allem die Menschen, die mich interessieren. Wenn man frei assoziiert, also seiner Phantasie freien Lauf lässt, entdeckt man immer auch Überraschendes an sich selbst. In der Phantasie kennst du ja keine Grenzen, und wenn du wütend bist auf jemanden, möchtest du ihn umbringen. In der Nazizeit hatte man permanent Aggressionen. Man zitterte vor Hass in dieser Zeit. Man musste ja quasi zu Hitler beten oder ihn zumindest anbeten. Karikaturen waren todeswürdig, und auf Untreue stand Steinigung, sozusagen. Da hatte man Angst und war sehr gedemütigt.

Du warst dann 1952 eine der Ersten, die in London wieder angeknüpft haben bei den Freudianern, die ins Exil geflüchtet waren. Du hast bei Balint deine Lehranalyse gemacht und bist dann in Deutschland jahrzehntelang die Leiterin des Unterrichtsausschusses der DPV (Deutsche Psychoanalytische Vereinigung) gewesen, hast mehrere Generationen von Analytikerinnen und Analytikern geprägt. Gleichzeitig aber hast du selbst ein durchaus kritisches Verhältnis zur Analyse, empfiehlst sie keineswegs allen.

Es gibt Menschen, deren Leben eine einzige Selbstlüge ist. Wenn man die dann in Frage stellt, kann das lebensbedrohend sein. Hinter einer Zwangsneurose steht für gewöhnlich eine sehr aggressive Persönlichkeit. Bei bestimmten Krankheiten oder Abwehrformen besteht dann die Gefahr, dass die ganze Struktur zusammenbricht, wenn man nicht entsprechend vorsichtig analysiert. Und wenn man da zu rasch Deutungen gibt, die das Unbewusste unmittelbar berühren – dann kann so ein Mensch dekompensieren, also Mühe haben, die Realität wahrzunehmen. Du musst bei der Analyse immer langsam vorgehen, wissen, mit welchen Formen von Abwehr du es zu tun hast, die oft seit der Kindheit funktionieren. Diese schwergestörten Menschen können sehr gesund wirken, manchmal sogar besonders gesund, weil sie eine gewisse starre Selbstverständlichkeit haben: So bin ich! Aber so sind sie in Wirklichkeit überhaupt nicht.

Und wie schaffst du es, sie dennoch in Bewegung zu bringen?
Du musst eine gewisse stabile Beziehung aufbauen. Übrigens bei jedem Patienten. Die Person muss sich ernst genommen fühlen und es auch sein. Dann ist es für die Betroffenen oft eine Erleichterung, sich ihre Gefühle der Wut oder des Hasses zuzugestehen und zu lernen, damit umzugehen. Wer sich freiwillig für eine Analyse entscheidet, ist meist dazu bereit.

Gibt es eigentlich strukturelle Unterschiede im Verhalten von Frauen und Männern auf der Couch?
Das bin ich oft gefragt worden. Und eine eindeutige Antwort kann ich nicht geben. Aber atmosphärisch ist es klar, dass es so etwas gibt. Eine starre Abwehr kann es natürlich bei Männern wie Frauen geben. Aber Frauen, die in die Analyse gehen, sind im Großen und Ganzen ihrer Gefühlswelt sehr viel näher als Männer. Frauen dürfen sentimental sein, weinen, Schuldgefühle haben – Männern wird das nicht zugestanden. Allerdings stehen Frauen ganz anders zu ihrer Sexualität. Für Männer ist ein Seitensprung ein Kavaliersdelikt, für Frauen ein Drama. Was mit Sicherheit das Resultat einer jahrhundertealten Tradition des Erlaubens und Verbietens ist. Vielleicht ändert sich das ja jetzt bei den jungen Frauen.

246

Und wie reden Frauen auf der Couch über Sexualität?
Männer reden leichter darüber. Frauen erleben Sexualität immer noch als etwas, was sie eigentlich nicht haben dürfen. Zumindest die Älteren.

Sprechen Frauen eher von Liebe und Sehnsucht?
Wenn die Träume analysiert werden, geht es schon zur Sache. Aber real fällt es Frauen schwerer, darüber zu reden. Deswegen war ich sehr überrascht, bei Google zu lesen, dass 50 Prozent aller Frauen angeblich Fellatio wollen – und 97 Prozent der Männer. Ich habe in der Analyse oft gehört, dass der oral-genitale Verkehr den Frauen schwerfällt und es sie vor allem ekelt, den Samen zu schlucken.

Ist es nicht gerade in der Sexualität so, dass Frauen oft wollen, was sie wollen sollen?
Ja, das spielt natürlich auch eine Rolle.

Ich finde es schwierig, bei der Sexualität von Männern durchzublicken. Wie geht es dir?
Männer haben fürchterliche Komplexe, wenn sie keine Erektion haben. Der Mann muss eindringen, ob er will oder nicht. Sonst würde die Menschheit aussterben. Aber das erklärt natürlich nicht all diese Perversionen: Kinderpornografie, Vergewaltigungen etc. – das sind vermutlich aggressive Akte von Männern, die Angst vor Impotenz haben.

Hat es schon mal etwas gegeben, was dich wirklich schockiert hat bei einem Patienten?
Naja, sie reden natürlich über alles. Auch über Perversionen. Aber ich habe manchmal schon wirklich Angst gehabt, dass sie ausrasten oder sich selber etwas antun. Zu einem

Analytiker kommen ja eher Menschen mit masochistischen Störungen.

Hast du auch schon erlebt, dass Menschen mit dir über kriminelle Phantasien sprechen, die sie in die Tat umsetzen wollen? Pädophile zum Beispiel.
Nein, noch nie. Wer in die Analyse kommt, möchte natürlich von Dingen, die belastend sind, geheilt werden. Gerade Pädophile sind meistens Männer, die in ihren Aggressionen Frauen gegenüber gehemmt sind. Männer, die eigentlich Frauen sein möchten. Ein weites Feld. Schwer zu überschauen, was frühe Anlage bzw. Prägung ist oder was sich auf traumatische Erlebnisse zurückführen lässt.

Gerade erschüttert ja eine Kette von Enthüllungen über den sexuellen Missbrauch von Kindern in Institutionen und Internaten das Land. Die Odenwaldschule ist nur einen Steinwurf von Frankfurt entfernt. Was sagst du zu den Enthüllungen über den Missbrauch von Jungen dort?
Sexueller Missbrauch von Jungen und anderen Abhängigen ist natürlich eindeutig abzulehnen. Unabdingbare Voraussetzung für erlaubte Sexualität ist das Einverständnis auf beiden Seiten der Beteiligten. Sie müssen gleichermaßen für sich verantwortungsfähig sein. Und keiner darf vom anderen abhängig sein.

Kehren wir zurück zum ganz normalen perversen Alltag. Der englische Psychotherapeut Brett Kahr hat 17 000 Menschen nach ihren sexuellen Phantasien befragt und festgestellt: Weit über 90 Prozent aller Menschen haben sexuelle Phantasien. Und er geht davon aus, dass speziell die sadomasochistischen Phantasien ihren Ursprung immer in früh-

kindlichen Verletzungen haben, körperlicher oder seelischer
Natur. Teilst du diese Auffassung?
Kann er das belegen?

Anscheinend.
Sexuelle Phantasien hat in der Tat praktisch jeder. Der Inhalt dieser Phantasien kann von traumatischen Erlebnissen geprägt sein, muss aber nicht. Frühkindliche Verletzungen können zu diesem oder jenem Phänomen führen. Da
gibt es eine ungeheure Breite von Symptomen. Es gibt auch
im Grund so gut wie niemanden, der keine frühkindlichen
Kränkungen erlebt hat. Enttäuschungen sind für das ja total abhängige Kind unvermeidbar. Bei sexuellem Missbrauch
fühlt sich auf jeden Fall das Kind schuldig, Junge wie Mädchen. Aber warum führt so eine Verletzung mal zu Sadis-
mus – und mal zu Masochismus? Das scheint weitgehend
eine Frage des Geschlechts zu sein: Männer reagieren oft sa-
distisch, Frauen eher masochistisch. Doch auch das kann
umgekehrt sein.

Was hast du eigentlich gemacht, wenn du einen Patienten,
eine Patientin nicht leiden konntest? Jeder will doch von sei-
ner Analytikerin speziell wahrgenommen, ja geliebt wer-
den – und du kannst ja nicht alle zurücklieben.
Es ist durchaus auch schon vorgekommen, dass Frauen sich
von mir nicht verstanden fühlten – und die Analyse abgebro-
chen haben. Aber es gab auch Frauen, die einfach selbstver-
logen waren. Mit solchen tue ich mich schwer. Aber wenn
sie dann doch bereit sind, ihre Abwehr fallen zu lassen, was
sie viel Mühe und Kraft kostet, habe ich gelernt, sie zu mögen, ja zu bewundern.

Du sprichst nur von Frauen. Und die Männer?
Männer müssen schon ein bisschen weiblich sein, damit ich
sie mag (lacht). Ein Mann, der Männlichkeit mit Starrheit
verwechselt, den mag ich nicht. Einmal hatte ich einen Patienten, der impotent war, ein Intellektueller, der durchaus
viel verstand, auch von Psychoanalyse. Und der verliebte
sich in mich und meinte, bei mir könnte er potent sein.

Und was hast du getan?
Ich konnte ihn ja nicht einfach wegschicken. Es ging ihm
einfach zu schlecht. Aber es war schon sehr anstrengend,
nicht mit ihm darüber reden zu können, worum es wirklich ging. Er war ganz obsessiv und sagte immer wieder: Ich
könnte geheilt werden, wenn Sie mit mir schlafen!

Der war aber dreist.
Dreist? Es wird alles gesagt in der Analyse! Auch zu dem
Analytiker, der Analytikerin. Es hat allerdings auch viel für
sich, wenn die Menschen ihre Phantasien aussprechen.

*Deine Patienten sagen sich vermutlich: Ich bin schwach –
und die ist ganz stark. Also kann ich ihr alles zumuten.*
So ist es. Die wissen auch, dass man in der Psychoanalyse alles sagen darf. Solche Leute möchten das Schuldgefühl, das
sie selber haben, dem anderen machen.

Und was machst du dann?
Du musst sehr viel mit der Analyse der Übertragung arbeiten. Aber manchmal laufen sie dir vorher weg. Und dann
sind sie todunglücklich und machen dir große Vorwürfe: Du
hättest mich retten können!

Es gibt doch sicherlich auch Spitzfindige, die nach Schwächen bei dir suchen.

O ja! Nicht nur suchen, auch finden. Es kann natürlich auch passieren, dass man selber Patienten gegenüber erotische Gefühle hat. Der Therapeut sowieso – aber auch die Therapeutin. Doch wenn man dem nachgibt, dann Gnade dir Gott. Dann ist es natürlich nicht mehr möglich, durch Deutungen an das Unbewusste heranzukommen, Konflikte bewusst zu machen und dadurch zu ihrer Lösung beizutragen.

Wie oft hast du dich im Laufe der Jahre denn verliebt in einen Patienten oder eine Patientin?

Das kann ich nicht so einfach sagen. Bei langen Analysen gab es manchmal durchaus Phasen, in denen ich mich selber analysieren musste: Was willst du jetzt eigentlich? Aber das war doch relativ selten. Ich erinnere mich an zwei, drei Fälle.

Männer oder Frauen?

Direkt sexuelle Gefühle – das waren Männer.

Dabei warst du als junges Mädchen ja eher in Frauen verliebt.

Stimmt. Männer waren mir damals vollkommen wurscht. Leidenschaftlich verliebt war ich in meine Lehrerin. Und dann gab es da noch einmal eine Frau … die kam an mein Bett und küsste mich. Das war die Unterscharführerin im Arbeitsdienst. Aber sie hatte offensichtlich genau so viel Angst davor wie ich. Es blieb also bei dem Kuss.

Hat das Tabu Homosexualität nach deiner Erfahrung wirklich vor allem erotische Gründe – oder nicht auch eine sehr

starke soziale Komponente? Also dass, ob man es lebt oder
nicht, weniger eine Frage des Begehrens ist als mehr eine
Frage der Räson.
Das halte ich für sehr wahrscheinlich. Faktisch sind wir ja
alle bisexuell. Dann kommt im Laufe eines Lebens entweder
das eine oder das andere mehr zum Tragen. Aber möglich
ist beides. Mir war das immer klar. Nur wehrt man es unbewusst aus Angst vor Sanktionen ab.

Du bist jetzt in einer Phase deines Lebens, in der du Bilanz
ziehst. Gibt es etwas, wo du sagen würdest: Das habe ich
besonders richtig gemacht?!
Richtig war, meinen Sohn in die Welt zu setzen! Ich hätte ja
abtreiben können, es war alles schon geregelt. Aber dann
habe ich mich doch entschieden, das Kind zu kriegen. Trotz
aller Probleme. Alexander war damals zum zweiten Mal ver-
heiratet, schätzte seine Frau sehr und hatte mit ihr vier Kinder. Er wollte sich keineswegs scheiden lassen. Aber dann
hat er zu mir gesagt: Wenn du glaubst, dass du es durch-
hältst – dann lass uns dieses Kind doch in die Welt setzen!
Da war ich erleichtert und dachte: Ja, ich will dieses Kind!
Das war 1948, und zu der Zeit war ein uneheliches Kind
noch eine große Schande. Zumindest in Deutschland. In Dänemark und in meiner Familie hatte niemand Probleme damit.

Du hast das Kind dann in Konstanz und mit Unterstützung
einer Freundin bekommen.
Ja, mit der Geburt des Kindes bin ich eigentlich erst richtig erwachsen geworden. Danach war mir klar, dass die Psychoanalyse der richtige Beruf für mich ist: mit ihrem Streben
nach Wissen, Erkenntnis und Glück.

Als dein Sohn Matthias zwei Jahre alt war, hast du ihn für drei Jahre zu deiner Mutter nach Dänemark gegeben, um deine Ausbildung zu machen. Du hast in den vergangenen Jahren immer wieder mal darüber geredet und bist vor allem von Interviewerinnen danach gefragt worden. Und du hast dein schlechtes Gewissen thematisiert, das du deswegen später bekommen hast. Auch dein Sohn hat dir Vorwürfe gemacht.

Matthias hat mir erst sehr viel später Vorwürfe gemacht: als sein Vater nicht mehr lebte und er selbst Vater wurde. Da hat er das mit einem gewissen Genuss thematisiert, denn er wusste, dass ich Schuldgefühle hatte. Dabei war er in Wahrheit bei meiner Mutter sehr gut aufgehoben – und wir haben ihn ja dann auch gleich zu uns geholt, nachdem Alexander und ich geheiratet hatten.

In unserem ersten Interview 1985 hast du ausführlich über deine Kindheit geredet: als Tochter einer deutschen nationalbewussten Mutter und eines dänischen nationalbewussten Vaters. Deine Mutter war Schuldirektorin und hat dich in den ersten Jahren zu Hause unterrichtet. Dein Vater war Arzt und wohl ein freundlicher Mensch.

Ja, innerhalb der Ehe meiner Eltern dominierte eher die Mutter. Ich hatte also nie das Gefühl, dass Frauen weniger wert sind als Männer. Den Männlichkeitswahn habe ich eher intellektuell wahrgenommen, in den Büchern.

Mir fällt auf, dass so einige Faktoren bei dir zusammenkommen, die typisch sind für die Pionierinnen der Frauenbewegung, zu denen du ja gehörst: eine starke Mutter, ein sensibler Vater, die Mädchenschule. Denn die Pionierinnen waren in der Regel ja besonders stark und stolz – und konn-

*ten es nur deshalb überhaupt wagen, den Männern zu trot-
zen. Hinzu kam bei dir, dass du Anfang der 1970er Jahre in
Amerika warst, also in der hohen Zeit der Women's Libe-
ration.*

Stimmt. Die Frauenbewegung hatte ich allerdings schon
vorher mitgekriegt, durch meine Mutter und deren Freundinnen.

Waren die frauenrechtlerisch aktiv?

Sie waren sehr bewusst, aber sie gingen nicht kämpferisch
an die Öffentlichkeit. Und später wurden sie in der Nazizeit
gebrochen. In den 1950er Jahren bin ich den Frauenrechtlerinnen dann wieder im Exil in London begegnet sowie den
Nachfolgerinnen der Suffragetten. Doch zur neuen Frauenbewegung, die deiner Generation, habe ich eigentlich erst
durch dich Kontakt bekommen.

*Wir haben uns im Herbst 1975 kennengelernt, anlässlich des
Erscheinens vom »Kleinen Unterschied«, zu dem du mich
fürs Fernsehen interviewt hast – und wir zu aller Überraschung spontan heftig sympathisierten. Aber du hattest ja
schon 1972 erstmals ein Buch unter deinem Namen veröffentlicht: »Müssen wir hassen?«. Bis dahin hattest du nur
zusammen mit Alexander geschrieben.*

Nicht ganz. Ich hatte schon in den 1950er und 60er Jahren
Artikel über Psychoanalyse und Frauen veröffentlicht, vor
allem in der Zeitschrift *Psyche*. In der Psychoanalyse gab es
zeitweilig ja mehr Frauen als in irgendeinem anderen vergleichbaren Beruf, von Karen Horney über Anna Freud bis
Helen Deutsch oder Melanie Klein. Die Frauen hatten eine
dominierende Rolle. Und dann war da in den 1960er Jahren diese Amerikanerin, die erstmals veröffentlichte, dass

254

auch die Männer embryonal zunächst bis zum dritten Monat weiblich sind …

Mary Jane Sherfey …
Genau! Das war wunderbar. Ich habe es regelrecht genossen! Und dann auch selber darüber geschrieben.

Ja, das war ein wirklicher Triumph. Nach all dem albernen Biologismus kommt raus: Wir Frauen sind das Eigentliche, die Männer sind die Variante.
Den Männern fehlt ja auch ein Chromosom. Die Ärmsten (Gelächter). Aber die Frauen, die sich in der Psychoanalyse zusammengetan hatten, waren selten politisch. Die Frauenbewegung deiner Generation war eine ganz neue Kraft.

Es gab in der Frauenbewegung der 1970er Jahre eine große Euphorie. Frauen gemeinsam sind stark! etc. Da wurden die inneren Widersprüche kräftig verdrängt. Darüber hast du ja auch geschrieben.
Ja, so manche lautstarke Feministin wurde irgendwann von ihren eigenen Widersprüchen eingeholt. Denn wenn die nicht eingestanden und verarbeitet sind, kann es tückisch werden. Was mich an der deutschen Frauenbewegung vor allem störte, war das Ideologische. Genau wie bei den 68ern. Da gab es ganz fanatische Frauen, für die alle Männer böse waren. Diese Art von Schwarzweißdenken und die Unfähigkeit, Ambivalenzen zu ertragen, fand ich unerträglich.

Kann es sein, dass diese Müttergeneration ihr Erschrecken über sich selbst an die Töchter weitergegeben hat?
Das wäre klassisch. Dass die Kinder die Widersprüche und Traumata ihrer Eltern ausleben müssen.

Erklärt sich vielleicht so auch das in Deutschland besonders starke Revival der sogenannten »Weiblichkeit« und »Mütterlichkeit«?

Das ist durchaus denkbar. Die »Rabenmutter« gibt es ja auch nur in Deutschland. Die Feministinnen in Amerika waren immer viel nüchterner und unideologischer, souveräner und mit mehr Power. Du bist ja ganz untypisch für die deutschen Feministinnen.

Und auch ich habe ja unter diesen Dogmatikerinnen sehr gelitten. Die waren mir sehr fremd. Aber so was hat man früher nicht gesagt, aus Solidarität. Alice Schwarzer konnte sich ja schlecht von der deutschen Frauenbewegung distanzieren … In Wahrheit aber war ich hier aber immer nur eine Außenseiterin und Einzelkämpferin.

Das kann ich mir gut vorstellen. Wir waren hier eben noch stark geprägt von diesem Herrenmenschentum und dem Freund-Feind-Denken. Die Nazis waren Menschen gewesen, die nur projizierten und die anderen Menschen zum »Juden« machten. Alles Böse war bei den anderen – und alles Gute bei ihnen. Mit dieser quasi religiös verbrämten Projektion und Entwertung konnten sie Millionen Menschen umbringen. Denn diese anderen waren ja wertlos und bedrohten das Gute. Und ihre Töchter und Söhne waren natürlich unbewusst von diesem Denken geprägt. Unerträglich sowohl bei den 68ern wie in der Frauenbewegung war auch diese Lust am Denunzieren.

Die Menschen sind überall auf der Welt nicht einfach, aber diese Selbstgerechtigkeit, die scheint wirklich ein typisch deutscher Charakterzug zu sein.

Na, das hast doch auch du am eigenen Leib erlebt. Ich er-

innere mich, als du die erste Ausgabe von *Emma* vorbereitet hast, für die ich dann auch geschrieben habe. Da wurde
ich von feministischer Seite gewarnt, ich sollte mich vor dir
hüten und auf keinen Fall bei *Emma* mitmachen. Du würdest diese Zeitung nur aus Geltungssucht und auf dem Rü-
cken der Frauenbewegung machen. Das erregte natürlich
nur meinen Widerspruch!

*Ja, gerade das Klima in Berlin war unerträglich dogmatisch,
sehr selbstgerecht und sehr denunziatorisch. Ich bin dann
ja auch ziemlich schnell da weggegangen und habe mich
in Köln in der Emma-Redaktion vergraben. Nutzte aber
nichts: Meine Schwestern verfolgten mich weiter mit ihrer
Häme. Doch du hast einige Jahre später ja dann ganz ähnliche Erfahrungen gemacht. Nicht mit der Frauenbewegung,
aber mit deinem Milieu, den Psychoanalytikern. Nach dem
Tod von Alexander 1982 ging die Hexenjagd los.*
O ja, ich erinnere mich nur zu gut. Es war sehr unerfreu-
lich, aber vorauszusehen. Freundliche Kollegen bedauerten,
dass hierzulande die Witwenverbrennung nicht mehr üblich
ist. (Lacht)

*Die Zeiten sind vorbei. Heute hagelt es Ehrungen für Mar-
garete Mitscherlich. Aber so manche weiterhin im Lagerden-
ken Verhaftete waren doch befremdet darüber, dass du, die
»Linke«, aus deiner Freude über die erste deutsche Kanzle-
rin keinen Hehl gemacht hast.*
Ich habe mich sehr gefreut! Und Angela Merkel ist ja auch
ein vernünftiger und nachdenklicher Mensch. Sie ist Chris-
tin, im Wie-auch-immer-aber-doch-Sozialismus aufgewachsen und eine wirkliche Demokratin. Ich fürchte nur, dass
es ihr, wie uns allen, schwerfällt, nicht immer nur geliebt

zu werden. In der schwarzroten Regierung hatte ja noch jeder vom anderen gelernt. Sie hat über das Ideologische bei den Sozialdemokraten gesiegt, und von denen übernommen, dass man die Kluft zwischen Arm und Reich überbrücken muss. Doch in der Konstellation mit der FDP scheint sie mir gar zu sehr auf der etablierten Seite und zu wenig konfliktfreudig.

Was meinst du damit?
Merkel müsste lernen, auch mal Feinde zu ertragen. Ihre Meinung zu vertreten, wenn es notwendig ist – auch wenn sie sich damit Gegner macht. Und wenn es nach mir ginge, würde sie auch nicht mehr in Bayreuth aufmarschieren. Man kann ja Wagners Musik schätzen, aber dieser Spektakel ist nun wirklich recht belastet und unerträglich spießig. Aber jeder nach seinem Geschmack – ich habe es auch immer gehasst, wenn andere mir ihren Geschmack aufdrängen wollten.

Hättest du dir vor dreißig Jahren vorstellen können, dass es im 21. Jahrhundert ein Revival der Religionen gibt, ja sogar des religiösen Fundamentalismus?
Die Nazis waren ja auch Fundamentalisten und die Kommunisten nicht minder. Dann kam, sehr rasch, die Demokratie, für manche vielleicht zu rasch. So dass diese Entwicklung letztendlich keine Überraschung ist. Allzu viele Menschen gieren ja regelrecht nach solch einfachen Welterklärungen: hie Böse, da Gut. Sie brauchen dann nicht mehr selber zu denken, müssen keine Schuldgefühle mehr haben und keine Verantwortung mehr übernehmen.

Ist das so schwer für die Menschen, Verantwortung für sich zu übernehmen?
Ganz offensichtlich. Es ist auch nicht einfach, ganz ohne Angst vor dem Nichts zu sein, dem du ganz alleine gegenüberstehen wirst. Wenn du stirbst, bist du weg. Aber was heißt das: Weg sein? Du fühlst nicht mehr, du denkst nicht mehr, du redest nicht mehr, du liest nicht mehr … Du kannst dir das Nichts nicht vorstellen. Seit die Menschen Zeugnis geben konnten, haben sie nach Trost, nach Religion gesucht. Ein Volk ohne Religion gibt es nicht.

Und was ist dein Trost, Margarete?
Ich weiß es nicht. Vielleicht muss ich ohne Trost leben und sterben. Wir Menschen sind Teil der Natur und damit auch Teil von »Stirb und Werde«. Aber ob ich mich im Erkennen solcher Zusammenhänge geborgen fühle? Bisher ist es mir nicht gelungen – oder vielleicht doch?

Wie machen wir es, Margarete – soll ich dir den Text zur Abstimmung schicken?
Du kannst ihn mir mailen. Ich maile ja auch immer mit meinen Enkeln.

Anmerkungen

Mein Leben und meine Zeit

[1] Vgl. Vgl. J. Laplanche/J.-P. Pontalis, *Das Vokabular der Psycho-analyse*, Frankfurt am Main: Suhrkamp 1972.

[2] Eberhard Schambacher, Parlamentarische Wahlen in der Weimarer Republik, Dissertation, Tübingen 1979. Zit. nach Rita Thalmann, *Frausein im Dritten Reich*, München: Hanser 1984, S. 72.

[3] Phillis Grosskurth, *Melanie Klein – ihre Welt und ihr Werk*, Stuttgart: Klett-Cotta 1993; Elisabeth Young Bruehl, *Anna Freud. Eine Biographie*, Wien: Wiener Frauenverlag 1995; vgl. auch *Die Freud/Klein-Kontroversen 1941–1945*, hrsg. von Pearl King und Riccardo Steiner, 2 Bde., Stuttgart: Klett-Cotta 2000.

[4] Stuttgart: Klett 1966.

[5] Mario Erdheim, »Wie familiär ist der Psychoanalyse das Unbewußte? Über homogene und heterogene Psychoanalyse«, in: Christa Rohde-Dachser (Hg.), *Zerstörter Spiegel. Psychoanalytische Zeitdiagnosen*, Göttingen: Vandenhoeck & Ruprecht 1990, S. 17.

[6] Fritz Redlich/August B. Hollingshead, *Der Sozialcharakter psychischer Störungen*, Frankfurt am Main: S. Fischer 1975.

Erinnern, Wiederholen, Durcharbeiten: Medizin und Antisemitismus

[1] Thomas Gerst, »Der Auftrag der Ärztekammern an Alexander Mitscherlich zur Beobachtung und Dokumentation des Prozeß-

verlaufs«, *Deutsches Ärzteblatt* 91, Heft 22/23, Juni 1994 (25), C-1037/C-1046.

2 Hans Neuffer, »Weltärztebund«, *Ärztliche Mitteilungen,* 22, 15. Nov. 1950, S. 463f.

3 Georg Bittner, »Der Fall Heyde oder die falsch verstandene Kollegialität. Zu einem parlamentarischen Untersuchungsbericht«, *Ärztliche Mitteilungen,* 46, 1961, S. 1711–1717.

4 Th. Gerst, a.a.O.

5 Jürgen Peter, *Der Nürnberger Ärzteprozeß im Spiegel seiner Aufarbeitung anhand der drei Dokumentensammlungen von Alexander Mitscherlich und Fred Mielke.* Schriften aus dem Sigmund-Freud-Institut, Bd. 2, 1994; 2. Aufl. 1998.

6 Vgl. J. Peter, a.a.O.

7 Hannes Heer und Klaus Naumann (Hg), *Vernichtungskrieg. Verbrechen der Wehrmacht 1941–1944,* Hamburg: Hamburger Edition 1995.

8 Daniel Jonah Goldhagen, *Hitlers willige Vollstrecker. Ganz gewöhnliche Deutsche und der Holocaust.* Berlin: Siedler 1996.

9 Ernst Klee, *Auschwitz, die NS-Medizin und ihre Opfer,* Frankfurt am Main: Fischer 1997.

10 Isidor Kaminer, *Psychiatrie im Nationalsozialismus. Das Philippshospital in Riedstadt (Hessen),* Frankfurt am Main: Mabuse 1998; 2. Aufl. 2003.

11 Alexander Mitscherlich und Fred Mielke, *Das Diktat der Menschenverachtung,* Heidelberg: Lambert Schneider 1947.

12 A. Mitscherlich und F. Mielke, *Wissenschaft ohne Menschlichkeit. Medizinische und Eugenische Irrwege unter Diktatur, Bürokratie und Krieg,* Heidelberg, Lambert Schneider 1949.

13 Vgl. J. Peters, a.a.O., S. 65 ff.

14 Th. Gerst, a.a.O.

15 A. Mitscherlich und F. Mielke, *Medizin ohne Menschlichkeit – Dokumente des Nürnberger Ärzteprozesses,* Frankfurt am Main: Fischer 1960.

16 Medizin und Technik, 33, H. 5, 1979, S. 162f.

17 Th. Gerst, a.a.O., C-1045.

18 A. Mitscherlich und F. Mielke, *Medizin ohne Menschlichkeit,* a.a.O., S. 13.

262

[19] Theodor W. Adorno, *Studien zum autoritären Charakter*, Frankfurt am Main: Suhrkamp 1973.

[20] Béla Grunberger, »Der Antisemit und der Ödipuskomplex«, *Psyche* 16, 1962/63, S. 255–272.

[21] Ebd., S. 262.

[22] Heinrich von Treitschke, »Unsere Aussichten«, in: *Der Berliner Antisemitismusstreit*, hrsg. von Walter Boehlich, Frankfurt am Main: Insel-Verlag 1965, S. 13.

[23] B. Grunberger, a.a.O., S. 262.

Erinnern, Vergessen und Verdrängen

[1] Uwe Timm, *Am Beispiel meines Bruders*, Köln: Kiepenheuer & Witsch 2003.

[2] Wibke Bruhns, *Meines Vaters Land: Geschichte einer deutschen Familie*, München: Econ Verlag 2004.

[3] Micha Brumlik, *Sigmund Freud, Der Denker des 20. Jahrhunderts*, Weinheim: Beltz Verlag 2006, S. 255.

[4] Aleida Assmann, »Grenzen des Verstehens. Generationsidentitäten in der neuen deutschen Erinnerungsliteratur«, *Familiendynamik*, 30, Heft 4, 2005, S. 370–389.

[5] Harald Welzer, »Das kommunikative Gedächtnis der Familie«, *Familiendynamik* 30, Heft 4, 2005, S. 353–369.

[6] A. und M. Mitscherlich, *Die Unfähigkeit zu trauern. Grundlagen kollektiven Verhaltens*, München: R. Piper & Co. 1967, S. 40.

[7] Sigmund Freud, »Die Zukunft einer Illusion«, *Gesammelte Werke*, Bd. 14, S. 356f.

Androgynie, Gynandrie oder was sonst?

[1] Platon, »Symposion/Das Gastmahl«, *Sämtliche Werke IV*, Frankfurt am Main und Leipzig: Insel 1991, S. 53–183.

[2] Margarete Mitscherlich-Nielsen, *Die friedfertige Frau: eine psychoanalytische Untersuchung zur Aggression der Geschlechter*, Frankfurt am Main: Fischer/Goverts 1985.

[3] Ebd., S. 183.

[4] Max Horkheimer und Theodor W. Adorno, *Dialektik der Aufklärung*, Frankfurt am Main: Fischer 1969, bes. S. 50–87.

[5] Patricia Jagentowicz Mills, *Woman, Nature and Psyche*, New Haven et al.: Yale University Press 1987.

[6] Rolf Vogt, *Psychoanalyse zwischen Mythos und Aufklärung oder Das Rätsel der Sphinx*, Frankfurt am Main: Fischer 1989.

[7] Ebd., S. 87.

[8] Ebd., S. 75.

[9] Karl Abraham, »Versuch einer Entwicklungsgeschichte der Libido auf Grund der Psychoanalyse seelischer Störungen« (1924), *Psychoanalytische Studien zur Charakterbildung und andere Schriften*, Frankfurt am Main: Fischer 1969, S. 113–183.

[10] S. Ferenczi, »Sprachverwirrung zwischen den Erwachsenen und dem Kind: Die Sprache der Zärtlichkeit und der Leidenschaft«, *Schriften zur Psychoanalyse II*, Frankfurt am Main: Fischer 1972, S. 303–313.

[11] S. Ferenczi, *Versuch einer Genitaltheorie*, Wien: Internationaler Psychoanalytischer Verlag 1924.

[12] Hilda Doolittle, *Huldigung an Freud: Rückblick auf eine Analyse*, Frankfurt/M, Berlin, Wien: Ullstein 1976.

[13] Vgl. M. Horkheimer, »Authoritarianism and the familiy«, in: R. N. Asken (Hg.), *The Familiy. Its Function and Destiny*, New York 1949, S. 381–398. Siehe auch: ders., »Autorität und Familie« (1936), *Kritische Theorie, Bd. I*, Frankfurt am Main: Fischer 1968, S. 346f.

[14] M. Horkheimer und Th. W. Adorno, *Dialektik der Aufklärung*, a.a.O.

[15] S. Freud, »Totem und Tabu«, *Gesammelte Werke*, Bd. IX, Frankfurt am Main: Fischer.

[16] S. Freud, »Der Mann Moses und die monotheitische Religion«, *Gesammelte Werke*, Bd. XVI, S. 103–246; hier S. 239f.

[17] Ebd. S. 221.

[18] Vgl. Christiane Olivier, *Jokastes Kinder: Die Psyche der Frau im Schatten der Mutter*, München: Econ-Taschenbuch-Verlag 2000; dies., *Die Söhne des Orest*, München: dtv 1997.

[19] Margaret S. Mahler, Fred Pine und Anni Bergman, *Die psychi-*

sche Geburt des Menschen: Symbiose und Individuation, Frankfurt am Main: Fischer 1978.

[20] Jeanne Lampl-de Groot, »Zu den Problemen der Weiblichkeit«, Internationale Zeitschrift für Psychoanalyse 19, 1933, S. 417–442.
[21] George Steiner, Die Antigonen: Geschichte und Gegenwart eines Mythos, München: Hanser 1988.

Liebe, Sex und Psychotherapie

[1] Jüngst noch einmal bezogen auf Adoleszenzentwicklung: Annette Streeck-Fischer, Adoleszenz und Trauma, Göttingen: Vandenhoeck & Ruprecht 1998, S. 183.
[2] Siehe auch M. Mitscherlich-Nielsen, Die friedfertige Frau: eine psychoanalytische Untersuchung zur Aggression der Geschlechter, Frankfurt am Main: Fischer 1985.
[3] Jeffrey Masson, Was hat man dir, du armes Kind, getan?: Sigmund Freuds Unterdrückung der Verführungstheorie, Reinbek b. Hamburg: Rowohlt 1984.
[4] Alice Miller, Du sollst nicht merken. Variationen über das Paradies-Thema, Frankfurt am Main: Suhrkamp 1981.
[5] Bernd Nitzschke, »Freuds Vortrag vor dem israelischen Humanitätsverein ›Wien‹ des Ordens B'nai B'rith: Wir und der Tod (1915). Ein wiedergefundenes Dokument«, Psyche 45, 1991, Heft 2, S. 97–131; hier S. 88f.
[6] Ebd., S. 100.
[7] Ebd., S. 101.
[8] Maria Torok und Nicholas Rand, »Geschichte der Psychoanalyse als Erinnerungsspur über die Herkunft der Freudschen Begriffe ›Verführung‹ und ›Phantasie‹«, in: Karola Brede (Hrsg.), Was will das Weib in mir? Kore Verlag, Freiburg i. Br. 1989.
[9] M. Erdheim, »Wie familiär ist der Psychoanalyse das Unbewußte? Über homogene und heterogene Psychoanalyse«, in: Christa Rohde-Dachser (Hg.), Zerstörter Spiegel. Psychoanalytische Zeitdiagnosen, Göttingen: Vandenhoeck & Ruprecht 1990, S. 20.

[10] Ebd., S. 17.

[11] Kurt R. Eissler, »Bemerkungen zur Technik der psychoanalytischen Behandlung Pubertierender nebst einigen Überlegungen zum Problem der Perversion«, *Psyche* 20, 1958, S. 837–872.

[12] Johannes Cremerius, »Maxime und Realität«, in: Anonyma, *Verführung auf der Couch*, Freiburg i. Br.: Kore Verlag 1988; Neuauflage Gießen: Psychosozial-Verlag 2003.

[13] Siehe auch »Androgynie, Gynandrie oder was sonst?«, in diesem Band, S. 78 ff.

Das Ende der Friedfertigkeit? Nachdenken über männliche und weibliche Werte

[1] Siehe auch M. Mitscherlich, »Frauen- und Männer-Werte«, in: *Über die Mühsal der Emanzipation*, Frankfurt am Main: S. Fischer 1990.

[2] Rita Thalmann, *Frausein im Dritten Reich*, Frankfurt/M. u.a.: Ullstein 1987, S. 22/23

[3] Gertrud Bäumer, *Der Krieg und die Frauen*, Stuttgart/Berlin 1915; zit. nach M. Müller-Plantenberg, »Zur Geschichte der Lage der Frauen in Deutschland«, *Das Argument* 22, 1962.

[4] Susan Sontag (1974) »Faszinierender Faschismus«. In: dies., *Im Zeichen des Satans. Essays*, München, Wien: Hanser 2003.

[5] Zit. nach R. Thalmann, a.a.O., S. 77.

[6] Saul Friedländer, *Kitsch und Tod*, München: Hanser 1994.

[7] Anja Klabunde, *Magda Goebbels: Annäherung an ein Leben*, München: Bertelsmann 1999.

[8] Th. W. Adorno, *Minima Moralia. Reflexionen aus dem beschädigten Leben* (1951), Frankfurt am Main: Suhrkamp 1962, S. 116.

[9] Platon, »Symposion/Das Gastmahl«, *Sämtliche Werke IV*, Frankfurt am Main und Leipzig: Insel 1991.

Angst vor Emanzipation

[1] Th. W. Adorno, *Negative Dialektik*, Frankfurt am Main: Suhrkamp 1966, S. 150, 149.

[2] Erik H. Erikson, »Das Problem der Identität«, *Psyche* 10, 1956, S. 114–176.

[3] Siehe J. Laplanche/J.-P. Pontalis, *Das Vokabular der Psychoanalyse*, Frankfurt am Main: Suhrkamp 1972, S. 226f.

[4] M. Mitscherlich, »Frauen und psychoanalytische Identität«, *Über die Mühsal der Emanzipation*, Frankfurt am Main: Fischer 1994.

[5] John Klauber, *Schwierigkeiten in der analytischen Begegnung*, Frankfurt am Main: Suhrkamp 1980, S. 7.

[6] M. Mitscherlich, »Was macht einen guten Psychoanalytiker aus?«, *Psyche* 24, 1970, S. 577–599.

[7] Helmut Thomä, »Psychoanalysts without a specific professional identity: a utopian Dream?«, *International Forum of Psychoanalysis* 13, Nr. 4, Dezember 2004, S. 213–236.

[8] S. Freud, »Einige psychische Folgen des anatomischen Geschlechtsunterschiede«, *Gesammelte Werke*, Bd. XIV, S. 19–30; »Über die weibliche Sexualität«, *Gesammelte Werke*, Bd. XIV, S. 517–537; »Neue Folge der Vorlesungen zur Einführung in die Psychoanalyse«, *Gesammelte Werke*, Bd. XV, 33. Vorlesung.

[9] S. Freud, »Die zukünftigen Chancen der psychoanalytischen Therapie«, *Gesammelte Werke*, Bd. VIII, S. 104–115; S. 108, 111.

[10] Hans-Ulrich Wehler, *Deutsche Gesellschaftsgeschichte, 1914 – 1949*, München: C. H. Beck 2003.

[11] Felix Schottländer, *Die Mutter als Schicksal: Bilder und Erfahrungen aus der Praxis eines Psychotherapeuten*, Stuttgart: Klett 1947.

[12] André Green, »Zeitlichkeit in der Psychoanalyse: zersplitterte Zeit«, *Psyche* 57, 2003, S. 789–811.

[13] Ebd., S. 810.

[14] Alice Schwarzer, *Vorbilder und Idole*, Köln: Kiepenheuer & Witsch 2003.

[15] M. Mitscherlich, *Das Ende der Vorbilder. Vom Nutzen und Nachteil der Idealisierung*, München: Piper-Verlag 1978.

Lebenswerk und Lebenssinn

[1] Th. W. Adorno, *Minima Moralia. Reflexionen aus dem beschädigten Leben* (1951), Frankfurt am Main: Suhrkamp 1962.
[2] A. Green, *Die tote Mutter*, Gießen: Psychosozial-Verlag 2004.
[3] Erwin Chargaff, *Das Feuer des Heraklit*, Stuttgart: Klett/Cotta 1979.

Nachweise

Sämtliche Vorträge und Beiträge dieses Bandes wurden überarbeitet. Folgende Texte wurden in früheren Fassungen vorveröffentlicht:

»Mein Leben und meine Zeit«: unter dem Titel »Anmerkungen zu meinem Leben und meiner Zeit« erschienen in: *Psychoanalyse in Selbstdarstellungen II*, hrsg. von Ludger M. Hermanns, Tübingen: edition diskord 1994, S. 313–342.

»Erinnern, Vergessen und Verdrängen«, erschienen in: Sybille Drews (Hg.), *Freud in der Gegenwart/Alexander Mitscherlichs Gesellschaftskritik*, Frankfurt am Main: Brandes und Apsel 2006; S. 23–34.

»Das Ende der Friedfertigkeit? Nachdenken über männliche und weibliche Werte«, unter dem Titel »Das Ende der Friedfertigkeit« erschienen in: *Emma*, Heft 2, 2001.

»Der Frieden beginnt in der Familie«, erschienen in: *Widerreden – 60 Jahre Friedenspreis des Deutschen Buchhandels*, Frankfurt am Main: MVB Marketing und Verlagsservice des Buchhandels GmbH 2009.

»Lebenssinn und Lebenswerk«, erschienen unter dem Titel *Autobiografie und Lebenswerk einer Psychoanalytikerin* (Vortrag im Rahmen der Wiener Vorlesungen in der Gesellschaft der Ärzte anlässlich der Verleihung des Erwin-Chargaff-Preises an Margarete Mitscherlich am 19. April 2005), Wien: Picus Verlag 2006.

»Margarete Mitscherlich und Alice Schwarzer. Ein Gespräch«, erschienen in: *Emma*, Heft 3, 2010.